特色学院建设教材

社会问题概论

主　编◎罗雅雄

副主编◎黄秀云　崔唯一　汤维波

编　委◎（以姓氏笔画为序）

邓安富　赵　力　虞雁南　廖　欣

西南大学出版社

SWUP 国家一级出版社　全国百佳图书出版单位

图书在版编目(CIP)数据

社会问题概论 / 罗雅雄主编. -- 重庆 : 西南师范大学出版社, 2021.8
ISBN 978-7-5697-0837-0

Ⅰ.①社… Ⅱ.①罗… Ⅲ.①社会问题－概论－中国 Ⅳ.①D669

中国版本图书馆CIP数据核字(2021)第160207号

社会问题概论

SHEHUI WENTI GAILUN

主　编　罗雅雄

副主编　黄秀云　崔唯一　汤维波

责任编辑：赖晓玥
责任校对：张　丽
装帧设计：闰江文化
排　　版：陈智慧
出版发行：西南大学出版社（原西南师范大学出版社）
　　　　　地址：重庆市北碚区天生路2号
　　　　　邮编：400715
经　　销：全国新华书店
印　　刷：重庆市国丰印务有限责任公司
成品尺寸：170 mm×240 mm
印　　张：17
字　　数：280千字
版　　次：2021年8月　第1版
印　　次：2025年4月　第5次印刷
书　　号：ISBN 978-7-5697-0837-0

定　　价：58.00元

前言

2018年9月，为面向新时代推进自身特色发展，探索办学系统转型发展的新路径、新模式，创新管理体制和运行机制，激发学校办学活力，重庆开放大学启动了特色学院建设工作。2020年，经重庆开放大学批准，公共管理学院以南岸分校为基础建立，旨在为南岸区经济社会发展提供智力支撑和人才保障。

南岸区地处长江、嘉陵江交汇处的长江南岸，依山傍水，仰拥南山，俯临长江，山水园林特色显著，风景秀丽，优美宜人。南岸区是重庆市主城核心区，也是全国文明城区、全国卫生城区。全区面积262平方千米，其中陆地占90.33%，河流占9.67%，区域西部、北部临长江，与九龙坡区、渝中区、江北区隔江相望，东部、南部与巴南区接壤。南岸区是都市工业区，中央商务区、国际会展区、服务贸易示范区、风景旅游区等，彰显出区域的独特魅力。近年来，在中共重庆市委，重庆市人民政府的领导下，南岸区深入贯彻落实新发展理念，经济发展进入了快车道。

为培育学院办学特色，服务南岸区和谐社会发展，培养社会工作者的需要，重庆开放大学公共管理学院决定开发建设《社会问题概论》特色教材，通过本教材的建设，推动学院特色发展，培育社会工作专业办学特色，同时使本区域远程教育的学生和社区教育工作者，通过本课程的学习，全面了解社会问题的规律和特点，掌握社会问题的理论、知识，以及社会问题解决的方针、政策、路径、措施等，提升他们从事社会工作的能力。

《社会问题概论》一书由社会问题概述、社会问题的现状与治理、社会问题的类型与特征、社会问题的研究方法、社会问题的解决策略、社会工作者能力提升、社会治理能力现代化七个部分组成。课程编写以习近平中国特色社会主义思想，社会学、管理学、教育学理论为指导，对社会问题的产生、界定、类型、特征进行了深入的分析，对社会问题的研究方法进行了全面的介绍，对社会问题解决的指导方针、遵循原则、基本策略、主要路径等进行了深度思考，提出了建设性的意见，并结合社会工作者素质要求和社会治理能力现代化需要，对社会工作人才队伍建设和社会治理能力的提升，进行了全方位、多角度的分析，提出了独特的解决方案。

社会问题概论作为社会学专业“社会工作基础理论与实践”课程，进入重庆开放大学公共管理学院“社会工作”等专业教学计划，确定为必选课，由相关教师组织实施教学，按照重庆开放大学的教学、考核要求进行管理，学生学完本课程内容经考核合格，即可取得该门课程的学分。

编者

2021 年 2 月

目 录 c o n

目 录 c o n

导论

社会问题(social problem),是社会学研究的重要领域之一,是影响社会成员健康生活,妨碍社会协调发展,引起社会大众普遍关注的一种社会失调现象。社会问题一种最简洁的定义就是美国社会学家米尔斯所说的“公共麻烦”,正是由于它的公共性,我们可以说,社会问题是人们既熟悉又陌生的一个课题。所谓熟悉,是指生活在社会中的每一个人在日常生活中都会遇到形形色色的社会问题。在经济领域人们可能遇到失业、下岗,碰到制假售劣;在政治领域,人们可能遇到腐败、社会不公平;在社会生活领域,人们可能遇到治安不好、各种犯罪活动;在文化领域,人们可能遇到色情、暴力文化、封建迷信活动。这些社会问题发生在我们的生活中或我们的身边,通过传播媒介我们每天耳闻目睹,因此,我们是熟悉的。但是,对这些社会问题我们又是陌生的,这是说从理论上我们对社会问题产生的原因、特点、规律、解决的方法手段,可能并不了解,即对社会问题有一种说不清、道不明的感觉。一段时期内,在“左”的思潮的影响下,我国在社会问题的研究上禁区重重,不敢正视社会问题,对失业、腐败、犯罪等不敢从正面回答,只是简单地将其归因为历史原因或外部原因,回避的结果是这些问题不但没有解决,反而贻误了解决的最好时机[1]。在中国特色社会主义新时代,社会问题研究上的种种禁区被打破,人们有了对待社会问题的正确方法,能够对社会问题进行科学的研究。

古人云:“生于忧患,死于安乐。”这条格言我们今天读起来,仍然深受教育。这里提到的“忧患”,就是不要忘记今天社会中存在的各种严重的社会问题,要看到这些社会问题正在影响着社会成员的正常生活秩序,影响着社会的健康运行。只有解决了这些社会问题,我们的社会才能健康地发展,人民的生活质量才会提高。如何看待社会问题?社会问题是社会中各种群体利益相互摩擦的结果,是社会各个方面因素矛盾冲突的结果。社会问题反映了社会机体的毛病,它反映的大多是我们社会中不体面的、丑恶的、阴暗的一面。列宁认为对待社会阴暗面的态度是:“用善良的词句来掩饰不愉快的现实……是最有害最危险的事情。不管现实如何令人痛心,必须正视现实。不符合这一条件的政策是自取灭亡的政策。”“我们应该有勇气揭开我们的脓疮,以便毫无虚假地、老老实实地进行诊断和彻底治疗好它。”了解、研究社会问题最终是为了解决它。社会学者在研究社会问题方面更有义不容辞的职责。

随着社会转型的深入,新的社会问题不断地出现,研究的文章也就增多,这从一个侧面印证了社会转型阶段是社会问题的多发阶段这一命题。总的来说,我国学者对社会问题的研究,大致可分为两个阶段:第一阶段为20世纪80年代,这段时期的研究主要集中在人口、婚姻家庭、青少年犯罪等社会学传统研究领域。第二阶段从20世纪90年代起至今,这段时期社会问题研究涉及的内容明显增多。因为随着改革开放的深入,中国社会急剧变迁而产生大量新的社会问题,如环境恶化、人口老龄化、贫富差距、社会保障、腐败、青少年犯罪等。社会学者试图对这些社会问题做出解释并研究解决对策。

《社会问题概论》综合运用社会学、管理学、统筹学、教育学、信息论等学科知识和理论,在新时代中国特色社会主义思想指导下,全面探索社会问题出现及其解决的规律和特点,系统总结人类在解决社会问题中取得的成果与经验,探寻我国新时期社会问题解决的指导方针、遵循原则、研究方法、实施策略、实践路径，以及推进社会治理能力现代化和提升社会工作者素质，加强社会工作者人才队伍建设的措施和办法，是一本理论与实践紧密结合的高等学校教材。本教材具有以下的特点：

1. 多学科支撑。本课程的学科归属为社会学学科和国家开放大学"社会问题"课程体系，本课程由社会学、管理学、统筹学、教育学、信息论等学科知识和理论进行支撑，具有知识综合性、理论支撑多学科的特点。

2. 国际化视野。社会问题是人类社会发展中不断出现、不断变化的问题，具有世界性、历史性、现实性等特征。本课程力求用国际化的视野，来探索我国社会问题出现及其解决的规律与特点。

3. 板块化设计。本课程涉及的内容十分丰富，为了能够让学习者系统掌握社会问题的基本理论、基本知识和实践成果，促进学科发展，我们在课程知识体系的建构上进行了板块化设计，即把课程内容分为四大板块：第一章至第四章为一个板块，着重阐述基本理论，介绍基础知识，以夯实课程学习的理论基础。第五章至第七章，即社会问题的解决策略、社会工作者能力提升、社会治理能力现代化，它们是三个不同的板块，旨在提升社会工作者解决社会问题的能力。四个板块既紧密联系又相对独立，构成了本课程从理论到实践的知识结构体系。

4. 理论与实践结合。本课程既有丰富的理论支撑，又有大量的实践案例和成果展现，较好地实现了理论与实践的统一，能够满足高等学校，包括高等职业教育、成人高等教育、远程开放教育和非学历培训等不同类别学习者学习的需要。

5. 便于学生自学。课程设计以方便学习者自主学习为目的，理论阐释深入浅出，知识陈述言简意赅，知识结构脉络清晰，语言简洁流畅，同时还十分注意学习者学习成果的转化，力求兼顾不同类型学习者的特点和教学要求，强调知识性和实践性的结合。

社会问题概论课程学习的总目标，就是根据教学大纲，要求社会学、管理学各专业的本科大学生，通过本课程的学习，掌握社会问题出现、演变、解决的基本理论,学会运用社会学的基本理论,管理学的理论方法,以人民为中心的核心理念,去观察、分析社会问题,提升处理社会问题的能力和水平。要求专科学生(高职教育、成人教育、远程教育)通过本课程的学习,了解社会问题出现、演变、解决的基础理论知识,提升观察和处理社会问题的能力。

1. 了解社会问题界定的基础理论及其相关的基础知识、基本概念。

2. 把握我国转型期社会问题的特点,了解群体结构、组织结构、社会结构、制度结构、意识形态结构变迁的状况和走势,能分析我国现阶段存在的人口、环境、就业、诚信、青少年犯罪等突出的社会问题。

3. 了解我国解决社会问题的指导方针,需要遵循的原则,把握社会问题解决的实践路径,确立坚持共产党领导,以人民为中心的基本思路。

4. 具备初步的分析能力和解决实际问题的能力,对现阶段不断出现的各种社会问题能正确地进行分析和认知。社会治理能力、社会工作实践能力有较大程度的提升。对课程内容感兴趣,并勇于在参与城乡社会治理、服务社会发展的实践中去创新。

《社会问题概论》坚持以新时代中国特色社会主义思想为指导,以学术界共识性观点为基础,以社会学最新研究成果为补充,以学习者能力提升为准则,尽可能地提升理论与实践的结合度。其内容主要是界定社会问题,论述社会问题的基本理论,阐述新时期我国社会问题解决的指导方针、遵循原则、研究方法、实施策略、实践路径,以及推进社会治理能力现代化和提升社会工作者素质,加强社会工作人才队伍建设的措施和办法,具体内容如下:

导论中重点介绍课程特点、学习目标、学习意义、学习内容、教学设计、评价方式等,使授课教师、课程辅导老师、学习者对课程教学的总体要求、知识体系和结构有一个清晰的认知和整体性把握。

第一章对社会问题进行了科学界定,对社会问题的界定条件、界定过程进行了全面深入的分析,对社会问题的基本理论进行了阐述,对社会热点与社会问题的区别和联系进行了讨论。

第二章进一步分析了社会问题的现状,分析了我国转型期的社会问题的特点,分析了我国现阶段存在的人口、环境、就业、诚信、青少年犯罪等突出的社会问题,阐述了社会问题与社会治理的关系等,让学习者了解我国社会问题的概况。

第三章介绍了社会问题按照产生根源、历史条件、地区差异等因素所进行的类型划分,分析了社会问题的基本类型、主要特征等,使学习者全面了解社会问题的特点。

第四章从透视性研究、整体性研究、群体性研究、客观性研究、实践性研究、大数据研究六个方面着手,全面深入地介绍了社会问题的研究方法、策略和技巧,以提升学习者把握社会问题本质的能力,提高其研究社会问题的水平。

第五章提出了坚持国家、社会和群众力量相结合,物资帮助与精神鼓励相结合,整体协调和整体治理相统一的社会问题解决的指导方针,以及解决社会问题需要遵循的规律性、规范性、公众性、效益性、进步性原则;分析了社会问题解决的实践路径,以及坚持以人民为中心等基本思路,为学习者从事社会工作,参与解决社会问题提供了基本遵循。

第六章从社会工作者的角色定位、社会工作者的职业精神、社会工作者的职业能力、社会工作者的技能提升四个方面,全面分析了社会工作者所需要的素质和技能。

第七章按照国家提出的社会治理能力现代化的要求,从社会治理理念现代化、社会治理体系现代化、社会治理方式现代化、社会治理能力现代化四个维度,对治理能力现代化的内涵、特征、要求等,进行了全方位的分析和解读,以进一步拓宽社会工作者解决社会问题的视野,夯实社会工作者的能力基础。

本课程在教学设计上除学习内容外,还在每章增加了“引言”“学习目标”“实践建议”“小结”“自测题”五个部分的内容,力求为教和学,尤其是为学习者的个别化自主学习提供帮助。

1.“引言”浓缩了本章学习的核心内容，可以使教师和学习者看了之后，对本章教什么、学什么有一个比较清楚的了解，引导授课教师、课程辅导教师和学习者对本章教学的主要内容进行把握。

2.“学习目标”对本章内容的学习提出了明确的要求，需要了解什么、把握什么、掌握什么都非常清晰明了，以增强课程知识学习的针对性和有效性。

3.“实践建议”结合本章学习内容，提出了实践训练的要求，有助于促进学习者由知识向能力的转化。对高等职业教育的学生而言，实践建议则是实训教学的基本要求，教师可以根据课程教学的实际情况酌情进行安排。

4.“小结”是对本章主要内容的归纳。其目的是让学习者再次回顾本章的学习内容，加深理解，并在此基础上进一步扩展所学知识。

5.“自测题”是在每章内容之后安排的一些思考题和测试题。思考题不但列出了需要学习者掌握的重要知识，而且有的思考题还具有一定深度，可以帮助学习者深入思考，拓展知识，增强学习效果。测试题分为填空题、判断题、思考题等类型，几乎覆盖了每章中需要学习者掌握的知识点，学习者可用来进行自我训练、复习、测试，巩固所学知识。

6.板块化的知识架构和适应学习者自主学习的教学设计，可实现教学模式的多样化，有利于推进远程教育人才培养模式改革，满足非学历教育培训的需要。

（1）有利于远程教育与职业教育融合。在本课程的教学中，高等职业教育可借鉴远程教育的开放学习理念和信息技术在教学中应用的经验，推动人才培养模式改革；远程教育可吸纳高等职业教育在实践教学中的特色，加强学习者实践技能训练，提高人才培养的质量。课程教学资源的共享，还可以进一步促进教师教学思想的发展。

（2）有利于教育与信息技术的深度融合。本课程的教学，可采取课堂教学、网上学习和远程辅导等多种方式进行，尤其是在教学和考核环节，组织者应充分发挥信息技术的作用，帮助学习者实现碎片化学习、移动学习，促进教育与技术的深度融合。

（3）课程内容的板块化设计，有利于按照非学历教育培训的需要进行分解，按专题组织教学，开设讲座等，如第五章至第八章，每章的内容都可以用来独立开设培训讲座。

本课程的学业考核评价，可采取综合考核模式，如提交社会问题调研报告，线上边学边考，终结性考试、考察等。具体方式由学校教务管理部门根据实际情况决定。

对本课程的学习，可综合采取集中授课、个别化自主学习、小组协作学习、教师集中辅导讲解的方式进行。学习者按照课程教学要求，设计个别化自主学习、小组实践教学活动，教师跟进开展教学辅导、实践指导和对课程知识的全面系统复习等。学习者在学习本课程时，还可按照“阅读、理解、记忆、观察、思考、测试”的“六步学习法”进行个别化自主学习。

1. 阅读。由于本课程是一门全新的课程，目前国内比较系统的相关阅读资料还比较少，因此在学习本课程时，学习者应重点阅读教材内容，通过对教材内容的阅读，了解课程的知识体系，把握教材内容的重点，对难点进行思考，为全面系统的学习做准备。同时，学习者还可结合时事，选择部分与社会问题解决有关联的读物进行阅读，以拓展知识。

2. 理解。理解是掌握知识的钥匙，是在阅读基础上对知识的内化。只要具备了中等教育水平的人，都能够对本课程学习的内容进行理解。学习者在对课程内容进行理解和知识内化的过程中，应结合身边发生的相关联的事件进行思考，以深化理解，帮助记忆。对不能理解的知识，应及时向教师请教。

3. 记忆。任何知识的学习都需要记忆。在本课程的学习中，基本知识、基本概念、知识性的重大事件的核心内容，仍然需要记忆。除特别重要的知识点需要牢记外，对主要的学习内容应进行理解性记忆。理解性记忆的关键在于把握住知识点的核心内容，由此引发对相关知识的联想，进而加深对课程知识的记忆。

4.观察。本课程涉及的许多内容，都是时常发生在我们身边的事，只要稍加留意就可以发现，与社会热点、社会问题有关联的信息随处可见，都可以和课程学习内容联系起来，最为关键的是，观察的目的是帮助我们深化知识，加强对课程知识的理解和拓展。因此，联系课程所学知识进行观察，将十分有利于对课程知识的学习。

5.思考。古人云："学而不思则罔。"学习本课程知识，尤其要注意思考。教材在每章内容之后，列出了部分思考题，目的是让学习者通过思考，进一步加深对课程重要知识的理解，促进学习的深化。因此，加强课程学习重要内容的思考，结合课程学习内容联系实践和我们的所见所闻进行思考，对掌握课程所学知识十分重要。

6.测试。测试是检测学习效果的重要环节，本教材在每章末，都列出了大量的测试题，由学习者在学完每章内容后进行自我测试，以判断学习的效果。在教材的最后，还给出了相关答案，供学习者对照参考，以帮助学习者进行个别化自主性学习。

参考文献

[1]朱力.社会问题概论[M].北京：社会科学文献出版社，2002.

[2]杨波.统筹城乡发展概论[M].北京：中国水利水电出版社，2020.

↘ 学习目标

掌握社会问题的定义与社会问题界定的条件和过程。把握社会热点特征及其与社会问题的区别和社会问题存在的客观性。了解社会问题与社会学的关系以及有关社会问题的基本理论。

↘ 实践建议

了解当地出现的某一社会热点，判断其发展成社会问题的可能性。

第一章 社会问题概述

人类社会具有其特征和功能，以人类社会为研究对象的学科就是社会学。社会问题是社会学研究的特有领域。界定社会问题，需要严格的条件作支撑，也需要一个过程。社会热点与社会问题是有区别的，如果处理不好，有的社会热点就可能发展成为社会问题。社会学是研究社会问题的主要学科。加强社会问题基本理论的学习，有助于判断、确定社会问题，提高解决社会问题的能力和水平。社会问题的存在是一个客观的事实，解决社会问题的过程是人们以主观意志改造客观世界的过程。

人类社会的产生和发展，同时也伴生着社会问题的出现和变迁。社会问题是社会学研究的重要领域之一，了解社会问题的内涵和特征，把握社会问题界定的条件与过程，熟悉社会问题的基本理论，弄清楚社会热点与社会问题的区别，对解决社会问题，促进社会和谐发展，都具有十分重要的意义。

要了解社会问题，首要的就是要认识社会，了解人们在生产、消费、娱乐和其他各种各样的活动中的相互关系，以及对人们的各类活动起控制、制约作用的文化、制度、价值观念和社会规范。

一、社会的出现和演变

就一般而言，社会是指在特定环境下共同生活的生物，能够长久维持的一种不容易改变的结构，包括个体之间、个体与集体、个体与国家等关系。社会的基本功能有交流、整合、导向、继承、制约，其类型有原始社会、奴隶社会、封建社会、资本主义社会、社会主义社会等，其本质是人和组织的形式。

现代通常意义上的“社会”一词来自日本，对于西文“society”一词，近代学者严复曾译为“群”，日本人则译为“社会”，因双音节词比单音节词更适合于口语，故而并不太严谨的“社会”一词，反而击败了更为准确的“群”，使之牢牢地扎根于汉语中，并流传至今。

在远古时代，一些单细胞逐渐形成细胞群落，随着群落内部的发展，分工逐渐明确，逐渐产生了多细胞生物，多细胞生物本身就是一个细胞社会。

在这之后，这些多细胞的生物逐步进化为许多界门纲目科属种（生物分类单位）生物，其中有些进化为强大的掠食者，有些则进化为小型的容易被掠食的生物，比如人类的祖先——云南虫。但这些生物为了躲避掠食者，从而形成一个集体，它们会采取一些手段迷惑掠食者，比如一些原始虾类首尾相连成锁链状。

人出现后，为了躲避掠食者，寻求更好的生存环境，得到更多的食物和水源，就逐渐形成集体，随着这些集体内部的等级和分工逐步明确，就逐渐形成了家庭、部落，乃至国家。

二、人类社会的演变

人类从一万年前就已开始群体生活，后渐渐形成了原始部落，受环境影响，他们会迁居或定居，并慢慢地养成了共同生活的方式，进而演变成独特的文化。当他们的文化变得比邻近的部落较为先进或强大，并互相影响时，便形成了文化圈。当这个部族变得壮大或人数众多时，他们就会在某个地方定居下来并建立起一个一个的聚居区，再形成文明社会和城市文明。社会一词并没有太正式明确的定义，一般是指由人类自我繁殖的个体构建而成的群体，其占据一定的空间，具有独特的文化和风俗习惯。

社会被默认为人类所特有，所以“社会”和“人类社会”具有相同的含义。在科学研究和科幻小说等领域，有时亦将社会称之为“生物社会”和“外星人社会”等。其实，这是一个十分狭义的说法。

狭义的人类社会，也叫“社群”，指人类活动和聚居的范围，例如聚居点、村、镇、城市等等。广义的人类社会，则指一个国家、一个大范围地区或一个文化圈，例如英国社会、东方社会、东南亚或西方世界等，也可以引申为其文化习俗。其实,最广义的社会,不仅包括人类社会,也包括其他生物的社会,甚至就连人体本身也是一个社会。

三、社会问题的定义

社会问题是社会学研究的重要领域之一,它是指影响社会成员的共同生活,破坏社会正常活动,妨碍社会协调发展的社会现象。社会问题是由于价值、规范和利益冲突引起的,需要加以解决的状况;是社会实际状态与社会期望之间的差距。

德国早期的社会学家瓦格、桑巴特等人,把社会问题简单地理解为劳资矛盾和劳工问题。美国社会学家富勒和迈尔斯认为,社会问题是为多数人所承认的偏离某些社会规范的社会状况。这个定义对后来的研究产生了很大的影响。在这个定义中,他们提出了社会问题的客观标准和主观标准。所谓社会问题的客观标准,是指社会问题是可以确认的,是一种客观事实,是一种客观存在。社会问题的主观标准,是指人们认识到的社会问题,对他们的价值观构成了威胁。这两个标准,最早明确了定义社会问题必须要有限制条件。

美国社会学家R.C.富勒也认为,社会问题有客观和主观两种因素。前者表现为威胁社会安全的一种或数种情况;后者表现为社会上多数人公认这种危害,并有组织起来加以解决的愿望。

从20世纪60年代以来,社会学家们越来越重视对社会问题构成要素的分析。美国社会学家R.K.默顿等人总结了20世纪40年代以来的社会问题研究,提出社会问题应包括三个方面的含义:一是社会期望的事物安排的中断;二是社会规定的正当东西的破坏;三是社会所珍视的社会模式与关系的脱节。依据这种理解,他们认为社会问题有社会解组和离轨行为两种类型,进而提出了一种两维分析方法,认为一方面社会问题从类型角度应有社会解组和离轨行为之分,另一方面社会问题应有潜在性和外显性两种特性。

在这一时期，有些社会学家强调社会问题的破坏性，认为社会问题的构成要素应包括社会性、紊乱性和破坏性。即社会问题必然是社会共同具有的，表现为社会结构和功能失调、社会规范和社会生活发生紊乱，并直接造成对社会日常生活的破坏。

到了21世纪初，美国社会学家C.W.米尔斯在他的代表作《社会学的想象力》一书中指出，定义社会问题需要区别个人烦恼和公共问题。烦恼产生于个人的性格，也产生于同别人的直接关系，不仅与他本人有关，也与他直接接触的所认识的有限社会生活领域有关。公共问题则是危害整个社会的问题，往往包含着社会体制中的危机。社会学家首先关注的是公共问题。但公共问题并不都是社会问题，只有那些对社会上相当一部分人的生活产生了重要影响的问题才是社会问题。他认为在社会上流行一时，同时又使个人深感其害的问题不一定就是社会问题。只有超出了个人特殊的生活环境，与人类社会生活、制度或历史有关的，威胁社会多数成员的价值观、利益或生存条件的公共问题，才具备形成社会问题的条件。

美国社会学家乔恩·谢泼德和哈文·沃斯在《美国社会问题》一书中是这样描述的，社会问题是指一个社会的大部分成员和这个社会一部分有影响的“人物”，认为不理想不可取因而需要社会给予关注，并设法加以改变的那些社会情况。为大多数人所确认，是决定某一社会情况为社会问题的主要依据。不合理的社会情况“只有被社会上大多数人或社会上很有影响的人士看作是社会问题”时它才是社会问题。

中国社会学家孙本文认为，社会问题包括两个方面，一是社会共同生活发生了障碍，二是社会进步发生了障碍。这两个方面决定了社会问题涉及的人数，或为社会全体成员，或为社会部分成员。我国的一些社会学家认为，判定一种社会现象是否为社会问题，应从以下四个方面来考察：一是发生的情境；二是价值、规范和利益几个方面的失调或破坏；三是并非由个人或少数人引起或所能够负责的；四是必须有多数人或整个社会采取行动加以改进。

另外一些学者则认为，社会问题的构成应考虑它的形成原因、影响范围、问题的性质和社会后果等四个方面。一般认为,社会问题由下述四种要素构成:一是必须有一种或数种社会现象产生失调的情况;二是这种情况必定影响许多人;三是这种失调情况必须引起许多人的注意;四是必须通过集体行动予以解决。

尽管社会学家们对社会问题的内涵界定还存在不尽一致的看法,但不少的社会学家都认为社会问题是指"妨碍相当一部分社会成员的正常生活,直至影响整个社会的有序发展,从而引起人们广泛关注并需要动用社会力量加以解决的社会现象"。基于国内外社会学家对社会问题的分析和界定,我们就可以对社会问题给出一个清楚明了的定义,即社会关系和社会环境失调,影响社会全体成员和部分成员的共同生活,破坏社会正常运行,引起人们广泛关注,需要采取社会力量加以解决的社会现象。社会问题是社会学研究的特有领域。

第二节 社会问题的界定

一、社会问题的界定条件

社会问题的界定条件主要包括以下五个方面的内容。

(一)客观性的事实依据

社会问题是一种客观事实,这种客观事实必然有其外在的表现形式,即一种现象、一个事件、一种行为,而且是十分具体的。社会问题是社会生活中确实存在的某种具体的客观事实,而不是存在于人们头脑中的臆想。如有人预测"克隆技术的发展可能取代人类的两性繁殖",将成为重大的社会问题，但我们并不能把它当作一个现实的重大社会问题来解决。

（二）影响相当数量人的公共麻烦

引起社会问题的现象通常是一种有相当数量的人参与，或影响相当多的人利益的“公共问题”，是公众的“麻烦”而不是所谓的“个人烦恼”。人们在现实生活中，总会遇到很多的烦恼，但如果仅仅是个别人或者部分人的遭遇和感受，那只能属于个人问题。社会问题必然与公众生活密切相关，涉及相当多的人较为广泛的社会关系，直接或间接地危及相当一部分社会成员的正常生活及其利益，使人们共同感受到威胁或不适。

（三）违背社会的主导价值原则和社会规范

社会成员的知觉判断对界定社会问题起着重要作用。将某种社会现象或社会行为定义为社会问题，是因为社会上绝大多数社会成员认为这种现象或行为有悖于主导价值和主导规范，也就是违背了现存的社会规范和价值原则，正好反映出人们的价值观念和认识的标准。否则，一种现象或行为即使为某个人或某一集团所深恶痛绝，也不会被认为是社会问题。

（四）社会问题的产生与人的道德抉择有关

人们在现实生活中，都知道行为具有目的性，行为是由主观意志支配的。同时人们还知道，为达到一定的行为目标，必须支付一定的行为成本。有些问题虽然难以接受，但因其并非人的意志行为或不一定是人们有意识造成的，因此人们不太可能把它们看作社会问题。

（五）社会问题具有可改变性

社会问题的解决与社会成员的主观能动性有关。社会问题的发生不应由个人或少数人负责，它所造成的后果是社会性的，涉及整个社会生活；它的消除和解决也不是通过个别人或少数人的努力就可以改变的,只有通过社会力量的合作才可能加以改善和解决。

二、社会问题的界定过程

理查德·富勒和理查德·麦尔兹在《社会问题的发展》一文中指出,所有社会问题都要经历三个阶段,即警觉、政策决定与改革。“警觉”是说人们警醒与了解到一些他们所珍惜的价值已受到威胁,而这些情况越来越严重。只有在这些群体认为已涉及他们的团体价值时才会开始警觉。

“政策决定”是在警觉出现之后,大家开始讨论问题解决的各种政策。有关的结果和方法都被讨论到,并且利益冲突也会逐步增加,某些人所提议的解决办法有时也不为他人所接受。这个政策决定阶段与警觉阶段最大的不同是,利益群体考虑较多的是“何者应该做”,而人们则建议“这个或那个必须做好”。大家的注意力集中在特殊的计划上,各种各样的抗议也在有组织地形成。

“改革”是指在这一阶段里,人们可以发觉行政单位已插手其间并将有计划地付诸行动。一般的政策都由特殊利益集团与专家们辩论来确定。

第一,利益受损集团的强烈不满与呼吁。利益受损集团是指直接受到某类社会问题伤害的对象。他们对某种社会问题感受最深,往往最早发出呼吁。

第二,社会敏感集团及社会上某些有识之士的呼唤。对社会问题敏感度较高的群体通常包括记者、报告文学作家、社会学家、伦理学家、政治学家、法学家等。

第三,社会舆论集团与大众传播媒介的宣扬和推动。大众传播媒介具有模拟环境和价值导向的功能,多数人依据大众传播媒介的导向对某一社会现象做出反应。大众传播媒介对某一现象、某一事件、某一问题的报道、渲染和评价,直接影响着公众的看法和态度。

第四,公众的普遍认识与逐步接受。当某一社会现象被传播媒介渲染和烘托成公众关注的焦点话题之后，社会成员逐渐意识到确实存在着某个问题，越来越多的人开始关注、议论这一问题的现状、形成的原因、产生的危害以及消除它的对策。随着人们对这一问题严重性的认识不断深入，焦虑和担忧便日渐加强，大多数社会成员意识到有必要通过共同的努力来消除这一问题对社会生活造成的危害，产生解决问题的责任感和义务感。

第五，社会权力集团的认可与支持。社会权力集团通常是有组织的权力者群体，他们居于社会管理者的地位，在社会政治、经济、文化等领域，比别人拥有更多的权力。

第六，解决社会问题的开始。在利益受损集团的强烈要求下，在利益敏感集团的积极促进下，在舆论集团的不断呼吁下，在广大社会成员的关注下，社会权力集团将针对社会问题寻求对策，制定出相应的法规来解决量大面广的社会问题。

第三节　社会问题与相关概念的关系

一、社会问题与社会热点的关系

《现代汉语词典》将“热点”定义为“一个时期内引人注目的地方或问题”。根据这一定义，社会热点问题可以理解为某一时期某些引起社会关注的事情或问题。在1994年武汉社会学界举行的“1994社会热点研讨会”上，学者们将“社会热点”这个概念界定为：一定时期、一定地域（社区)范围内,众多的社会成员所关注的与自身利益密切相关的社会问题。这一定义揭示了"社会热点"具有时间性、地域性和群众性的特点。

(一)社会热点的特点

社会热点的影响范围大、长期存在,为许多人所关注。如气候变暖问题、人口问题、环境污染问题、社会治安问题等。在我国,社会热点问题一般具有以下特征:

1.时代性。社会热点能反映客观世界的最新动向与最新趋势,在诸多的社会矛盾中,热点问题比较突出,使人无法回避。

2.挑战性。热点、难点问题,是社会发展过程中一些深层次矛盾的显露,解决这些问题有相当难度,对领导者与实际工作部门极富挑战性。

3.普遍性。热点问题是社会经济生活中普遍存在的现象,有的还涉及群众的切身利益,因而引起了社会各方面的广泛关注。

4.敏感性。由于是深层次矛盾的爆发,因此,多数热点问题相当敏感,是社会上一根"紧绷的弦"。

5.流变性。随着情况的发展与公众关注点的变化,热点问题也会转化,其自身有发生、发展、消退的过程,今天是热点,明天就可能不是,又有新的热点问题取而代之。社会热点若不能消退,也有可能发展成为社会问题。

(二)社会问题与社会热点的区别

社会热点是社会利益的聚焦点。社会热点经常会反映出某些社会矛盾和利益的冲突,具有敏感性和尖锐性。有些热点问题就是社会问题,本身就蕴含着深刻的矛盾和社会冲突。

社会问题与社会热点的区别,主要表现在受关注的时间长度不同,两者的性质不同,表现形式不同,涉及范围不同,推动社会热点舆论的是传播媒介,是新闻工作者。

二、社会问题与社会学的关系

社会学学科与其他学科都将社会问题作为研究对象，但研究内容是有所不同的。其他学科未将社会问题作为自身研究的主题，而社会学则将社会问题作为研究的主题和主要对象。政治学、经济学、法律学、伦理学等学科也研究社会问题，但这些专门性的学科，分别以社会的某一方面、某个领域为研究对象，研究这个学科领域内的社会问题，而不研究学科领域之外的或与学科领域无关的社会问题。例如，政治学研究腐败问题，腐败与政治学研究的对象——权力有关，但政治学不研究环境污染问题、人口膨胀问题、家庭婚姻问题。

由于其他学科在选择社会问题时领域的局限性，它们的研究角度尽管独特，研究的方法较有特点，研究的程度也较为深入，但在对社会问题的整体把握上，显现出相对性和专门性。

社会学则是研究社会问题的专门学科。它以社会整体及其各个要素、各个方面、各个领域的相互关系为研究对象，研究的内容涉及社会的各方面、各领域，由此决定了社会学研究的社会问题包括社会各个方面、各个领域。例如，腐败是政治学研究的问题，但腐败危及经济秩序，影响到执政党威信，造成恶劣社会影响时，就变成了一个社会问题，社会学也就关注了。

社会学将社会中的所有问题作为一个整体的现象来考察，以社会的结构性视角来解释。因而，社会学在研究社会问题上与其他学科相比，具有广泛性、整体性。在研究具体的某个社会问题时，社会学与其他社会科学有交叉与重叠之处。社会学研究社会问题的整体性视角的优势，是其他学科在研究社会问题时不具有的。

三、社会问题与其他相关概念的关系

（一）社会问题与社会运动的关系

社会运动是指大范围的社会变革行动。许多社会运动是由于社会问题十分严重而长期得不到解决或没有制度化的途径解决而引起的，社会问题常常是社会运动产生的原因，有些社会运动是为了解决某些社会问题而产生的群众性运动。但也有一些社会运动的产生与社会问题的关系不大，而是与政治问题或经济问题有关。

（二）社会问题与集体行为的关系

集体行为是种特殊的社会互动。在现代社会中，在某种特殊场合下会发生一种无规则的、以当时的场景为基础的互动现象。社会学家将这种缺乏组织的一群人受到某一因素的刺激或影响而形成的众多人的共同行为称为集体行为或集群行为。广义地说，凡是社会互动过程中众多人的共同行为都是集体行为。集体行为这一概念是由美国社会学家帕克（R.E.Park）提出的。他认为集体行为是“在集体共同的推动和影响下发生的个人行为，是一种情绪冲动”。人们在参与集体行为时通常有一个共同的态度，并表现出类似的行动，这种共同的态度和类似的行动是人在相互交往过程中通过彼此情绪的感染而形成的。此后，集体行为便成为社会学的一个专门术语。

集体行为的基本含义是指某种无组织、无计划、一哄而起、临时性、面对面的群众的乌合行为。有些管理者将群众性事件归纳为社会问题，这种看法过于简单。群众性事件是一种集体行为，往往是由于个别的、具体的事件引起少数群众不满而产生的，而社会问题有严格的界定，问题涉及的往往是成千上万的人，两者在规模、影响程度上是有差别的。但这两者之间并不是没有联系。当某种类型的群众性事件频繁地发生，说明这类事件性质的严重性，日积月累而又处理不好，就有可能转化为社会问题。

（三）社会问题与突发事件的关系

根据中国2007年11月1日起施行的《中华人民共和国突发事件应对法》的规定，突发事件是指突然发生，造成或者可能造成严重社会危害，需要采取应急处置措施予以应对的自然灾害、事故灾难、公共卫生事件和社会安全事件。社会问题的形成有一个长期的积累过程，展现的形式可以是潜伏的，也可以是显现的，当某些社会问题十分严重而又得不到解决时，也会以突发的形式爆发出现。而引起突发事件的不仅仅有社会问题，个别的、偶然的因素也会引发突发事件。社会问题的产生周期要比突发事件长，涉及的规模要比突发事件大。

（四）社会问题与灾难的关系

灾难是自然的或人为的严重损害带来对生命的重大伤害，它指不可预测的意外事件所造成的灾祸与不幸。灾难强调的是事件具有悲惨性的结果，并没有时间上的紧迫性。

人们通常不将灾难作为社会问题看待。但是，灾难的某些后果处理不好就会形成社会问题，如水灾后的大量难民，传染病引发的社会公共事件等。

第四节　有关社会问题的基本理论

随着社会学的发展和研究的深入，社会问题的基本理论也日渐丰富，出现了各种各样的观点，对人们认识和解决社会问题，从不同角度给予了支撑与指导。

进入20世纪后，随着人们对社会问题认识的深入，社会问题的理论研究也逐步走向深入，出现了一些关于社会问题的思想和观点，其中比较有代表性的有社会病态论、社会解组论、文化失调论、价值冲突论、行为偏差论、标签论等。

(一)社会病态论

在美国的早期,大概在1905—1918年期间,这种理论在社会学中占主导地位,是解释社会问题最早的一种理论见解。早期社会学家受迅速发展的自然科学影响,企图用类似自然科学的方法研究社会问题,他们将社会比作一个生物有机体,认为社会问题的发生是由于社会中某些人发生社会性疾病,不能保持与整个社会的协调关系。如:工业革命初期出现诸多社会问题,就是由于很多农民流入城市后不能与城市生活相协调,而这部分人就被视为社会陷入病态的原因。早期社会病态论者把社会问题的发生归因于某些闹事者,强调社会病态主要是一种道德问题,是少数人与社会的道德、信仰等相违背造成的。

20世纪60年代,美国出现新社会病态论,认为某些人之所以陷入病态是因为社会本身就处于病态,其口号是:不道德的社会制造了不道德的个人。即社会问题是社会环境造成的。该理论把社会问题解释为违背社会道德期望的现象,认为社会问题来自社会化过程的失败,社会未能将道德规范传递于下一代。社会化失败的结果造成道德腐蚀,解决的办法就是施以道德教育。

(二)社会解组论

1918—1935年,社会解组论在美国占主导地位。这种理论认为,社会能够有秩序地运转是因为有一系列规范、制度起着制约作用,它控制着个人与群体的行为。但当社会发生急剧变迁时,旧的行为规范受到人们的质疑,新的规范没有建立起来,或未被人们广泛接受,一时人们失去了行为准则,社会规范、规则、制度对人们的约束力减弱,社会问题便应运而生。

1.社会解组的形式

社会解组是指尽管社会系统内部存在问题,甚至是较严重的问题,但仍可维持原有的社会制度结构和运行方式。社会解组具有三种形式:一是失范,即社会生活中没有一套现存的社会规则和规范来指导人们应该如何行动；二是文化冲突，即社会生活中两种相互对立的价值规范和行为方式并存使人无所适从；三是崩溃，即价值规范体系完全紊乱，人们各行其是。

“社会解组”与”社会解体”有着紧密的联系。社会解体指社会规范对社会成员的约束力减弱、社会凝聚力降低、社会整合困难，原有的社会秩序无法维持而逐渐被新的社会制度替代的过程。

2.基于社会解组论的社会问题成因

社会问题是由于社会变迁的影响而产生的失去规则的现象，或是由社会失控——缺少规则所引起的现象。在社会变迁中，物质文明变迁快，非物质文明变迁慢。影响社会变迁最强有力的因素是工业化、都市化、移民和科技发展等。社会解组论提出对社会问题的治疗，就是重建社会秩序和规范。

（三）文化失调论

由社会解组论演化和发展产生了文化失调论（也称为文化堕距论）。美国社会学家威廉·奥格本认为，一个社会的文化的各个部分是相互依赖的。在社会变迁中，当各个部分的文化以不同的速度改变时，文化各部分出现较大的差距和错位时，就出现文化堕距现象。

一般而言，人们接受物质文化比接受非物质文化容易得多，因此文化的变迁总是从经济、科技等物质文化开始的，然后是制度、习惯、风俗的变迁，最后才是思想观念的变迁，这种变化速度的差距引起了文化失调，造成了社会问题。

对此，我们可以从城中村改造后城中村村民的社会适应问题，分析“文化失调”理论在这一问题上的反映。由于我国城市化不断推进，许多传统农村社区不断地被现代城市社区所替代。在城中村改造后，城中村村民存在城市适应问题。即在高楼代替了平房、城市户口代替了农村户口后，他们在生存技能、文化素质以及心理方面存在着严重的不适应。其实，为了便于城市更好更快地发展，城中村的改造是必然的选择。然而与快速变化的外部环境相比，村民自身的改造却相对滞后。“文化失调”（文化堕距）问题在改造后的村民身上就表现得很明显。村民的外在身份改变快于内在素质提高，缺乏适应城市生活所必需的文化素质与技能。再是外部环境变化快于心理调适的速度，城中的村民难以适应自身角色的骤然改变，表现为生活节奏、时间观念、人际交往上的不适应等。

（四）亚文化论

同文化失调论一样，亚文化论也是由社会解组论演化和发展而来的。亚文化是指在社会上仅为少数人或少数群体所接受的文化或价值观念体系，如贩毒集团亚文化、监狱亚文化等。

1.亚文化理论的主要代表

W.汤姆斯和F.兹南斯尼基研究了在美国的波兰移民的状况，认为他们所面临的规则太多，并且相互冲突，表现为移民从本国带来的规则同新环境的主体规则不相宜而产生了文化冲突。后来的学者把他们研究的现象解释为亚文化与主流文化之间的冲突，提出关于社会问题的亚文化论见解。认为当社会中存在的某些亚文化和主流文化发生大的矛盾和冲突时即产生社会问题；或社会的亚文化与主流文化的矛盾和冲突即是社会问题。亚文化理论的主要代表有美国社会学家W.B.米勒、A.K.科恩和奥斯卡·刘易斯等人。

（1）米勒的社会下层阶级亚文化论。他认为与社会中产阶级观念相抵抗的价值观不仅仅为一小部分人所具有，它甚至为整个社会下层阶级所提倡。美国这种下层阶级亚文化的价值观，表现为敌视上层、主张强硬、赞赏精英、寻求刺激、宿命论，主张自由、民主。

（2）科恩的亚文化与青少年犯罪关系论。他认为，犯罪青少年往往生长于社会的下层，低下的地位使他们无法取得社会上占统治地位的价值标准所提倡的那种成功，于是他们便形成了一套与主流文化相抵触的价值观念。犯罪亚文化是指犯罪亚群体在犯罪活动中逐渐形成、并予以信奉和遵守的与主文化相对立的价值标准、行为方式及其现象的综合体。主要表现为对犯罪的赞赏态度，悖于常人的价值观念，进行违法犯罪活动所必需的知识和技能，处理赃物的方法，物色犯罪目标的能力，逃避司法机关侦查与惩罚的手段，寻找犯罪同伙的方法。

2.犯罪亚文化与青少年犯罪

青少年在刚刚走上犯罪道路时，从事犯罪活动往往是不自觉的。但随着时间的推移，犯罪程度的加深，犯罪亚文化便成为其思想和行为的主宰，犯罪活动也逐渐由被动变为主动。

在犯罪亚文化的支配下，青少年犯罪表现出暴力性、凶残性、反复性和不择手段、不计后果等行为特性。相反，如果违反这些共同的价值观念和行为规范行事，则会受到谴责、鄙视、非难甚至无情的惩罚。

3.亚文化与贫困的关系

奥斯卡·刘易斯认为：穷人长期生活在社会底层，长期被排斥在主流社会之外，形成一种亚文化。这种贫穷的亚文化形成之后，代代相传，穷人的子女长期受熏陶，很难改变自己的生活方式，进入社会上层。在我国西部农村地区，贫困文化就表现为听天由命、消极无为的人生观；安于现状、好逸恶劳的幸福观；不求更好，只求温饱的消费观；固守田园，安土重迁的乡土观；小农本位，重农轻商的经济观；"等、靠、要"的度日观。

（五）价值冲突论

在20世纪二三十年代，出现了运用价值冲突观点对社会问题的研究。到20世纪40年代这种观点逐渐盛行起来，依照价值冲突观点整理出来的第一本有关社会问题的教科书于1948年在美国问世。这种见解的代表人物是理查德·富勒和理查德·麦尔兹。

价值冲突论的观点认为：社会问题是某些群体之间的价值不能相容共存的社会状况；或者是指不同群体的价值观发生矛盾致使社会思想准则混乱的状况。该理论还认为造成社会问题的根本原因是价值或兴趣上的冲突。

如有人对"有偿新闻""有偿不闻""虚假报道"等传媒报道中所存在的问题的分析：人们习惯于用社会伦理道德的单一标准去衡量这类事

件,贬斥其行为不当只因其价值选择不符合世人社会伦理道德的标准。需要探究的是:具有社会人与新闻从业者双重角色的新闻记者,在面对诸多价值关系交错重叠甚至对立冲突时,该丢谁保谁呢?这仅仅用缺乏良知和人性道德来解释显然是不够的。

作为个体的新闻从业者与作为社会成员的新闻从业者在追求生存价值与理想价值的过程中,往往会在满足个人需求与服务职业需求和社会公众需求之间发生矛盾冲突,在平衡三者关系的过程中极易出现新闻违规操作行为,从而违背新闻伦理道德规范,损害新闻的价值。这便助长了"有偿新闻""有偿不闻""虚假报道"等不良作风,使其弥漫于新闻采集、选择、制作和播出等重要环节。

英才网联(北京)科技有限公司于2006年出炉了一份《2006中国记者职业状态调查报告》,对全国1344名从事采访、编辑、报道工作的从业人员进行了为期一个半月的调查,尽管样本量不大,但多少可窥见出目前新闻从业者普遍的生活状况并不乐观,不稳定的收入与极大的工作压力很容易成为滋生腐败的土壤。

由此可见,新闻从业者整体职业素质的低质化、职业保障机制的不健全、新闻行业用人机制的欠合理性以及媒介产业市场化运作的氛围,的确为新闻从业者在面对生存价值与理想价值的冲突时违背新闻职业道德创造了条件。

(六)社会冲突论

有些学者在价值冲突论的基础上拓展了这一理论,指出群体之间的矛盾和冲突不仅仅在价值观方面,还表现为利益矛盾和冲突,并提出了关于社会问题的群体冲突论的见解:社会问题是因各种社会群体之间的利益相异而发生矛盾、冲突引起的。在当前的中国,很多社会问题源于利益冲突,如拆迁问题、医患矛盾、出租车罢运等群体性事件等。

(七)行为偏差论

到了20世纪50年代,西方社会出现相对稳定的局面,社会冲突有所减弱，对社会的解组、失控、冲突的解释暴露出越来越多的缺陷；社会学研究社会的角度也有所调整。有学者提出偏差行为理论来解释社会环境及人们的行为，也有一些学者将偏差行为理论运用于研究社会问题。

行为偏差论认为，社会问题是人们的行为偏离社会规范的现象，换言之，是个人或群体的偏差行为造成危害普遍社会原则的现象。偏差行为来自不适当的社会化，不适当的社会化多在初级团体中发生。偏差行为会造成大量社会问题。

偏差行为的形成，一部分是由于人们缺乏学习合法手段的机会，这导致了对偏差方式（犯罪、吸毒、酗酒、自杀、嫖妓等）的学习，一部分则是由于某些人被限制了获取合法目标的机会，由此产生紧张、压迫感，导致以偏差方式来消除这种感觉。解决偏差行为的方法是加强社会化。

（八）社会心理学理论

心理学派的社会学家认为，有些人的行为偏差或非正常行为是心理原因所致，所以社会问题实际上是人们心理状态的表现。

1.人格理论

人们后天形成的人格，一旦形成则很难变更。社会问题是由某些特殊人格（例如反社会人格）所致，即是某些特殊人格的表现。一些人之所以违反社会规范是由于他们有着特殊的人格，如犯罪、违法的人是因为他们具有“反社会人格”，他们不成熟、易冲动、好斗等。

有学者在人格与青少年犯罪的关系研究中发现，人格是影响青少年犯罪的重要因素。青少年犯中存在人格类型差异，神经质型人格特征的占38%，表现为内向、焦虑、抑郁，缺乏主见，躯体不适感，易对外界刺激产生强烈反应而难以自制；精神病类型的占31.75%，表现为思维方式古怪、固执己见、缺乏同情心、行为孤僻、缺乏犯罪感和内疚感。

2.心理失调论

心理失调理论试图将越轨行为、社会问题与人们心理上的失调联系起来，通过研究人的心理是否失调，预见一个人是否会发生越轨行为。“心理失调”是指人们不能自主协调、处理、适应某个或一系列思想和现实问题而产生心理危机。社会问题就是由那些心理失调的人造成的，是某些心理失调的行为表现。

弗洛伊德的精神分析理论认为，人格包括本我、自我和超我。本我按照快乐的原则行事，追求的是自私的满足。自我则按照趋利避害的原则行事，代表理性判断能力。超我就是按照至善的原则行事，代表社会道德标准。如果三者不平衡、协调，就会产生越轨行为。

（九）标签论

偏差理论出来后，一些学者对其研究过程中的一些问题产生了兴趣，主要是：什么人、什么状况被定义为偏差角色、偏差行为？由社会中的什么人来进行定义？为什么由这些人来定义？为什么他们有权力来定义？偏差角色、偏差行为被定义后将产生什么结果？假若有些人具有偏差行为，可否和如何避免被他人定义？对这些问题的研究产生了标签理论。该理论从1954年产生至今仍有较大的影响。

标签理论的代表人物是贝克尔，这一理论认为，社会生活中原本并不存在所谓社会问题或越轨行为，某种社会现象之所以成为社会问题是因为人们给它贴上了这样的标签。一些人被贴上越轨行为的标签后，往往会按照标签所定的越轨行为模式去做，结果发展出更多的越轨行为。初级越轨行为表现为暂时、试探、好奇、轻微，人们发现后公之于众并为其贴上“越轨者”标签。次级越轨行为则更多更严重。

标签理论认为很多社会标签不公正，越轨行为是相对的，只是某些权力集团的主观认定，而不是它的本质属性。需要集中探讨的应该是越轨过程而非越轨原因。越轨行为是社会的产物，是在社会互动中被界定出来的。可以用贴标签的方法来协助解决社会问题，如果将某种社会状况或行为贴上“适当的”“符合社会规范”的标签，社会就会自动消除其对立面。

标签理论对于社会工作的启示，就是通过一种重新定义或标定的过程来使那些原来被认为是有问题的人恢复为“正常人”。因此，标签理论对社会工作有着深刻的启发意义。

（十）比较论

比较论认为，社会问题是人们经过各种纵向的、横向的，历史的、现实的，动态的、静态的社会比较，所发现的一种特殊或异常的现象。

（十一）综合要素论

一种理论在解释某一形态的社会问题时，可能较之解释其他社会形态的社会问题更有说服力，也较之其他理论对这一形态的社会问题的解释更有说服力，但是任何一种理论都不可能用来解释所有形态的社会问题。因此在20世纪的50年代到60年代，随着成熟起来的综合社会学学派影响力的增强，关于社会问题要素论的见解产生了。

综合要素理论认为，社会问题具备几个要素或条件，这些要素表现为：客观而非主观臆断的现象；为社会某些方面的失调，如矛盾、相异、不和谐问题；影响到社会机能和社会生活，其表现和影响相当普遍，引起社会关注，需要和只能用社会力量才能解决。

（十二）其他社会问题理论

1.建构主义理论

建构主义理论认为，人类不是静态认识、发现外在的客观世界，而是经由认识、发现过程本身不断构造着新的现实世界。认为社会问题是在社会互动过程中形成的。社会建构理论认为，社会问题的形成和解决，关键在于利益和价值群体、社会反应群体、国家政府等三方面的共同协商和角力，其间的社会互动中渗透着社会话语权力。

2.风险社会理论

风险社会理论认为，人类已经进入风险社会，现代社会的风险不论国界，不是任何单一国家所能防范和消除的。根据风险分配的逻辑，所有的国家最终都将面临着同样的状况。社会问题可能并不是自身社会的结构性因素导致的，社会问题的解决也不能单凭一个民族国家的力量。主张以全球性的视野来看待社会问题、定义社会问题、预防社会问题。

第五节 正确认识社会问题

一、社会问题是客观存在的

马克思说："凡是有关人与人的相互关系问题都是社会问题。"这可以说是对社会问题的广义定义，而社会学研究的是狭义的社会问题，即指危及广大社会成员的切身利益，需要依靠社会力量解决的社会现象。

社会问题的存在是一个客观的事实，这是谁也不能否定的。在如何对待社会问题上，可以反映出一个学者的科学素质和勇气。社会问题是每一个社会都有的。研究社会问题，对社会主义国家的社会科学和社会学更应该是十分必要的。对待社会问题无须讳疾忌医，应该坚持以下观点。

第一，社会问题是一种客观的社会事实，不管我们是否承认，它是不以我们的意志为转移的。一味地只宣传社会主义制度的优越性而回避存在的社会问题，不是历史唯物主义的态度，也无益于社会主义制度的完善。

第二，社会生产力与社会问题的产生有关。其一，许多社会问题是社会生产力处于较低水平时的直接产物。生产力落后，会引起社会关系的失调，从而酿成诸如失业、贫穷等社会问题。当商品经济还不发达，市场机制还不能发挥作用，无法保证公平竞争，价值规律得不到遵守时，商品交换中的副作用就比较明显，像经济犯罪、干部腐败等社会问题就较突出。在生产力水平不高的社会中，物质财富不能充分满足人们的需要，人们在追求物质财富过程中会出现较多的越轨行为。其二，在社会生产力发展过程中，在生产关系层面形成了许多利益集团，无数集团利益和个人利益的相互碰撞，会产生各种矛盾，从而引起生产关系的失调，形成利益受惠集团或利益受损集团，导致贫富两极分化等社会问题。

第三，社会关系与社会问题的产生有关。以公有制为主体、多种所有制经济共同发展的基本经济制度和以人民当家做主为根本标志的政治制度的建立和巩固，使我国社会成员的社会关系基本呈现协调的状态。但由于我国处于社会主义初级阶段，存在与生产力发展不相适应的因素，这些因素具体表现为经济、政治制度方面的弊端和缺陷。体制和制度的不完善都是通过人的活动表现出来的，这就为不良行为诸如以权谋私、行贿受贿等创造了条件。我们现在进行的社会改革正是为了克服体制的弊端。

第四，许多社会问题并不与社会制度有着直接的关联。社会问题类型繁多，有的社会问题与社会制度的联系密切，如贫困问题、腐败问题等，而有的社会问题与社会制度的关系并不密切，如环境污染问题、犯罪问题等，这些问题是任何社会制度都存在的现象，是人类自身的弱点或社会运行中的不协调引起的，是任何社会都不能够避免、摆脱的。

二、认识社会问题的理论难点

研究社会问题，当然不可能摆脱社会制度而从纯粹学术的角度进行探讨。在不同的社会制度中,社会问题的种类、形式、本质、原因和结果都是不一样的。因此,“在分析任何一个社会问题时,马克思主义理论的绝对要求,就是要把问题提到一定的历史范围之内”。从一定的社会制度和国家特点这个前提出发进行研究活动,这是一个基本的原则,否则,撇开社会制度和具体国情,就会对社会问题产生歪曲性的认识,难以得出切合实际的解决办法。对当前我国社会转型时期中产生的社会问题科学地、全面地进行研究的重担,已经落在社会科学工作者身上,尤其是社会学者身上。

小结

社会问题是客观存在的,它是社会学的一个特有领域。人类社会的产生和发展,同时也伴生着社会问题的出现和变迁。对社会问题界定已有一个较长的过程,然而直至目前,学术界都还没有形成具有高度共识的定义。界定社会问题需要把握五个方面的条件。社会热点具有时代性、挑战性、普遍性、敏感性、流变性等特征,它与社会问题是有明显区别的,但任何热点若不能及时消除,都有可能发展成为社会问题。社会问题是传统社会学研究的主要领域。社会问题的基本理论随着人们认识的深入和研究角度的变化在不断地丰富和发展,出现了比较有代表性的诸如社会病态论、社会解组论、文化失调论、价值冲突论、行为偏差论、标签论等理论,它们为社会问题理论的发展做出了贡献,为解决社会问题提供了指导。社会问题的存在是一个客观的社会事实,这是谁也不能否定的,解决社会问题的过程是人们以主观意志改造客观世界的过程。

自测题

1.填空题

(1)人类社会的产生和发展,同时也(　　)着社会问题的出现和变迁。

(2)社会即是由人与人形成的(　　)总和。

(3)人类最主要的社会关系包括(　　)关系、共同文化以及(　　)习俗。

(4)在社会学中,社会指的是由有一定联系、(　　)的人们组成的超乎个人的、有机的整体。

(5)任何一个具体的社会都是从前人那里继承下来的一份(　　),同时又和周围的社会发生(　　),具有自己的特点。

(6)德国早期的社会学家瓦格、桑巴特等人,把社会问题简单地理解为(　　)矛盾和(　　)问题。

(7)20世纪60年代以来,社会学家们越来越重视对社会问题(　　)的分析。

(8)社会问题的主观标准,是指人们认识到的社会问题,对他们的(　　)构成了威胁。

(9)社会问题是社会生活中确实存在的某种具体的(　　)事实,而不是存在于人们头脑中的(　　)。

(10)公共问题并不都是(　　)问题,只有那些对社会上相当一部分人的生活,产生了(　　)的问题才是社会问题。

(11)对社会问题的界定,是人们对(　　)从日常生活的理解逐步到(　　)的过程。

(12)理查德·富勒和理查德·麦尔兹在《社会问题的发展》一文中指出,所有社会问题都经历三个阶段,即警觉、(　　)与改革。

(13)在当代最突出的社会问题就是人口问题、(　　)、劳动就业问题、诚信问题、青少年犯罪问题和老龄问题等。

(14)家庭暴力直接作用于(　　)身体,使受害者身体上或精神上感到痛苦,损害其身体健康和(　　)。

(15)(　　)是在警觉出现之后,大家开始讨论问题解决的各种政策。

(16)对社会问题敏感度较高的群体通常包括(　　)、报告文学作家、社会学家、伦理学家、(　　)、法学家等。

(17)大众传播媒介具有模拟环境和(　　)的功能,多数人依据大众传播媒介的导向对某一(　　)作出反应。

(18)社会学学科与其他学科都将(　　)作为研究对象,但相关研究内容是有所不同的。

(19)社会学在研究(　　)问题上与其他学科相比,具有(　　)、整体性。

(20)影响社会变迁最强有力的因素是工业化、(　　)、移民和(　　)等。

(21)标签理论认为很多社会标签(　　),越轨行为是相对的,越轨行为只是某些权力集团的(　　),而不是它的本质属性。

(22)社会问题的存在是一个(　　)的事实,这是谁也不能否定的。

(23)生产力落后,会引起(　　)某些方面的失调,从而酿成诸如失业、(　　)等社会问题。

2.判断题

(1)所谓社会问题的客观标准,指社会问题是不可以确认的。(　　)

(2)人类社会是在特定环境下共同生活的人群,能够长久维持的一种不容易改变的结构。(　　)

(3)社会关系包括个体之间的关系、个体与集体的关系、个体与国家的关系,还包括群体与群体之间的关系、群体与个体之间的关系。(　　)

(4)烦恼产生于个人的性格,也产生于同别人的直接关系。(　　)

(5)中国社会学家孙本文认为,社会问题包括三个方面:一是社会共同生活发生了障碍,二是社会进步发生了障碍,三是个人的发展发生了

障碍。(　　)

(6)公共问题都是社会问题。(　　)

(7)社会问题的界定条件主要包括四个方面的内容:客观性的事实依据,影响相当数量人的公共麻烦,违背社会的主导价值原则和社会规范,社会问题具有可改变性。(　　)

(8)一个社会现象由一般的事件、麻烦上升为社会问题,要经历一个较长时间。(　　)

(9)将某种社会现象或社会行为定义为社会问题,是因为社会上绝大多数社会成员认为这种现象或行为符合社会主导价值和主导规范,也就是符合现存的社会规范和价值原则。(　　)

(10)人口问题是全球性问题之一,是当代许多社会问题的核心。(　　)

(11)有些热点问题就是社会问题,本身就蕴含着深刻的矛盾和社会冲突。(　　)

(12)灾难主要是矛盾的产物,而社会问题主要是人群体性活动偏差,是自然界的产物。(　　)

(13)在城中村改造后,城中村村民不存在城市适应问题。(　　)

(14)青少年在刚刚走上犯罪道路时,从事犯罪活动往往是自觉的。(　　)

(15)心理失调是指人们不能自主协调、处理、适应某个或一系列思想和现实问题而产生心理危机。(　　)

(16)研究社会问题,当然不可能摆脱社会制度而从纯粹学术的角度进行探讨。(　　)

3.思考题

(1)我国当前主要的社会问题是什么?试举出一两个例子。

（2）你对社会热点是怎么认识的？

（3）社会热点若不能及时消除，会发展成为社会问题吗？

（4）为什么说社会问题是客观存在的？

参考文献

[1]孙哲.贫困文化——探寻西部农村贫困恶性循环的根源[J].理论界，2009(2).

[2]米尔斯.社会学的想象力[M].陈强，张永强，译.上海：生活·读书·新知三联书店，2016.

[3]乔恩.谢泼德，哈文·沃斯.美国社会问题[M].乔寿宁，刘云霞，译.太原：山西人民出版社，1987.

[4]青连斌.社会问题的界定和成因[J].中共中央党校学报，2002(3).

[5]中国社会科学院语言研究所词典编辑室.现代汉语词典(第七版)[M].北京：商务印书馆，2016.

↘ 学习目标

以辩证法的思维来看待问题，探析解决当前各种社会问题的对策。

↘ 实践建议

针对某一个具体的社会问题或案例展开调研，如社会诚信缺失、青少年犯罪等，分析这类问题产生的时代原因、演变规律及应对策略。

第二章 社会问题的现状与治理

◇◇◇◇◇◇◇◇

伟大时代呼唤新的理论，伟大实践解决新的问题。任何一个社会只要在发展，就会产生各种问题。以发展的眼光来看，社会总是在“出现社会问题一解决社会问题一再出现社会问题一再解决社会问题”这种曲折的、波浪式的形式中不断前进的。社会问题在各时代反映的内容各不相同。在我国，当代最突出的社会问题是人口问题、生态环境问题、劳动就业问题、诚信问题、青少年犯罪问题和人口老龄化问题等。

每当人们解决了一个社会问题，人类就在认识和能力上有了一个大提高，社会就向前迈进了一大步。从某种意义上说，社会就是在不断地解决社会问题中发展和进步的。社会问题是客观存在的，我们没有理由也没有可能去回避它，只能用客观的、冷静的态度去对待它、正视它，然后科学有效地解决它。我们承认社会问题的存在，是为了更好地探寻社会治理的对策，抑制社会问题的负作用和破坏力。

社会问题是在一定的社会背景下产生的。在不同的社会制度中,社会问题产生的背景并不完全相同。新中国70多年来的革命、建设和改革历程,是一部社会发展和社会进步的文明史,也是一个社会问题不断出现、不断得到解决并逐步走向现代化的历史过程。20世纪末叶,我国进入了改革开放的新时期,随着社会环境的变化,解决社会问题的方式也随之发生变化。对此,以什么姿态来审视社会问题,以什么思路来剖析我国转型期的社会问题?如何理解社会问题与社会治理?对这一系列学术性问题的探讨,构成了本章节的主要内容。

第一节 我国转型期的社会特点

自改革开放以来,我国进入高速发展时期,现代化的过程是社会结构不断优化的过程,一旦社会进入转型时期,便将面临动荡不定、矛盾较多的局面。这时,社会结构要做相应的调整,而调整阶段是一个充满矛盾、痛苦的阶段,这一阶段又不能人为地跃过。因此,准确认识我国转型期社会的特点,是解决当代社会问题的基础。

一、中国社会处于转型时期

20世纪末叶,我国社会进入改革开放时期,经济体制的改革、市场机制的形成,带来了社会结构的整体转型。我国社会的变迁速度之快,引起了全世界的注目。社会的快速变迁,也产生了前所未有的社会矛盾及各种问题。

社会转型时期是社会现代化过程中的一个过渡阶段。这一时期社会在主导方面开始向现代化转化,但转化不平衡、不系统,充满着差距和矛盾。各种新与旧的混合是转型社会的突出特点。表现为:①异质性。各种差异化的行为、观念、规范、制度并存,新身份与旧角色并存。②形式化。大量规则、法令、条文失去实际控制功能,原则界限不清并可能相互矛盾,组织运行的效率降低。

我国社会转型的主体是社会结构。何谓社会结构?狭义的社会结构是指由阶级和其他社会集团的关系、劳动分工以及社会利益(国家利益)的性质所决定的,稳定的、有条理的关系网络。在阶级社会中,阶级结构是社会结构的主要形式。广义的社会结构是指社会诸要素的构成方式及其相互关系按照一定的秩序所构成的相对稳定的网络。这个定义较宽泛,它没有具体指明哪些要素,但我们通常可以理解为,社会的结构要素是多元的,既可以表现为经济、政治、法律、文化以及大众媒介等许多社会元素,也可以表现为阶级、阶层、政治法律、意识形态一类要素。后一类要素往往占据着主导地位,并按一定方式排列、组合,形成相互间稳定的关系。社会结构的内容很多,主要有群体结构、组织结构、制度结构、社区结构、意识形态结构。社会结构转型就是这些主要的社会结构要素的内容发生了变化。因此,考察社会问题,离不开社会转型这一宏观的社会背景。

我国转型时期的社会问题,是指社会结构在加速变迁中产生的影响社会运行与社会生活的诸种社会矛盾与困扰。计划经济时期的社会结构要素经过无数次的分化与整合,已经达到了较高水平的互补与协调。这种成熟性在于:第一,构成社会基本结构的阶级、阶层的关系是稳定的、明晰的;第二,社会的制度系统是成熟的、完备的,尤其是规范系统具有权威性与控制力,人们经过较长时期的适应已经认同与接受;第三,价值观念是明确的、稳定的,主文化的基本的价值观念已得到社会成员的认同;第四,管理控制系统是有效的,从中央到基层,从决策、管理到执行各个环节都是畅通的。当然,计划社会结构的成熟性不等于优越性,这种成熟性已呈现某种僵死性特征，蕴含弊端与不合理性，引发了改革的冲动与压力。改革引起了社会结构基本要素的分化、重组，原有的社会结构被打破，新的社会结构要素不断生成，这个重组过程就是转型过程。

在社会转型时期，社会结构要素的变动异常活跃，也异常动荡不定，社会结构各部分、各要素相互错动，充满了矛盾。社会运行处于一种十分不稳定的状态，各种社会功能失调，表现为形形色色的社会问题大量涌现。可以说，社会转型时期，就是社会发展的阵痛时期。这一时期是无法人为跃过的，只有等到社会结构各个要素经过整合，产生了适应，形成了较为稳定的关系时，这一阵痛期才能结束。因此，我们现在必须正视这一时期产生的各种社会问题，通过社会机制的调整，预防、抑制、化解各种社会问题，使社会尽快地进入良性运行状态。

同时，进入社会转型时期，社会利益结构的分化速度过快，致使社会资源配置不均，大量不稳定因素开始产生。其中一个非常明显的表现就是各种社会资源过于集中在某一群体或个体身上，导致社会利益结构纵向分化严重，不平等加剧，不同的利益主体之间产生广泛的矛盾和冲突。利益是人类社会一切冲突的根源，也是所有冲突的实质所在。任何一个社会都不可能完全消除社会冲突，因为任何一个社会都存在利益矛盾和利益冲突。社会转型时期利益格局转换引起的冲突成为社会问题的一个重要来源。

二、转型期社会问题的特点

1.交错性

目前，我国社会中存在的社会问题相互交织缠绕，有的是在转型期之前就已存在，在进入转型加速期后变得更为突出、更为严重，诸如人口问题、犯罪问题、养老问题、贫困问题、生态环保问题等等。而有的是随着我国社会转型期的到来而产生的一些新问题，诸如阶层固化问题、网络暴力问题等。这些新旧问题相互交织在一起，并相互影响，从而使缓解和消除这些社会问题的难度加大，任务更艰巨。

2. 伴生性

我国作为一个发展中国家，某些社会问题是无法避免的，是现代化的伴生现象。当代社会变迁速度异常迅猛，与传统社会变迁缓慢、相对和谐有序相比，显得更加不稳定甚至混乱。诸如，人口膨胀、环境污染、贫富分化、失业率上升、犯罪率上升、官员腐败、价值观混乱等问题，大多数国家都会出现。

3. 复杂性

在我国，城市与农村，沿海与内地，山区与平原，经济状况不同，发展速度不同，生产的矛盾不同，引发的社会问题也不尽相同。富裕地区主要面临环境污染、两极分化、犯罪率增长等问题；贫困地区则面临贫困、剩余劳动力转移等社会问题。一个具体社会问题的产生，通常不是纯粹和单一的因素引发的，而是呈现出纷繁复杂的状况，并非消除某一因素即可解决一种社会问题。

三、转型期社会结构的变迁

（一）群体结构的重组

1. 原有阶级分化出新阶层

自改革开放以来，社会转型和体制转轨推动了我国基本经济制度以及产业结构的调整，从而使原有的阶层结构发生了重大的分化和重组，并且出现了新的社会阶层。我国社会阶层结构急剧分化，人们的职业、身份和社会地位迅速变化。在这一剧烈的社会阶层分化过程中，除了传统的工人、农民内部发生分化以外，一些新的社会阶层也正在形成，作为推动我国现代化进程中坚力量的社会中间阶层也随之逐步崛起。

首先，工人内部出现分化。改革开放以来，我国工人阶级的构成发生了显著的变化，他们由原来的两大部分即国有企业工人和集体企业工人分化为国有、集体、私营企业、三资企业等几个层次，从总体来看，主要可以划分为如下几个阶层:企业家、管理者、普通工人、低收入职工等。

其次,农民内部出现分化。我国的改革使农民阶级也较早地发生了前所未有的大分化。农村居民在职业、使用生产资料的方式和对所使用生产资料的权利等方面的差别,使得农村的社会分层日益明朗化、动态化。根据当前农民所从事的职业不同,可以将农民划分为如下几个阶层:农业劳动者、进城务工者、乡镇企业职工、农村管理者等。

最后,中间阶层出现并开始发展壮大。所谓中间阶层,是"橄榄型"社会结构的中间凸起部分,西方称之为中产阶级。由于新时期的市场取向和政策导向,加以个人自身努力,无论在工人内部还是农民内部都出现了中间阶层。社会中间阶层不是某个阶层的代称,而是几个具有相似特征,特别是收入处于中等或接近中等以上水平的阶层的合称。它不是一个传统意义上的阶层,它是在社会各阶层相互交叉、渗透的基础上,逐渐淡化其原有的阶层界限,社会属性趋同且相对泛化,包容多个阶层成员的"特殊阶层"。

2.新生阶层的发展比较快

2015年9月22日,《中国共产党统一战线工作条例(试行)》(下简称《条例》)向社会公布。在《条例》明确的12个方面的工作对象中,第一次出现了"新的社会阶层人士"。这个新的群体吸引了公众的眼球,也引发了公众的好奇心。"新的社会阶层人士"这个概念是怎么产生的?其实,新的社会阶层是改革开放以来,伴随社会主义市场经济发展而逐步成长起来的一些新的社会群体的统称。

新的社会阶层人士主体是知识分子,主要包括四大群体:私营企业和外资企业的管理人员和技术人员(指受聘于私企和外企,掌握企业核心技术和经营管理的专门知识者)、社会组织从业人员(包括律师、会计师、评估师、税务师、专利代理人等提供知识性产品服务的社会专业人士,以及社会团体、基金会、民办非企业单位从业者)、自由职业人员(指不供职于任何经济组织、事业单位或政府部门,在国家法律、法规、政策允许的范围内,凭借自己的知识、技能与专长,为社会提供某种服务并获取报酬者)、新媒体从业人员(指以新媒体为平台或对象,代表特定机构从事投融资、技术研发、内容生产发布以及经营管理活动者)。

这“四大群体”是改革开放40多年来涌现出的新业态和新平台中具有代表性的人群。私营企业和外资企业的管理人员和技术人员、社会组织从业人员、自由职业人员是适应市场经济需要而发展起来的群体。而新媒体从业人员则是在互联网这一改变人类生活的重要新平台中所涌现出的。

新的社会阶层人士究竟有多少?中央统战部2019年初发布的数据显示,我国新的社会阶层人士的总体规模约为8200万人。其中党外人士占比为95.5%。根据调研统计测算,民营企业和外商投资企业管理技术人员约4800万人;中介组织和社会组织从业人员约1500万人;自由职业人员约1400万人;新媒体从业人员约1000万人。由于各类群体间存在人员交叉,数据直接相加总数多于8200万。

3.不同阶层、群体的差异扩大

(1)社会阶层、群体的分化。阶层一般是指阶级内部不同等级的群体或处于不同阶级的群体。按照不同标准可以将社会中的人群分成不同的社会阶层或群体。“当代中国社会结构变迁研究”课题组将目前中国社会分成国家与社会管理者、经理、私营企业主、专业技术人员、办事人员、个体工商户、商业服务人员、产业工人、农业劳动者和城市无业、失业和半失业人员10个阶层。

(2)社会阶层、群体的固化。1980年以来,在处于较为优势地位的国家与社会管理者、经理人员、专业技术人员等阶层中,代际继承性明显增强;处于经济社会地位较低阶层的子女,要进入较高阶层,门槛明显增高,两者间的社会流动障碍在增加。20世纪90年代中期以来,经济资源、组织资源和文化资源有向上层集聚的趋势。从社会发展来讲,基于不同出身、财产、知识、职业等形成不同阶层是正常的现象。分层并不可怕,可怕的是阶层固化。阶层固化意味着社会成员在不同阶层之间的地位流动受阻,个人后天努力无法改变自己的命运,底层群体向上流动的通道被堵塞，也就是说，不同社会阶层的成员构成趋于稳定，社会不平等结构被原样复制。社会阶层结构一旦固化，公平正义势必遭到严重的损害。

当前，我国社会阶层流动面临阻力，尤其是底层上升通道受阻，社会阶层固化趋势加剧，贫穷将会代际传递，一代穷世代穷。根据国家统计局颁布的数据，2012年至2018年中国居民收入的基尼系数分别为0.474，0.473，0.469，0.462，0.465，0.467，0.474，其中2016年的基尼系数比2015年还高了0.003，基尼系数普遍高于0.45，说明中国收入差距较大，收入分配不平等的状况仍然没有得到有效缓解。同时，基尼系数的逐渐扩大，意味着社会大部分的财富掌握在少数人手里。如果不能改善这种现状，在收入差距持续拉大时，社会阶层、群体间的潜在矛盾也会不断被激化，不利于社会稳定和进步。

（二）组织结构的变形

近年来，由于政策的不断完善和政府的大力扶持，全国各地相继进行了社会组织建设及管理的探索实践。当前社会组织变形变异，存在以下问题：一是乱表彰、乱评比、乱收费；二是存在机关化、行政化倾向，存在衙门作风，服务走样变形；三是有的以自治组织、公民代表自居，非法从事营利性活动；四是有的社会组织打着民主、维权、宗教、慈善、环保、扶贫等旗号四处活动，蛊惑人心，成为敌对势力的马前卒。

关于社会组织的兴起与发展的原因，可以大致总结为：市场化改革、单位制解体；社会转型；政府职能的转变以及保障社区居民自治权利的需要。民间社会组织建设正处于基层社会管理组织变革的第二个阶段，主要任务就是填补“单位制”解体后的空白。强化领导方式、调整网络结构、创建平台以及政策扶持这些途径能够有效推动民间社会组织的发展，但仍会存在着政府投入不足、权责倒置、评估缺失等问题，只有实现民间社会组织监管的社会化，才能有效解决这些问题。

（三）社会结构的转化

新中国成立70多年来的革命、建设和改革历程，是一部社会发展和社会进步的文明史，也是一个社会结构不断变革、逐步走向现代化的历史过程。从社会结构变迁的角度来看，大致可分为四个主要阶段：

第一阶段：1949—1956年。这个阶段是新民主主义社会阶段，社会结构上的特征是形成了“四大阶级”格局。1949年新中国成立之后，随着人民民主政权的建立，通过改造旧社会，建立新政权，我国社会阶级阶层结构得到了重构。旧社会下的官僚买办阶级、地主阶级被彻底消灭，工人阶级和农民阶级成为新社会的主人，成为国家的领导力量和社会基础，其经济社会地位有了极大的提高。由此，在这个从新民主主义社会向社会主义社会过渡的特殊阶段，我国社会结构形成了工人阶级、农民阶级、小资产阶级、民族资产阶级四个基本阶级的格局。

第二阶段：1957—1977年。这个阶段是我国全面建设社会主义社会的阶段，在社会结构上的特征是形成了“两个阶级、一个阶层”的格局。这种社会结构模式的提出，受到当时苏联斯大林时期提法的影响，过于简单，并不能完全反映当时复杂的社会现实，带有较强的政治和理想色彩。“两个阶级”是工人阶级和农民阶级，前者是各个单位中的职工，后者是各个公社中的社员；“一个阶层”是知识分子阶层。1956年，周恩来发表《关于知识分子问题的报告》，首次指出知识分子已经成为国家的各方面生活中的重要因素，他们中间的绝大部分已经是工人阶级的一部分，应充分动员和发挥他们的力量。

第三阶段：1978—2011年。这个阶段是我国建设特色社会主义的阶段，在社会结构上的特征是“多元化社会阶层”的形成。随着市场经济体制的逐步建立和深入发展，社会利益的多元分化和冲突博弈，传统的单位制和人民公社制迅速瓦解，城乡分割的二元结构也开始逐步松动，整个社会的流动日益频繁和活跃，我国社会结构逐步过渡到以十大社会阶层为核心的现代化的阶层结构。这一阶段是我国社会结构分化与重组、变迁与再造的重要阶段。现代化社会结构的基本元素和特质已经蕴生，为构建一个现代化社会奠定了重要结构基础。

第四阶段：2012年至今。这个阶段是我国特色社会主义进入新时代的阶段，在社会结构上的突出特征是城乡结构进入融合发展的新阶段。在“创新、协调、绿色、开放、共享”新发展理念的指引下，我国社会建设和社会治理呈现新局面，户籍制度改革取消了城市户口和农村户口之分，统一称为城乡居民，这是身份体制上的重要突破；基本公共服务均等化广泛实施和深入推进；城乡居民医保制度实现统筹并轨，机关事业单位养老金并轨改革进入突破攻坚阶段。

在社会总体福利状况进一步改善的基础上，着力推进脱贫攻坚战，使得社会边缘贫困群体状况获得显著改善。在打造共建共治共享的社会治理新格局下，共享型社会建设取得新进展，人民群众的获得感、幸福感和安全感普遍提升。

（四）制度结构的变迁

根据定义和内涵的不同，制度变迁可分为三种：第一种为狭义的制度变迁。区别于制度生成、制度持续和制度终结等制度过程，狭义的制度变迁是指制度发生质变，是制度发生明显变化的特定阶段和特殊状态，在这个意义上，制度变迁区别于制度演化，只指剧烈的变迁过程，时间相对较短，变迁的特征和结果显著。狭义的制度变迁强调对阶段性特征的把握，如理性制度主义者强调制度变迁的行动者能动性，基于交易成本考虑制度的变迁，认为制度演化不在此列。这种概念是基于连续和断裂的划分。

第二种，制度变迁与制度演化不做区分，制度演化是制度变迁的一种形式，演化过程和变迁过程共同区别于静态的制度状态，区别于制度产生和制度终结过程，这个意义上的制度变迁观念强调制度的内生演化性和外部冲击性。这种概念是基于静态和动态的划分。

第三种为广义的制度变迁，包含制度设计、制度演化和制度急剧变迁和新旧制度的交替的过程。在这一意义上，制度变迁贯穿制度运行发展的整个过程。广义论者不对制度变迁和制度演化进行区分，因为从本质上讲制度始终是处于变迁状态的，制度变迁贯穿制度产生、维系和终结的整个过程。演化变迁是渐进的、缓慢的变化，相对于狭义的制度变迁而言，广义的制度变迁强调组织稳定性和变迁连续性。这种概念是基于自变量和因变量而划分的。

这三种制度变迁的概念，大致对应了新制度主义的各流派的制度概念，第一种制度变迁概念仅限于短期的制度变迁，比较符合制度经济学与理性选择制度主义的制度变迁观念；第二种制度变迁观念对演化和变迁不做区分，与社会学制度主义的制度变迁观念相匹配；第三种概念关注了整体的制度变迁过程，与历史制度主义的制度变迁观念相适应。就制度变迁而言，早期历史制度主义运用断裂均衡解释制度变迁，认为制度变迁可划分为关键节点和制度持续两个时期。社会受到外部冲击而形成制度，随后是漫长的制度稳定，即断裂均衡。近期的历史制度主义修正了这种仅依靠外部冲击的变迁观，探索制度变迁分析的综合框架，分析多重机制互动下的制度变迁的综合体，我们称之为制度变迁的综合框架，这种综合框架并不能涵盖制度变迁的所有变量和因素，但是其中的大部分因素被绝大部分的历史制度主义者所倚重，逐渐演变形成一般性的分析模型。这种分析框架超越路径依赖、关键节点、断裂均衡等变迁模式，也综合了渐进变迁、演化变迁、内生变迁等模式。

（五）意识形态结构转变

1. 价值观念取向由单一转向多元

社会发展变化的丰富性带来价值观念的多样性。自改革开放以来，随着社会分化速度的不断加快，种种差异造成了人们生活水平与生活方式的不同，同时也造成人们对于同一事物具有不同的反应和评价，形成不同的态度。不同的价值选择都有了存在的理由，很多人都可按照自己的想法生活而无须背负很大的思想压力，价值观念的多样性成为这个时期最鲜明的特征。价值观念由单一性向多元化转变，既体现了民众随着社会转型而进行价值选择和观念调整的必然性，同时也反映了社会价值观的自发性和非整合性。同时，当今社会成员的人生价值观呈现出鲜明的务实取向，多元化的自我价值定位和实现途径正在形成。在人生价值观念方面表现出既注重精神的价值,又注重物质价值。

2. 民众独立思考能力增强

独立思考能力和自我批判精神是社会进步的正能量。保持理性、中立、客观的态度来面对各种问题,是民众具备独立思考精神的前提。当前,各类社会问题层出不穷,海量信息不断涌现,各种谣言满天飞,能否以独立性的思想和批判性的思维来看待这些,已经逐渐成为衡量民众认知能力和思考能力的重要标尺。值得肯定的是,相较于以前,我国部分民众的独立思考能力已经有了显著的提升,不再人云亦云,而是善于思考和研究,并做出自己准确、科学的判断和传播正能量。尤其是面对网络信息甚至谣言时,很多民众能够主动辨别真假,并且敢于发表自己独特的看法和观点,而不是谣言的帮凶。

3. 自我抉择自由度增加

改革开放以来,中国社会的个人生活价值体系正经历着一系列由"物的依赖关系"的确立而引发的深刻变化。这些变化导致了个人生活选择的一系列改变,人身更自由了,生活更自主了,财富增加了,个人选择的机会增多了,生活变得更加丰富多彩了。任何个体都享有更加自由、宽松的选择空间,不论是职业、兴趣还是个人的装饰打扮。这种选择的自由,是社会更加包容,社会价值观念更加多元的表征。例如:2020年,湖南耒阳的钟芳蓉考出676分,位居湖南高考文科第四名的好成绩,可她却在众多可选择的志愿里,挑中了北大考古系,这是一个被认为是很"冷门""没'钱'途"的专业。但从个体角度来看,这是个人依据爱好做出的职业选择,也是依靠自己的独立思考,自主选择的志趣所向的专业,是一种社会进步。

4. 新旧价值观念冲突剧烈

现代社会与传统社会相比,发生了根本的社会形态变迁,但内在却存在着文化上的继承关系。价值观念作为一种具体的主体意识反映,受到文化背景的影响。传统文化的传承带来旧价值观念的传承，这就与现代社会一些新价值观念产生了冲突与碰撞，并且呈现逐渐激烈化的发展趋势。传统价值观念是重义轻利的，这与现代社会一些人丧失仁义观念形成鲜明的对比，在利益的驱使下，他们抛弃了仁义而求得自身利益的保全。比如当前食品安全问题，在社会法治不断健全和社会监管力度加大下仍层出不穷，一些食品生产厂商的仁义观念丧失殆尽。再比如"关于乐于助人"的大讨论，一些人表现出"不敢救、救不起"等一系列的行为，这种丧失社会基本道德规范的行为之所以发生主要就在于德行带来福祉的概率太低，甚至德行还招致灾祸。

第二节　我国现阶段突出的社会问题

社会问题在各时代反映的内容各不相同。改革开放四十多年来，我国所取得的成绩有目共睹，与此同时，各种各样的社会问题也层出不穷。当前我国最突出的社会问题是人口问题、生态环境问题、劳动就业问题、诚信问题、青少年犯罪问题和人口老龄化问题等。

一、人口问题

人口问题泛指影响人口生存和发展的各种问题。人口问题包括人口自身的发展以及人口与社会、人口与经济、人口与自然相互作用过程中所产生的生存、发展问题。人口问题就其本质来说，是人类自身生产和再生产与物质资料生产和再生产两者的相互适应问题。人口问题，按其性质可分为人口社会问题、人口经济问题、人口生物问题和人口生态问题。

人口问题，是由于人口在数量、结构、分布等方面快速变化，造成的人口与经济、社会以及资源、环境之间的矛盾冲突。

人口数量问题，主要由非均衡生育（多子化和少子化）以及人口迁移造成，只有通过均衡生育和调控迁移来解决。

人口结构问题，主要包括年龄、性别、收入、人种、民族、宗教、受教育程度、职业、家庭人数等问题；其中最为突出的是年龄（高龄化）、性别（男女比例失调）和收入结构问题（基尼系数高、中产塌陷）。人口年龄结构问题，只有通过均衡生育来解决。人口性别结构问题，只有通过改变人们重男轻女观念及限制堕胎来解决。人口收入结构问题，原因较复杂，但最终都只有通过壮大中产阶层，使中产阶层成为社会主体才能真正解决。

人口分布问题，主要包括大城市病、高密度连绵城市群的环境污染问题、大片乡村缺少就近（200公里内）特大城市辐射带动的发展难题、生态气候等自然条件恶劣地区人口的生存困境，以及高密度大流量的人口迁移等问题。人口分布问题，主要通过合理布局，构建合理的城镇体系来解决。

人口问题是全球性最主要的社会问题之一，是当代许多社会问题的核心。虽然它在不同国家的具体表现各异，但其实质主要表现为人口再生产与物质资料再生产的失调，人口增长规模超过经济增长规模而出现人口过剩。以我国为例，当前社会生活和发展所遇到的种种问题，无一不直接地或间接地与巨大的人口压力相联系。首先，人口压力使社会在提供现有人口生活条件和提高人民生活水平方面，遇到了难以克服的困难。突出表现为就业困难，住房紧张，粮食、燃料等生活必需品短缺。其次，人口压力造成消费与积累比例失调、生态环境严重破坏等。

二、生态环境问题

生态环境问题是指生态平衡遭到破坏,导致生态系统的结构和功能严重失调,从而威胁到人类的生存和发展的现象。

生态环境问题一般可以分为三类:一是不合理地开发利用自然资源所造成的生态破坏。这主要包括生物物种锐减、水土流失、土地荒漠化等。二是环境污染。譬如:城市化和工农业高度发展而引起的"三废"(废水、废气、废渣)污染、噪声污染、农药污染等;全球气候变暖、酸雨污染、臭氧层破坏。三是资源短缺。如:水资源短缺、土地资源短缺等。生态环境问题表现比较突出的有水土流失,土地荒漠化,森林和草地资源减少,生物多样性减少等。此外,城市内涝、水资源分布不均、森林火灾等也是生态环境问题的重要表现形式。

三、劳动就业问题

就业乃民生之本,也是世界难题。尤其我国有14亿人口,就业问题比任何一个国家都要复杂艰巨,扩大就业任务比任何一个国家都要繁重。人口多是我国的一个基本国情,劳动力供大于求的矛盾将会长期存在。随着产业结构调整等因素的影响,这一矛盾在今后将变得更加突出。

目前,我国劳动就业所面临的问题包括三方面,第一,我国的劳动力供给量远远超过了劳动力需求,就业形势十分严峻。由于我国人口基数比较大,适龄劳动人口的总量快速增长,大学生就业问题、下岗职工再就业问题日益突出,加之农村剩余劳动力数量十分庞大,对城镇就业市场形成了巨大压力。城镇新生劳动力、经济结构调整所产生的失业人员、进入市场的下岗职工、农村转移的剩余劳动力交汇在一起,使我国面临严峻的就业形势。

第二,工业化进程推进使农业劳动力大规模向非农业转移,增加了就业压力。随着工业化推进,农业生产力水平的大幅提高,将会有大批量农业劳动力向非农产业转移。我国现在已经有1.3亿的"农业富余劳动力",今后每年还要增加几百万人。为数庞大的农业富余劳动力,构成了就业形势的又一大压力。

第三,GDP增长对就业增长的带动作用减弱。经济增长方式发生了巨大变化,技术进步逐步成为增长的主要力量,导致GDP增长对就业增长的带动作用减弱。另外,中美贸易争端、新冠肺炎疫情对产业经济产生的负面作用,也直接影响了就业形势和就业质量。

总之,劳动就业是我国当前所面临的一个基本社会问题,面对这个牵一发而动全身的问题,既要考虑长期的解决办法,又不能忽视当前所应该采取的应急措施,要长期和短期并重,标本兼治,走出一条符合我国国情的解决就业问题的路子。

四、社会诚信缺失的问题

社会诚信是指在整个社会生活中逐渐形成的诚实守信的社会风气。社会诚信的形成不仅包括个人诚信,还包括在社会生活中被广泛认可的道德及规则。我国目前社会诚信缺失问题主要集中于三个方面,即个人诚信缺失、行业诚信缺失以及政府诚信缺失。

(一)个人诚信缺失

个人诚信缺失已渗透到人们生活的方方面面,如说假话、假文凭、假证件、假发票、假彩票、考试作弊、偷逃税款、骗取保险、虚假广告、电信诈骗等等,不一而足。人们在社会交往中充满了猜忌、怀疑和不信任感,从而严重影响了人与人之间的交往和社会生活的正常秩序。如果这一趋势继续恶化下去,必然会使社会成员对社会诚信失去信心,社会诚信就会成为失去社会基础的空中楼阁,或者变成没有实际内容的空洞口号。

（二）行业诚信缺失

在经济活动中，企业不讲诚信的现象更为突出，主要表现：一是企业恶意逃避银行债务，企业之间相互拖欠货款。二是企业合同违约严重，利用合同进行欺诈。三是企业财务信息披露严重失真，虚开增值税发票、虚假出口骗税、上市公司做假账等行为已成为某些行业潜规则。四是假冒伪劣盛行，制假贩假猖獗，令人防不胜防。

（三）政府诚信缺失

某些地方政府诚信缺失问题已十分严重。主要表现在一些地区和部门政策多变、不守承诺、随意性大、暗箱操作。还有一些干部特别是部分领导干部弄虚作假、欺上瞒下。据相关研究机构统计，一些地方政府的群众满意度不到四成，其中群众最不满意的前三项依次是腐败渎职、盲目搞政绩工程、政务财务不透明。

五、青少年犯罪问题

我国青少年犯罪呈现出了低龄化、手段暴力化、团体化、方法新型化等特点。只有对青少年犯罪特征进行分析，才能更好地了解青少年犯罪的动机和原因，从而找到合适的防治措施。

（一）犯罪低龄化

理论界和实务界都普遍认为我国青少年犯罪呈现出低龄化的特点和趋势。犯罪低龄化包括低龄犯罪比重大，犯罪起始年龄越来越小的特点。2019年一项社会调查显示，14岁的未成年犯占总的未成年犯的12.1%，15岁的占26.8%，16岁的占36.6%，17—18岁的占24.4%。2019年全国调查结果显示，14岁未成年人犯占总的未成年人犯的14.5%，15岁的占27.8%，16岁的占35.6%，17—18岁的占22%。对比发现，14—15岁的未成年人犯占未成年人犯总量的比例略有上升，16—18岁的未成年人犯占未成年人犯总量的比例有所下降，且15—16岁的未成年人犯占总的未成年人犯比例超过60%，也就是说低龄未成年人犯罪比重上升，青少年犯罪呈现向低龄化转移的态势。

犯罪低龄化有其复杂的原因。学者莫洪宪认为青少年生理发育提前，心理发育滞后，生理心理发育不同步是导致青少年犯罪低龄化的重要原因。随着时代的发展，现阶段未成年人的心理和生理成长发生了较大的变化，青少年生理、心理早熟的现象已经较为普遍，受网络、媒体和生活环境中的刺激和诱导也更加明显。事实上，不论是生理早熟或者是心理早熟，对青少年的成长都有重大影响。生理早熟的青少年，表现得更为冲动；而心理早熟的青少年则表现出了超出年龄的思维和想法。青少年犯罪类型主要也是与此相关的财产犯罪、性侵犯罪和暴力犯罪。

（二）犯罪手段暴力化

犯罪手段的暴力化是指青少年犯罪中使用暴力或借助一定的、具有杀伤性的器械以强暴手段或以其他危险方式，对被侵害对象施加暴力并造成一定后果的危害社会的行为。

“暴力化”的青少年犯罪主要具备以下特点：第一是犯罪起因上偶发性与预谋性并存；第二是犯罪主体上三人以上作案居多；第三是犯罪手段缺乏底线，残暴凶狠；第四是犯罪人与被害人之间存在一定程度的人际关系；第五是犯罪分子以男性青少年居多。公安部通过对20世纪80年代以来未成年人犯罪的研究发现，其暴力倾向明显。

近年来青少年犯罪呈现出手段特别残忍、性质极其恶劣、不计后果的特征，这也是青少年未成熟心理在犯罪形式上的具体表现。比如“杭州5名花季少年杀人分尸获刑案”，“永州新田县：少年抢劫团伙1个多月制造11起劫车伤人案”，“12岁少年弑母案”，“北大学生吴某杀死其单亲母亲后人间蒸发案”等等，都是性质恶劣的残忍暴力犯罪。

手段暴力化已经越来越多地出现在青少年犯罪案件中，并与家庭教育、亲子关系存在一定关联。我们注意到有许多案件是与家庭有关的，被害人大多是青少年的父母长辈，青少年的犯罪行为既不符合传统的

“孝”的观念，又在另一方面突出了家庭教育的重要性。

（三）犯罪团体化

青少年犯罪的团体化是指青少年犯罪多具有纠合性、结伙性。犯罪学研究中经常用到这一术语，是一种有别于严格刑法意义上的法律概念的群体性犯罪。在我国青少年犯罪案件中，“故意杀人、故意伤害、强奸、抢劫、盗窃、诈骗”等案件占到了总数的50%以上。让人震惊的是，所有青少年犯罪中有超过60%是团伙犯罪。青少年犯罪的团体化与其自身特点有重要的联系。首先，青少年成长过程中总是三两成群，一些不良行为在小群体内容易扩散。其次，青少年年龄较小，多人一起实施犯罪会给心理上带来更大的勇气。再次，青少年由于涉世未深，经验不足，容易被犯罪团伙所骗，进而陷入违法犯罪的境地。

（四）犯罪方法新型化

随着社会经济的不断发展，科技水平的提高，与科技相关的物品日益丰富，这为青少年犯罪带来了新的工具和方法，甚至可以说是犯罪方法的智能化。尤其是随着互联网、移动通信等科技工具的普及，未成年人犯罪手段日益成人化和智能化。在当今互联网的大环境下，青少年较易在短时间内获取大量信息，包括许多互联网的负面信息，这些充斥着诸如暴力、性、毒品等的负面信息，极易对心智发育不完全、缺乏独立辨别能力的青少年造成巨大的诱惑和影响。

在传统犯罪的基础上，结合当前高科技的电子设备和高速的通信网络，一些青少年可采用更加智能化的作案方式，降低犯罪难度，提高犯罪的隐蔽性。比如盗窃案件，传统的上街扒窃、入室盗窃这类单一的作案方式不再被大量运用，而是改为跟踪，事先踩点、互相接应，运用互联网销赃这一窃、销“一体化”的新型智能手段。青少年犯罪手段新型化，增加了犯罪的隐蔽性，加大了国家司法机关的侦破难度。当前的未成年人犯罪呈现出了与其心智发展水平不匹配的现象。

六、人口老龄问题

1982年，维也纳老龄问题世界大会通过的《老龄问题国际行动计划》认为，老龄问题既包括“影响到老年个人的问题”，也包括“人口老化有关的问题”，并将老龄问题的内容概括为发展和人道主义两个方面。发展方面的内容涉及的是人口老龄所造成的社会经济问题，主要是老年人受赡养比例日益增长，对生产、消费、储蓄、投资，以及对一般社会经济状况和政策所起的影响。人道主义方面的内容涉及的是老年人的特殊需要，包括保健与营养、住房与环境、家庭、社会福利、收入保障、就业和教育等。

老龄问题产生的根本原因在于人口老龄化。在社会学领域，老龄问题亦称老年社会问题，曾经被当作有关老年人的社会问题来研究。老年社会问题特指老龄问题中直接涉及社会问题的部分。它是老年社会学的研究对象，主要内容包括：老年歧视问题、老年社会保障问题、老年越轨行为问题、老年犯罪与犯罪受害问题、老年婚姻与家庭问题、老年垂暮与死亡问题、老年就业与退休问题、老年闲暇时间利用问题、老年人代际冲突问题等。

目前，人口老龄化已经成为我国一个极为严峻的社会问题，严重影响着我国社会、经济等各方面的发展。总体来看，人口老龄化问题成因复杂，一方面，计划生育政策的实行使我国人口的生育率降低；另一方面，由于社会经济的快速发展，人民生活水平不断提高，老年人有了更好的养老条件。此外，由于现代医学水平的进步，老年人的平均寿命有了很大的提高。诸多因素导致我国新生儿逐渐减少，青壮年人口数量减少，而老年人口比例不断上升，造成日趋严峻的人口老龄化问题。

我国人口的老龄化程度正在加深。国家统计局有关数据显示，2020年，我国老年人口达到2.48亿，老龄化水平达到17.17%，其中80岁及以上老年人口将达到3067万人；预计到2025年，六十岁及以上人口将达到3亿，成为超老年型国家；到2040年我国人口老龄化进程将达到顶峰，然后老龄化进程进入减速期。当前，我国已经把老龄问题的解决思路概括为老有所养、老有所为、老有所学、老有所乐和老有所医等五个方面。

七、经济发展不平衡问题

经济发展不平衡问题是我国社会发展的主要问题之一，这种不平衡表现在城乡经济发展不平衡，经济总量大、人均收入低等方面。

（一）东西部经济发展不平衡

改革开放初期，适度的不平衡有利于促进社会的资源配置，有利于刺激经济活力，有利于调动群众的积极性。但是随着改革的深入，持续的经济发展不平衡，会造成社会利益的分化，拉大收入差距，造成社会矛盾冲突，破坏社会秩序，影响社会的稳定。当前，我国东部沿海地区已经处于工业化发展的中期，部分地方已经处于工业化发展的后期，而西部地区总体上处于工业化发展的初期。西部地区经济发展主要依赖的是投资驱动，东部地区早已开始向科技创新、高端服务业发展。东西部之间不仅仅是经济发展的差距，在城市发展、医疗卫生、文化教育、科技创新等社会发展方面也拉开了差距。

（二）城乡经济发展不平衡

城乡二元结构是造成我国城乡差距的主要原因。城乡差距又主要体现在城乡居民收入的差距上，这种不平衡，不仅仅体现在经济上，也体现在政治、教育、文化、科技、服务等方面。这种不平衡，除了先天地理环境的影响以外，最直接的还是政策体制造成的。比如我国长期以来一直实施城乡二元结构管理，对城乡发展实施差别战略，这种二元结构，使得城乡在居民收入、资源配置、产品价格等方面都存在差异，最终造成城乡居民各方面的差距。经济社会的长期不平衡发展，给我国社会整体发展带来巨大问题。从社会方面来看，收入差距拉大，增加了社会利益冲突，不利于和谐社会的建设。近年来，一些地方涉及的征地拆迁、“农民工”劳资纠纷等问题，数量明显增多，规模不断扩大，这与城乡二元结构有着必然联系。

（三）经济总量大，人均收入低

经济基础决定上层建筑，经济的发展对于社会秩序的维护非常重要。通常，经济条件好、收入水平高的地方，社会保障就好，社会失序问题也就少；经济基础不好的地方，收入水平低，社会保障就不完善，社会矛盾就比较突出。改革开放40多年来，我国经济得到快速发展，社会取得快速进步，人民生活水平得到大幅提升，我国经济总量已居世界第二位。但是由于我国人口较多、底子较薄，虽然经济总量很大，仍处于并将长期处于社会主义初级阶段，同时，我们人均收入水平依然比较低，社会保障也不完善，这直接影响着群众的生活水平，进而影响到社会秩序。

第三节 社会问题与社会治理

社会问题与社会治理一直是社会学研究的重要内容。从20世纪开始，社会学研究理论及研究方法的创新发展，都与社会问题及社会治理密切相关。同时，社会问题与社会治理为社会学的学科发展及理论进步提供了丰富的素材和案例。

一、社会问题与社会治理都是社会学研究的重要内容

（一）社会问题是社会学研究的重要范畴

社会问题（social problem），是社会学研究的重要领域之一，是影响社会成员健康生活，妨碍社会协调发展，引起社会大众普遍关注的一种社会失调现象。一般而言，人们往往从三个方面界定社会问题：是否符合社会运行、发展的规律；是否影响社会成员的利益和生活；是否符合社会的主导价值标准和规范标准。

1. 对社会问题构成要素的研究

对于社会问题的构成要素，社会学家有不同的看法。美国社会学家富勒认为，社会问题有客观和主观两种因素。前者表现为威胁社会安全的一种或数种情况，后者表现为社会上多数人公认这种危害，并有组织起来加以解决的愿望。中国社会学家孙本文也认为，社会问题包括两个方面，一是社会共同生活发生了障碍，二是社会进步发生了障碍。20世纪50年代末，美国社会学家C.W.米尔斯区分了个人麻烦和公共问题两个方面。他认为，只有超出个人特殊生活环境，与人类社会生活、制度或历史有关的，威胁社会多数成员价值观、利益或生存的公共问题，才具备形成社会问题的条件。

20世纪60年代以来，社会学家越来越重视社会问题构成要素的分析。默顿提出了一种两维分析方法，认为一方面社会问题从类型角度应有社会解组和离轨行为之分，另一方面社会问题应有潜在性和外显性两种特性。与此同时，有些社会学家强调社会问题的破坏性，认为社会问题的构成要素应包括社会性、紊乱性和破坏性。

我国社会学家大多从四个方面来考察社会问题的构成：必须有一种或数种社会现象产生失调的情况；这种情况必定影响许多人；这种失调情况必须引起许多人的注意；必须通过集体行动予以解决。

2. 对社会问题的理论及维度研究

德国社会学家较早开始社会问题的理论研究。他们在相当长一段

时间内把社会问题理解为劳工问题。许多人都对劳资关系、阶级矛盾、分配关系、就业、工会、罢工、劳工住宅及妇女就业等开展过广泛研究。法国社会学家埃米尔·杜尔凯姆对社会问题的理解较为宽泛。他认为，人与人之间的相互接触，要适度平衡，并有一定的规律，才能使社会关系协调，才有社会运动、人类文明和社会进步。

早期美国社会学家大多将社会问题的起因归结为社会变迁时发生的社会失调。20世纪40年代初，美国社会学家富勒提出，多数人认为偏离他们遵循的某些社会规范的社会状况即为社会问题。到了20世纪40年代中后期，中国社会学家孙本文归纳了当时社会学关于社会问题的种种解释：奥格本从社会变迁和文化失调的角度出发，认为社会问题并无特殊内容，无论什么社会情况，只要引起社会上多数人的注意，并需要社会集体采取行动以求调整和补救的问题就是社会问题。社会心理学派认为，社会问题不仅是一种见得到的现象，更主要的是人们的一种心理状态，是一种价值判断。富勒等人则提出了社会问题的主客观标准。其中，客观标准就是说它是可以确认的，其存在具有数量上的可验证情境，主观标准是指人们认识到某种社会问题对其价值观造成威胁。

（二）社会治理是社会学研究的重要内容

从社会学视角来看，科学研究“社会治理”，在于在准确把握社会治理的主体、客体、目标、手段的基础上，抽象地揭示社会治理的本质特征和基本内容。

1.社会治理的主体

社会治理的主体具有多元性的特征。

（1）政府。无论是传统社会管理还是创新性社会治理，政府作为依法享有行政权力的组织体系，必然是主体，区别在于，在社会治理过程中，主体从政府单一制逐步转变为多元制，并且社会变迁和发展对政府提出了新的要求，其部分传统职能被削弱，而新的职能不断出现。

（2）市场。市场是进行商品交换的场所。政府和市场分别在社会治理的不同领域发挥作用，为了充分发挥市场在资源配置中的决定性作用，政府必须自觉简政放权，约束自身对经济领域的权力，减少对资源配置的干预，配合市场发挥应有的作用。

（3）社会组织。社会组织是为了实现特定目标而有意识地集合起来的社会群体，既是人的集合体，也是实现目标的物质工具。在社会治理中，社会组织是治理主体之一，在众多社会治理领域发挥作用，如社会服务与咨询等，能有效纠正这些领域中的政府失灵与市场失灵问题。在众多社会组织中，尤其要注意发挥社会自治组织的主体作用，使其在反映群众诉求、化解基层矛盾、协助维护治安等方面起到主体性作用。

（4）公民。公民自治对于现代社会治理具有重要意义，公民是社会治理中不可或缺的主体。

2.社会治理的客体

客体既包括客观存在并可以主观感知的事物，也包括由人的思维形成的事物。社会现象是社会学研究的基本对象，实证社会学主张像研究物理现象一样研究社会现象，认为社会学的研究对象是物，但是借用人本主义的批评来说，这是在把人性物化、主观性客观化、社会生活自然化。从社会学视角来看，社会治理客体不应仅仅是客观存在的外在世界，治理者更要深入生活世界，理解社会价值观，然后才能开展更深入、更有针对性的社会治理。

3.社会治理的目标

社会治理目标体系中有多个不同目标，不同目标之间存在层次上的差异和联系。根据我国现实情况，可以将社会治理目标划分为具体目标与终极目标两个层次。社会治理的具体目标是化解社会矛盾。从实质上来说，社会矛盾可分为两类：一类是合法形式的社会矛盾，这类社会矛盾冲突程度较轻，社会危害较小，一般可以通过合法途径解决；另一类是非法形式的社会矛盾，与合法形式矛盾相反，其社会危害严重，且常破坏正常社会秩序。

社会治理的终极目标是促进社会和谐发展。需要特别指出的是，社会治理的终极目标不是形成一个机械社会,而是构建一个有机社会。机械社会是被动的社会,社会行动刻板僵硬,缺乏活力,社会发展需要外部推动力,不能由内而外主动发展。有机社会则是能动的社会,社会行动充满创造性,社会发展由内部推进。

4.社会治理的手段

社会治理的目标是通过化解社会矛盾,实现社会公正、激发社会活力,促进社会和谐发展。目前党和政府在社会治理领域取得了有目共睹的历史性成就,但社会转型发展又对社会治理提出了更高层次的要求,相比之下,目前的社会治理,无论是定位、思路、模式或效果都无法进一步满足高层次的要求,因此,我们必须创新社会治理手段,促进社会治理体系和社会治理能力的现代化。

5.社会治理的本质属性

科学地界定社会治理,关键在于揭示它的本质特征。第一,行动性。社会治理实质上是一种社会行动。韦伯认为社会行动的理想类型有以下四种:工具理性行动、价值理性行动、情感行动和传统行动。从上述意义来看,社会治理蕴含于社会行动中,具有行动性特征。第二,合作性。社会治理是一种合作性社会行动。由于治理主体的多元化,政府与社会之间的关系已从主客体之间的主从关系,转变为主体与主体的关系,因此社会治理的方式也逐步从自上而下为民做主转变为平等合作的过程。第三,协调性。社会治理也是一种协调性社会行动。由于社会治理主体的多元性,社会治理从单一行动转变为各治理主体的协调性行动过程。社会治理实际上是社会治理的多元主体之间进行的协调性持续行动,协调性持续行动是保证社会治理健康发展的重要基础。

二、社会问题为社会治理提供了前提

社会问题是社会治理的具体内容和对象,没有社会问题的社会治理是不存在的。对此,陈亮指出社会问题为社会治理提供了作用客体和行为基础,并推动社会治理的发展。

(一)社会问题的多样性是社会治理发展的动力

在社会快速转型的过程中,各个层面的社会关系都伴随着深刻的调整,由此引发了大量的社会问题,如人口老龄化、就业、艾滋病、水污染、空气污染、重金属污染、食品安全等等。当前中国正处于社会转型时期,这些问题的存在,意味着社会治理日益呈现复杂化的发展趋势。面对社会问题的复杂化,单一的科层治理模式往往很容易陷入治理失灵的境地。社会问题的多样化,要求社会治理必须从以政府为单一主体,转向以政府、市场、社会等为治理主体的网络化治理轨道上来。实践表明,只有在社会治理过程中探索多种形式的网络化治理,才能解决棘手的社会问题。转型时期中国社会治理手段需要不断创新和发展,探索更多的、解决棘手问题的手段。

(二)社会问题的不确定性推动社会治理水平的提高

转型时期社会的发展呈现很大的不确定性,从属性上来看,它是一个典型的"风险社会",风险社会所蕴含的各种风险因素,在中国转型的过程中以共时性的方式并存且威胁着社会秩序,在此过程中,社会问题及环境呈现明显的不确定性、复杂性和动态性。转型时期的中国社会受到内外双重因素的困扰,内部因素的困扰表现在观念、体制等问题上;外部因素的困扰表现在国外敌对势力的干扰等。一言以蔽之,中国社会转型的特殊性以及多种因素的叠加,使得中国步入了"风险社会"阶段,在这个阶段过程中,社会环境呈现出明显的不确定性,它通常意味着"个人或组织在预测未来事件上的无能为力"。转型时期高度不确定的社会环境要求社会治理模式必须具有高度的调适性、动态性和发展性。

然而,受制于社会治理理念滞后、社会治理制度匮乏、社会治理方式滞后、社会发展不成熟以及社会治理中非政府组织参与的空间较窄等多种因素,现阶段社会治理在调适性与适应性上还无法完全满足社会发展形势的需要。人类社会治理的实践表明,针对社会环境的不确定性,"单纯依靠现有的任何单个治理机制都是不可行的,因此需要建立起新的治理机制,实现风险共担和共存的秩序”。因此,在转型时期的社会治理过程中,根据社会问题及环境的不断变化,动态地调整治理模式,实现治理模式与社会环境的动态互契,就成为转型时期提高中国社会治理水平的关键举措。

三、社会治理是解决我国社会问题的重要手段

社会治理是解决我国社会问题的重要手段,即:社会治理的政策理念、目标任务、工作重点都是解决社会问题。

(一)社会治理的政策理念是解决社会问题

社会治理是化解社会问题,维护社会稳定的重要抓手。社会治理是社会建设的重要方面,其政策理念是解决社会问题,维护社会和谐稳定,增强社会活力,确保人民安居乐业、社会安定有序、国家长治久安。

(二)社会治理的目标任务是解决社会问题

社会治理的根本目标是构建一套解决社会问题、维护社会稳定的体制机制。社会治理的政策目标是建立完善和发展中国特色社会主义社会治理体系,解决各类社会问题,实现社会治理体系和治理能力现代化。

(三)社会治理的工作重点是解决社会问题

从社会治理的内在规律和发展趋势看,社会治理始终把社会文化作为工作内容和任务重点。国内社会治理始终在探索并适应经济社会发展的阶段性要求,坚持问题导向,把解决不同发展阶段社会领域群众最关心、反映最强烈的问题作为政策目标及工作重点,先后提出了提高社会安全感、提高社会和谐度、提高社会获得感三个不同的阶段性目标。每一阶段的工作成效都为下一阶段的发展提供了制度、组织和经验方面的保障和创新基础,具有明显的渐进式改革的特点。

社会治理的工作重点是关心并解决好人民群众切身利益诉求,完善

矛盾调解工作机制,同时加强社会治安综合管理,把民情调解、政法综治、治安防控作为主要内容。社会治理的政策目标转为激发社会内在活力,引导多元主体共建共治共享,突出强调党委领导、政府负责的作用、人民群众的主体地位和法治秩序的基础保障,作为国家治理体系和治理能力现代化的重要组成部分进行系统部署。

四、社会问题与社会治理的关系

(一)社会问题决定社会治理模式及内容

社会问题和社会治理是辩证统一的,社会问题的特点及内容决定社会治理的方式及理念,社会治理的根本目的是解决社会问题。社会问题是客观存在的。社会问题是社会治理内容的客观来源。随着社会问题的发展,社会治理也相应地或迟或早地变化和发展。社会治理的方式、理念及行为都是具体的、历史的。每一时代的社会治理都有其独特的内容和具体特点,具有不断进步的历史趋势。总之,社会治理以理论、观念、心理等形式反映社会问题。社会治理依赖于社会问题而存在,没有社会问题就没有社会治理,这就是社会治理的本质。

(二)社会治理具有相对独立性

社会治理有其相对独立性,即它在解决社会问题的同时,还有自己特有的发展形式和规律。主要表现在:

一是社会治理发展变化与社会问题发展变化的不完全同步。不完全同步即一定程度上的不一致,这里有两种情况:第一,社会治理往往落后于社会问题。第二,先进的社会治理具有超前性、预见性,它能够在一定的程度上预见社会问题的发展趋势,成为社会发展的向导。

二是社会治理水平同社会经济发展水平之间的不平衡性。某一地区社会治理发展的水平同该地区经济发展的水平,并不总是一一对应的。

三是社会治理的发展具有历史继承性。每一历史时期的社会治理理论及其各种方法形式，都同它以前的成果有着继承的关系。都是整个社会发展链条上的一个环节。

（三）社会问题与社会治理是相互影响的

一是社会治理和社会问题是相互作用、相互影响的。不同的社会治理以不同的方式反映着社会问题的不同的方面，共存于社会之中。因此，每一种社会治理方式的产生和发展，都不是孤立的。

二是社会问题推动社会治理发展创新。社会问题是客观存在的，并具有复杂性、频发性、历史性等特点，其发生的时间、频次、场合往往难以控制，并具有不可预测性。在没有社会问题存在的前提下，社会治理是无法产生的。社会治理具有一定的滞后性。当社会问题发生并存在一段时间之后，社会治理方案才可能出台。社会问题往往对社会治理具有推动性，即推动社会治理的理论、方式等不断创新。

社会治理往往后于社会问题产生，即一些社会问题已经产生了，并且造成了负面影响之后，政府部门等才开始做出反应，才采取治理行动。如网络暴力事件，诸多网络暴力已经产生之后，社会才开始着手解决此类问题。此外，社会治理对社会的发展究竟是起阻碍作用还是起促进作用，取决于它所服务的经济基础的性质，也就是说，取决于它所反映的是社会的先进势力的要求，还是落后势力的要求。社会治理的能动作用是通过指导人们的实践活动实现的。

小结

从20世纪末叶开始，我国进入改革开放时期，经济体制的改革、市场机制的形成，带来了社会结构的整体转型。我国社会的变迁速度之快，引起了全世界的注目。社会的快速变迁，也产生了前所未有的社会矛盾及问题。当代最突出的社会问题就是人口问题、生态环境问题、劳动就业问题、诚信问题、青少年犯罪问题和人口老龄化问题等。同时，在转型期，社会问题也具有交错性、伴生性、复杂性等特点。对此，许多人没有心理准备，面对诸多的社会问题产生了偏颇的观点，认为社会不是进步了，而是倒退了。这种观点是错误的。正确认识社会问题，既是化解社会问题的前提，也是社会治理的重要内容。社会问题与社会治理作为社会学研究的重要内容，两者互相影响。

自测题

1.填空题

(1)根据当前农民所从事的职业不同，可以将农民划分为(　　)(　　)(　　)(　　)等四个阶层。

(2)“橄榄型”社会结构的中间凸起部分，西方称之为(　　)。

(3)新的社会阶层人士主体是(　　)。

(4)在新民主主义社会向社会主义社会过渡的特殊阶段，我国社会结构形成了(　　)(　　)(　　)(　　)四个基本阶级的格局。

(5)人口问题，按其性质可分为(　　)(　　)(　　)(　　)。

(6)生态环境问题一般可以分为(　　)(　　)(　　)。

(7)我国社会诚信缺失问题主要集中于(　　)(　　)(　　)。

(8)我国青少年犯罪呈现出了(　　)(　　)(　　)(　　)等特点。

(9)老龄问题产生的根本原因在于(　　)。

2.判断题

(1)凡是有关人与人的相互关系问题都是社会问题。(　　)

(2)社会问题是一种客观的社会事实，以人的意志为转移。(　　)

(3)社会生产力与社会问题的产生无关。(　　)

(4)研究社会问题，不能摆脱社会制度而从纯粹学术的角度进行探讨。(　　)

(5)在阶级社会中,阶级结构是社会结构的主要形式。(　　)

(6)利益冲突是人类社会一切冲突的根源。(　　)

(7)我国面临的某些社会问题是可以避免的。(　　)

(8)一个具体社会问题的产生,通常是单一因素引发的。(　　)

(9)社会分层是认识人类社会结构的很有实用价值的方法。(　　)

(10)阶层一般是指阶级内部不同等级的群体或处于不同阶级的群体。(　　)

(11)阶层固化意味着社会成员在不同阶层之间的地位流动受阻。(　　)

(12)社会发展变化的丰富性带来价值观念的多样性。(　　)

(13)保持理性、客观的态度来面对各种问题,是社会民众具备独立思考精神的前提。(　　)

(14)人口问题泛指影响人口生存和发展的各种问题。(　　)

(15)我国劳动力供大于求的矛盾是短期存在的现象。(　　)

3.思考题

(1)对待社会问题,应该坚持什么观点?

(2)当前我国社会组织存在哪些问题?

(3)论述社会问题与社会治理的关系。

参考文献

[1]陈国林,许艳,叶智群.基于数据修正下的中国未来人口变化研究[J].江西科学,2020,38(04).

[2]方世南.人类命运共同体视域下的生态-生命一体化安全研究[J].理论与改革,2020(05).

[3]王文龙. 社会资本、发展机会不均等与阶层固化[J]. 吉首大学学报(社会科学版),2010(07).

[4]李春玲. 社会政治变迁与教育机会不平等——家庭背景及制度因素对教育获得的影响[J]. 中国社会科学,2003(03).

[5]闫何清.社会制度生成变迁理论及其启示[J].中共贵州省委党校学报,2014(04).

[6]宋晓梧.把促就业和保民生摆在今年经济社会工作的首位[J].北方经济,2020(06).

[7]陈成文,赵杏梓.社会治理:一个概念的社会学考评及其意义[J].湖南师范大学社会科学学报,2014,43(05).

[8]陈亮.走向网络化治理:社会治理的发展进路及困境破解[D].吉林大学,2016.

[9]刘理晖.我国社会治理的政策内涵与内容体系[J].社会治理,2018(11).

↘ 学习目标

掌握社会问题的类型与特征。对不同国情社情的社会问题有理性客观的认识。

↘ 实践建议

应用社会学的研究方法,如:问卷调查、定量分析等,探究我国人口老龄化、生态环境恶化等问题。

第三章 社会问题的类型与特征

◇◇◇◇◇◇◇◇

社会问题的产生与发展,是不以人的意志为转移的,人们可以减低社会问题的危害程度,但无法完全制止、杜绝社会问题的产生。从这一角度讲,社会问题的存在具有永恒的意义。历史文化背景以及国情社情的不同,产生的社会问题和民众关注的社会问题都是不同的。这种历史文化与国情社情的差异性,要求我们在研究同一种社会问题时,要善于从实际情况出发,做到具体问题具体分析。因此,在研究中国的社会问题时,只能将其放在中国的文化背景中来,而不能简单地照搬西方国家的研究理论、方法及结论来解释中国的社会问题。

社会问题在不同时代、不同国度,有不同表现内容和形式。本章从认识我国社会问题的基本类型入手,掌握社会问题的发展演变,以及社会问题产生的历史条件和地区差异,从而提高对我国社会问题的认识能力、判断能力和解决能力。

社会问题伴随社会发展的每一个阶段。没有一种社会形态、一种社会制度不存在问题。任何社会都存在由其内部因素相互矛盾、冲突而引发的问题,社会问题几乎与人类社会同时存在,迄今为止,人类社会还未出现过一种没有任何社会矛盾、社会冲突的完美无瑕的社会形态。就社会问题存在这一点而言,它具有无国界性、无制度性的特征。社会总是在解决问题的过程中前进和发展的,人们只能追求一种相对完满的社会形态。

第一节 社会问题的基本类型

对社会问题进行科学分类,是对社会问题认识条理化的前提,便于根据不同的社会问题来认识其发生和发展变化的规律,寻找其背后隐藏着的社会根源,以作为制定对策的依据。

类型化是社会问题分类的主要方法。亚历山大认为,人们之所以常常采用类型化方式来解释世界是“因为他们充分期望每一个新的印象都将是他已经发展起来的对世界所作的理解的一个类型。这种类型化方式不仅仅是在传统的总体水平上起作用。即使当我们遭遇到某些新的和令人激动的事物时,我们也期望这种新的特性和令人激动的特性是可以被理解的:它将被我们在我们已拥有的参考词汇范围之内所认识。我们无法将自己从我们的分类系统中剥离出来”。尽管我们力图将遇到的所有事物都概括到我们已有的分析框架中去,但真实的事物每每不同,我们总会遇到一些用现有的分析系统无法涵盖的新事物及其新性质，这时我们需要创造一些新的范畴或类型来标示它们。类型分析是一个有效的分析工具，将研究对象化繁为简，清晰地把握事物的特征。我们应用这一方法，通过对不同类型社会问题的分析，深入地研究社会问题。

若依社会问题发生、发展的趋势或可能性来划分，可分为两类：一类是必发性的，如环境污染；另一类是偶发性的，如人口问题。依产生的主要原因来划分，可分为经济的、政治的、文化的社会问题等。依社会结构来划分，可分为两类，一类是结构性的，如城市与农村存在的二元结构问题；另一类是非结构性的，如犯罪。依社会存在的状态来划分，可分为稳定性社会问题和过程性社会问题。

依社会问题的本质与社会失调的具体内容来划分，可分为自然环境问题、经济失调、人口失调、教育失调、社会安全失调、社会文化失调、社会心理失调等类型。②依表现状态与主体行为，可分为反常性的、社会解组性的两类。③依表现程度，可分为显性的、隐性的两类。④依存在的空间范围，可分为全球性的、区域性的两类。依解决的条件，可分为两类：一类是一定时期内有条件解决的，另一类是一定时期内暂无条件解决的。也就是说，标准不同，分类也大不相同，而大多数社会学者主要根据社会问题的内容来分。

基于对理论文献的分析并结合社会实际情况，社会问题主要可以从四个方面进行划分，即：从发生的领域划分，从表现形式划分，从产生的历史条件和地区差异划分，从产生的根源划分。

一、从社会问题发生的领域划分

（一）政治性社会问题

社会转型是社会结构及其运行机制为适应生产力发展要求和经济基础而做出相应改变与变革的一种过程。这些变革不仅有力地推动着社会政治、经济、文化等各领域、各个方面的发展与变革，而且影响和制约着作为政治实践主体的“人”的思想观念、价值判断以及社会生产生活方式等等，还深刻地影响着我国政治性社会问题的运行，使我国的政治性社会问题面临更多的新挑战。当前我国政治性社会问题表现在以下方面[5]：

1.政治价值取向的多元化

随着改革开放和社会主义市场经济体制改革的逐步推进，我国国内涌现出了大量的西方思想观念、价值取向以及生产生活方式，其严重冲击着我国社会成员原有的价值观念，甚至一些腐朽没落的思想及生产生活方式也被引进过来，这对我国社会及公民个体产生了相当恶劣的影响。而我国当前的社会转型是一场全方位、多层次、宽领域的社会变革，作为上层建筑的政治文化必然随之发生变化，导致我国传统社会里一些相对稳定的思维模式、政治模式、价值理念、价值体系以及文明道德等都逐渐丧失其原有的功能作用。在这个进程中，社会成员个体的价值取向、思维模式以及政治信仰都不同程度地呈现出“多元化”的趋势，并由此导致新时期政治价值取向的多元化。

2.政治权威弱化

伴随着改革开放和社会主义市场经济体制改革的逐步深入，我国社会成员的政治思维模式与价值观念发生了重大变化，一部分人认为西方的价值观念和思想优于中国，开始脱离中国实际全盘西化，这导致了严重的负面影响，表现为个人主义盛行，过分强调个人利益，漠视他人和集体利益；强调个人自由，践踏别人的幸福。更有甚者为了实现自身利益而出卖自己的人格和国格。个人主义的盛行导致了诸如行贿受贿等一系列社会政治问题，扰乱了正常的社会秩序，降低了党和政府的公信力。

3.政治思维模式对立化

思维方式是“在主客体相互作用中形成的主体观念把握客体的特定方式，是思维的多种要素、形式和方法通过组织和优化而建立的相对稳定、定型的思维结构和习惯性的思维程序”。政治思维，从内容与本质上来说是一种政治文化，具有相对稳定性和持久性的特点。随着时代的发展和变迁，政治环境、政治理念、政治立场等都在不断地发生变化，但过去传统的政治思维模式仍然左右着人们的头脑，成为影响人们政治行为、政治实践的重要因素。在政治现代化的今天，这无疑成为政治发展的思想文化上的障碍。两极对立的政治思维模式导致了阶层分化、利益格局转换、贫富差距拉大等一系列的社会问题，不利于现代政治文化的传承以及社会转型。

4.政治性社会问题网络化

网络的普及对政治性社会问题产生了普遍的消极影响，加大了政治性社会问题的治理难度。网络在某种程度上削弱了政治系统的管控能力。网络将政治性社会问题置于一个更加复杂、更加宽广的社会环境中，这不仅削弱了政治性社会问题的可控性，也扩大了来自外部环境的干扰，从而导致大量非主导政治文化和价值观念的传播。随着互联网技术的发展与普及，政府不再是信息的单一发源中心，任何国内和国外的社会团体、组织以及个人都可以通过互联网发布消息，传达舆情，这在很大程度上削弱了国家和政府的政治权威，也使政治系统的管控能力面临更大的考验。网络的普及也扩大了政治组织范围。以互联网信息技术为依托，世界各个国家和民族的人们通过媒介连接了起来，形成了一种不限地域、种族与民族新的政治交往模式。

（二）经济性社会问题

1.区域协调发展面临的挑战日益严峻

在更大程度上发挥市场配置资源的基础性作用，生产要素流动将越来越取决于投资回报率和区域专业化分工等，各地区经济发展的差距势将继续扩大。比如，尽管中西部地区经济增长在加快，但与东部的差距仍然在拉大。区域发展不平衡的要害并不在于经济发展差距，而在于社会发展差距。目前中央财政对欠发达地区的转移支付力度还不够，公共服务均等化程度还较低，区域政策在消弭市场缺陷方面的效果尚不理想，还没有明显改善欠发达地区的基础设施的条件，还没有显著增强欠发达地区自我发展的能力和后劲,还不能普遍提高欠发达地区的全民福利水平,因而也将不利于逐步改变目前全国低水平、不全面、不平衡的发展状况。

2.环境及资源消耗过大

环境和资源的使用成本过低,难以形成节约资源的激励和约束机制。建设项目几乎不计环境、资源的使用成本。矿产资源税目前还是按照实物量征收,导致过量开采。

3.土地配置缺乏规范管理

土地产权主体和权利界定不清,保护不力。我国土地供应方式过于行政化,导致地价严重扭曲。土地使用性质缺乏明确界定,土地收入的分配和管理相当混乱,各种"暗箱操作"和腐败行为猖獗。缺乏权威的国土资源总体规划和跨行政区域规划,导致地方各自为政、任意调整规划。

4.外部经济环境不确定因素增加

经济全球化和区域经济一体化并存,各国和各区域经济合作组织发展不平衡的状况将长期持续,并且可能发生分化重组。参与全球化将给我国带来一系列新的经济风险,而我国符合开放型经济要求的宏观调节手段和风险防范机制还不健全。贸易保护主义盛行,将带来持续的中外贸易摩擦。今后我国还会遇到绿色标准、技术标准、劳工标准、企业社会责任标准等"新贸易壁垒"。

(三)文化性社会问题

随着社会文化对人的思想、价值、语言等方面的影响,有些人不可避免地在利益的驱使下,盲目追求娱乐与享受,在文化生活中失去了独立判断的能力,忽视自己的道德追求以及理想信念。

1.社会文化市场不规范

首先,社会文化需要大量资本以进行产出与宣传,资本的投资方同时也需要通过大众对社会文化的消费,才能获取相关利润。中国的社会文化也与西方的社会文化一样,在商品经济的冲击下,独立、自省和批判意识开始动摇，被资本作为赢利工具来利用。在商品化的诱惑下，一些人开始不顾及社会影响，使用非法途径，走私许多不符合主流价值观的社会文化产品，致使其流进社会文化市场。因此绝不能把社会文化产品作为纯粹的商业产品，这样会使得文化产品的质量降低。社会文化中的消费主义和享乐主义价值观会使得大众过于关注自身的物质享受，而忽视了精神追求以及正确价值观、道德观的养成。这不利于个人综合文化素养的培育，也不利于新时代中国特色社会主义文化建设。

2.社会文化对主流意识形态的消解

社会文化在发展过程中，不断获取与扩充着更多的文化资源，这为其影响范围的扩大提供了最为有利的条件。而其内容的丰富性与多元性，以及传播方式的无限潜力，从多个方面对人们的生产方式、生活方式以及思维方式产生影响，引发了全社会各个领域的深刻变革。在受到世俗与商业的社会文化的冲击下，社会文化以其简单易懂并娱乐休闲的体验方式博取了大众的关注。这样的发展在某种程度上与马克思主义探寻人类历史发展规律和寻求自身解放的诉求存在巨大的差异。

3.社会文化主体创造力缺失

多样性的社会文化内容充斥在生活的各个角落。社会大众开始出现被动地接受社会文化中所传播的内容的情况，甚至习惯于直接吸收现成的完整呈现的文化产品，也因此在参与文化活动的过程中，失去了本应该具有的对文化内容的创造力与想象力。在追求流行趋势的过程中，人们对文化内容的追求变成了对利益与文化模板的追求。特别是信息获取的碎片化、方式的便捷化以及缺乏整体性以及真实性等特点，使人们开始趋向于快速浏览而缺少思考和整理，只停留在文化信息的表面而忽略其中的内涵，主体的思维能力因此弱化和下降。

（四）日常生活中的社会问题

1.社会分配不公逐渐扩大

一是分配机会不公。从教育层面看，存在着教育资源配置不合理、重点学校制度和择校制度、教育政策“城市取向”和高等教育入学机会不均等问题;从就业层面看,与其他人群相比,进城务工人员、流动人口和大学生群体在就业政策扶持、就业准入、劳动保障、薪酬、法律救助等方面都存在着较大障碍;从生命健康层面看,不同地区之间、不同阶层之间、不同群体之间,乃至不同“身份”之间所享有的医疗卫生资源和社会福利资源等还存在着较大差异。二是分配结果不公。当前,我国收入差距拉大主要表现在城乡之间、地区之间、部门之间、行业之间、不同要素之间,以及同一群体内部之间。种种事实表明:改革开放以来,我国分配格局经历了由过度平均至悬殊的极端的发展过程,已然超出了“适度不平等”的范围,贫者愈贫、富者愈富的“马太效应”已然渐趋明显,并已经严重影响到我国经济社会的协调发展,如果处理不当,其后果不堪设想。

2.社会公共服务体系建设滞后

一是基本公共服务总体存量较低,服务质量不高。当前我国基本公共服务总体存量偏低与服务质量不高的问题,是由公共服务生产能力不足造成的,换言之,是由我国经济社会的发展水平所决定的。二是基本公共服务分布不均衡、分配不均等。当前我国基本公共服务领域还明显存在着分布不均衡,分配不均等现象。区域之间、城乡之间、不同的社会群体之间的社会公共服务差距较大。从区域差异来看,基本公共服务供给呈现出由东向西递减的格局。

3.社会组织发育发展缓慢

改革开放以来尤其是新世纪新阶段以来,我国社会组织应该说获得了空前发展。但与发达国家相比,我国社会组织总体上发展缓慢,对于社会建设的推动作用尚不明显。一是社会组织数量和比例偏低,与发达国家相比存在较大差距。二是社会组织生存空间狭小。近年来,我国社会组织数量激增,但是绝大多数还是以隐形形式存在,而没有“合法”身份。其根本原因在于,政府部门为社会组织准入设置的条件,在一定程度上限制了社会组织的生存空间。

4.社会治理存在缺位

一是政府在行使社会治理职能时越位缺位现象严重。由于政府的规制型行政体制和管控思维的历史惯性，当前我国社会治理领域依然呈现出严重的越位缺位现象。在社会治理和社会服务领域，政府依然扮演着主要角色，过多地涉足许多本应由市场和社会承担的社会事务。

二是公民参与社会治理的积极性不高。改革开放以后，随着单位制的破除，大量的“单位人”转变为“社会人”，社会公民意识不断觉醒，一些非政府组织纷纷涌现。相反，在社会治理领域却依然呈现出广大群众参与积极性不高、“剃头挑子一头热”的现象。

此外，高房价、交通拥堵、环境污染、人口老龄化、就业困难等都是常见的社会问题。

二、从社会问题的表现形式划分

（一）人口问题

当人口发展受到不良影响时，就出现了人口问题。既然人口发展包含自然发展和经济社会发展两个方面，那么人口问题也就分为自然发展问题和经济社会发展问题两大类。为了更好地理解这一点，我们不妨从系统的观点和角度来分析。首先，人口自然发展方面的问题，可以看作人口系统本身发展呈现出的问题，这方面问题与人的生存、繁衍、代际延续和平稳增长有关。表现为生育水平，人口数量，性别、年龄、民族结构，人口素质和人口迁移等方面的异常或剧烈波动。其次，人口的经济社会发展方面的问题，是指人口系统与经济系统、社会系统、资源系统、生态系统之间的关系出现问题。人口问题的外延颇为广泛。人口问题包含时间轴上的问题，即以时间为自变量的时间序列问题，例如在一个时期内人口生育水平的异常波动，出生人口性别比的持续异常偏高等。人口问题还包含空间轴上的问题，或者说在某一时点或时段的横截面上，人口与经济、社会、资源、环境、生态等各部分相互协调与和谐发展方面出现的问题。除了人口系统本身可能发生危及人口生存、繁衍和发展的问题外，在现代社会，人口与经济、社会、资源、环境的协调发展问题，是我们研究人口问题的主要视角。现代社会的人口问题是怎样被发现的？通常是在观察人口系统与经济、社会等其他系统相互作用、相互影响的过程中被发现的。尽管人口问题表现在数量、素质、结构、迁移、分布等方面，但这常常是表象。从人口问题产生的根源分析，其本质是人口系统与经济、社会、资源、环境等系统协调发展方面出现了问题。

随着人口生育水平稳步降低，人口过快增长势头得到有效控制，一些新的人口问题出现并日益变得严峻起来，人口与经济社会的协调与和谐发展受到威胁。这些值得高度关注的新人口问题包括：

1. 城市超低生育水平、户籍人口负增长与西部农村地区相对较高生育水平并存，城市与乡村、东部与西部的生育水平不平衡，严重制约社会和谐发展。

2. 农村生育政策难以落实，导致出生在经济条件低下、难以保证接受良好教育的农村家庭子女，在新一代出生人口中的比例，大大超出农村家庭占城乡家庭总数的比例，造成新生代人口整体教育素质的提高十分艰难。现行生育政策使人力资源再生产从出生环节就埋下制约人口素质提高和国家现代化发展的隐患。

3. 非意愿性独生子女家庭大量出现，其社会后果亟须研究，这些家庭的代际延续风险与家庭福祉，需要引起社会关注。

4. 经济落后农村地区贫困人口的脱贫、控制超政策生育行为和子女教育三大任务极为艰巨，将农村计划生育与解决三农问题的结合，以及制定和实施“一揽子”解决方案，尚未受到相关部门足够重视。

5. 农村独生子女、双女家庭父母的社会养老保障制度建设尚须大力推进，需要从试点走向普及。国家财政投入支持力度还需加大。

6. 出生婴儿生理缺陷发生率较高且呈上升势头，令人担忧。

7. 出生人口性别比长期失衡且有愈演愈烈趋势，亟待扭转。

8. 人口数量众多与潜在优质人力资源供给短缺，同时并存。

9. 低生育水平下“人口红利”将很快消失，而预期的日趋严重的人口老龄化导致的经济、社会后果，将很快显现。

10. 人口流迁与城市化进程的有序引导亟待加强。

11. 青少年人群生殖健康教育需要加强；艾滋病等的预防任重道远。

…………

这些多样化的人口问题，如果不能及时引起相关部门重视和获得妥善解决，将会对国家经济社会的全面、稳定、平衡、协调和可持续发展带来长远的不良影响。

（二）环境问题

生态环境问题，是指生态平衡遭到破坏，导致生态系统的结构和功能严重失调，从而威胁到人类的生存和发展的现象。生态环境问题一般可以分为三类：

1. 不合理地开发利用自然资源所造成的生态破坏。主要包括生物物种锐减、水土流失、土地荒漠化等。

2. 环境污染。譬如：城市化和工农业高度发展而引起的“三废”（废水、废气、废渣）污染、噪声污染、农药污染等；全球气候变暖、酸雨污染、臭氧层破坏。

3. 资源短缺。水资源短缺、土地资源短缺等。生态环境问题表现比较突出的有水土流失、土地荒漠化、森林和草地资源减少、生物多样性减少等。

节约能源资源，保护生态环境，是深入贯彻落实科学发展观、实现可持续发展的内在要求。在当前经济发展企稳向好的关键时期，各地区各部门一定要采取更加强有力的措施，坚持把节能减排放在更加突出、更加重要的位置，加快发展太阳能等可再生能源，加快开发洁净煤、智能电网、新能源汽车、碳捕捉等技术，加快建筑节能步伐，培育以能源资源集约节约利用为特征的新的经济增长点，为实现经济社会可持续发展提供新的不竭动力。

节约能源资源，保护生态环境，是当前世界各国关注的焦点。近些年来，世界能源消费剧增，生态环境不断恶化，特别是温室气体排放导致全球极端气候频发，人类社会的可持续发展受到严重威胁，走可持续发展之路逐步成为国际社会的共识。我国作为能源消费大国，人均资源少、环境容量小，节约能源资源，保护生态环境，是深入贯彻落实科学发展观、推进生态文明建设的必然选择。我国对节约能源资源很早就给予了高度重视，提出应该建立适应可持续发展要求的生产方式和消费方式，优化能源结构，推进产业升级，努力建设资源节约型、环境友好型社会；要求必须把建设资源节约型、环境友好型社会放在工业化、现代化发展战略的突出位置，落实到每个单位、每个家庭。如今，节约能源资源，保护生态环境越来越成为各方面的自觉行动。

（三）劳工问题

就业乃民生之本，也是世界难题。尤其在有着14亿人口的中国，就业问题比任何一个国家都要复杂，扩大就业任务比任何一个国家都要繁重。人口多是我国的一个基本国情，劳动力供大于求的矛盾将会长期存在。随着产业结构调整等因素的影响，这一矛盾在今后将变得更加突出。扩大就业，任重道远；扩大就业，刻不容缓。

目前，我国劳动就业工作主要面临三方面的压力：一是城镇新成长的劳动力。近年来城镇新成长劳动力每年保持着1000万人的规模。二是大量农民工进城就业。目前进城经商务工的农民已经有8000多万人，但是农村仍然有1亿以上的富余劳动力。三是下岗失业人员再就业。目前在全国需要重点帮助实现再就业的下岗失业人员大约是1300万—1400万人。城镇新成长劳动力、农民进城打工和下岗失业人员再就业，这三方面的人流汇合在一起，使我国的就业压力巨大。

我国劳动就业工作所面临的问题包括三方面。第一，中国的劳动力供给量远远超过了劳动力需求，就业形势十分严峻。由于我国人口基数比较大，适龄劳动人口的总量快速增长，国企下岗职工的再就业问题日益突出，加之农村剩余劳动力数量十分庞大，对城镇就业市场形成了巨大压力。城镇新生劳动力、经济结构调整所产生的失业人员、进入市场的下岗职工、农村转移的剩余劳动力、大学毕业生就业等交汇在一起，使中国面临严峻的就业形势。

第二,工业化进程的推进使农业劳动力大规模向非农业转移,增加了就业压力。随着工业化的推进,农业生产力水平大幅提高,大批农业劳动力向非农产业转移。我国现在已经有1.3亿的"农业富余劳动力",今后每年还要增加几百万人。为数庞大的农业富余劳动力,构成了就业形势的又一大压力。

第三,中国加入WTO以来,GDP增长对就业增长的带动作用减弱。伴随着世贸组织贸易自由化的进程,贸易壁垒逐渐被解除,中国进入了一个更开放、竞争更为激烈的经济发展阶段,经济增长方式发生了巨大变化,GDP增长对就业增长的带动作用减弱。

总之,劳动就业是我国当前所面临的一个基本社会问题,面对这个牵一发而动全身的问题,既要考虑长期的解决办法,又不能忽视当前所应该采取的应急措施,要长期和短期并重,标本兼治,走出一条符合我国国情的解决就业问题的路子。

(四)贫困问题

在全面建成小康社会后,诱发贫困现象的原因主要分为两类:一类是非社会性原因,例如自然灾害。在当代,尽管人类已经获得了一定的改造自然的能力,但仍然有许多自然因素是人力所无法控制的。另一类是社会性原因,例如激烈的经济竞争等。还有一些原因是以上两类原因共同作用的结果,例如突发事故、重大疾病等的发生既与人的活动有关,又带有一定的偶然性、自发性。下面对有关诱因分别进行具体阐释。

1.因突发自然灾害致贫。尽管许多人认为,随着科技的不断发展,人类抵御自然灾害的能力已大大增强。但必须看到,目前人类在许多自然灾害面前仍然是十分渺小的,简单举例来说,即便是科技强大的美国在面临飓风等自然灾害时仍然束手无策、损失惨重。在全面建成小康社会后,重大自然灾害仍有可能使我国群众陷入绝对贫困。

2.因疫情和重大传染病致贫。改革开放以来,我国与国外的人员、物资交流增多,外源性疫情发生的风险也相应提高。例如2018年8月以来,中国多地出现非洲猪瘟疫情,给我国造成巨大经济损失,一些养殖户因此致贫。另外,在全面建成小康社会之后,我国对源自国外的传染病、性病等也应予以高度重视。例如自艾滋病传入中国后,我国呈现出受感染者逐年增多的趋势,一些农村地区甚至出现了“艾滋村”,一旦某个家庭有一个人感染这种传染病,整个家庭的经济状况都会受到严重影响,甚至有可能因病致贫。

3.因重大疾病致贫。在当代,重大疾病致贫是由两个方面的情况共同促成的。一方面,随着工业文明在中国的普及,我国的空气、土壤、水、食品、环境受到农药等有毒有害物质的污染,这些有毒有害物质与生产、消费过程相伴,很难消失;随着物质资料的不断丰富,暴饮暴食现象增多,因此重大疾病的发生率呈上升趋势。另一方面,西医是一种根源于工业文明的诊疗手段,其需要许多医疗设备,因此西医的医疗费用很高,一般家庭很难承担重大疾病的诊疗费。

4.因战争致贫。在全面建成小康社会后,不能完全排除战争风险,我国一旦遭遇外来侵略则必定应战,而战争的爆发必将使一部分群众的生活陷入绝对贫困。因此,我国应针对各种有可能影响群众生活的状况做好万全的准备,特别是加强与“战争爆发情况下如何保障人民生活”相关的预防性工作。另外,我国已多年未遭遇战争,群众往往习惯于依赖充足的市场供给,没有储备物资的习惯。我国群众必须增强相关的风险意识,形成抵御各种风险的能力。

5.因意外事故致贫。近代以来,工业文明在西方国家出现后逐渐传入我国。工业文明在我国的传播,带来的必然结果之一是意外事故急剧增加,例如工伤事故、道路交通事故、家庭中的燃气泄露等事故。这些事故一旦发生,不仅可能使有关家庭陷入贫困,甚至会使相关企业的经营受到严重打击。

另外,因黄赌毒等不良现象致贫,并不少见。赌博和毒品的危害是人所共知的,但目前仍然有少数人深陷其中不能自拔。黄赌毒等丑恶现象有极大可能导致相关家庭致贫。

(五)教育问题

改革开放以来,我国教育取得了举世瞩目的伟大成就。但“近年来我国教育的大发展、大改革,使新旧矛盾相对集中,新情况、新问题不断涌现,成绩背后存在着一些隐患”。我国教育事业的发展仍然面临着许多复杂矛盾和亟待解决的难题。

1.教育发展基础较差,人力资源总体水平较低。我国教育发展的基础较差,学校教育存在高中和高校教师总量不足、农村义务教育教师素质偏低、贫困地区农村中小学生辍学等突出问题。农村的义务教育总体水平比较落后,农民的子女不能接受优质教育,学习的内容与社会实际严重脱节,教师的水平比较低,人才培养规模还不能很好地满足人才强国的战略需要。总体上,农村劳动力人口文化程度偏低,受教育的年限较短。

2.教育经费投入不足,教育发展不平衡。教育的总体投入不够,2019年我国教育经费总投入为50175亿元,占GDP比重的4.04%。根据世界银行最新数据,全球教育开支占GDP比重均值为4.487%,而韩国、美国、加拿大一般都超过了6%。在世界上有可比性数据的190个国家和地区中,4.04%这个数字,居第110位,和中国排名相近的有泰国(97)、希腊(103)、伊朗(111)。特别是在财政性经费方面,我国明显低于国际水平。教育的投入增长跟不上人才培养规模的增长速度。教育的投入制约了高等教育的质量提高和可持续发展。国家对教育投入少,造成人口素质低,科技力量薄弱,创造发明存量少,影响国家科技发展,国家因此而贫穷,更无力增加对教育的投入,形成恶性循环。在这个循环链条中,国家对教育的投入是根本。

教育发展的不平衡制约了经济社会的全面、协调、可持续发展。其不平衡性主要体现在以下几个方面:一是教育的区域发展不平衡。中西部教育落后于东部教育。由于投入不足,中、西部教育在教育发展水平、“两基”普及、师资力量、校舍建设以及家庭教育支出等方面都落后于东部。二是教育的城乡发展不平衡。从城乡对比来看,近年来全国预算教育经费约60%用于义务教育,其中投入农村义务教育的只有35%左右。三是教育的群体发展不平衡。社会的不同群体在教育上拥有完全不同的教育资源,相对来说,弱势群体接受优质教育资源的机会比较少,尤其是农村的女童,城市中的外来务工者子女,特殊教育系统的残疾、智力障碍人群等,在教育上处于相对不利的地位。

3.教育产业化问题突出,人民教育负担过高。改革开放以来,教育产业化问题突出,普通高中和普通高校盲目扩招和无序招生,中小学校、大中专院校乱收费、高收费,一些中小学被拍卖。根据有关资料,城乡贫困人群中有40%—50%的人提到家里穷是因为“家里有孩子要读书”,在中国农村家庭中,子女教育所用的开支占了家庭收入的32.6%;而在城市和小城镇家庭中,这个指数分别为25.9%和23.3%。教育花费成为城乡居民致贫的首要原因,而“缺乏知识和技能”是城乡居民挣不到钱的主要原因之一。“教育的基本功能之一,就是缩小贫富差距,促进社会平等。如果教育反而扩大社会差距,那就背离了教育的初衷。”

4.能力结构不能适应产业结构,创新教育薄弱。随着产业结构的优化和升级,我国现代化建设急需大批的复合型人才以及大量高素质的劳动者,这对人才职业素质和专业技能培养提出了挑战。目前第一产业人力资源过多,需要向第二产业和第三产业转移。第二产业要合理调整内部结构,进行企业体制改革,大量失业人员需要再就业。在这一过程中,需要对传统产业和体制改革后的下岗人员进行教育培训,培养相应的技能,调整人才能力结构,以适应新的岗位需求。

(六)家庭问题

家庭是社会中最古老、最基本的组织形式,它是由两个或两个以上的成员由于婚姻、血缘或认领关系而构成的社会单位。伴随着经济、科技的快速发展和社会的急剧变革,作为社会细胞的家庭也发生了重大变化,家庭问题的范围不断扩大和复杂化,且这些问题对经济和社会发展的影响日趋明显。

1.家庭教育观念混乱。家训缜密、门风严整、家教一贯,是中国古代人民家训的突出特征，也是中华优秀传统家训文化“子不教、父之过”家庭教育理念的集中体现。这些朴实而一贯的家庭教育观念，经过一代代家长的接续传承，便积淀成为一家一族普遍认可和持守的家教门风，不仅能让幼小子女接受家长的教育引导变得守规矩有教养，而且更有利于促进家庭的幸福和睦。时至今日，现代社会的家长对家庭教育的普遍重视，并没有建立在科学的家庭教育观念指导上，很多家长认为只要学习成绩好，孩子在家什么都可以不用干，孩子的理想信念、言谈举止、生活习惯存在不良倾向也可以容忍等等。在这些错误家教认识指引上，有些家长或孩子的监护人对家庭教育的认识不清，父母之间甚至存在着教育观念不一致的现象。

2. 家庭教育方法失当。在传统家庭教育中，家长以亲情关爱的方式，将社会一般的道德规范和价值原则渗透到家庭生活当中，于寻常时润物细无声地培育出家人子弟的德行人格。当今社会的家庭教育方法，更多地表现为简单粗暴。有的家长对孩子溺爱，不让孩子外出、不让孩子干家务活；有的家长越俎代庖，为孩子穿衣喂饭、代写作业、代为劳动；有的家长讲究孩子的吃穿，放任孩子为所欲为；有的家长过于严苛，不仅剥夺孩子自由选择的权利，而且在家庭教育中搞一言堂。

3. 家庭教育规范不足。立法规范家庭关系与家庭伦理制度，是中国数千年家法族规等传统家训文化建设的重要方面。当今，家庭教育规范不足，国家应加强管理，以不断公开透明的标准，要求并检视着过去一直被认为是私人空间的家庭教育活动。

此外，由于社会结构的变迁，城乡家庭关系结构发生改变，家庭人口数量减少，核心家庭、小家庭占多数，出现了独生子女的教育问题。随着社会交往的不断扩大、经济社会条件的改善以及人们婚姻观念的改变，离婚率有上升的趋势。婚前性行为、婚外性行为大量增加。

（七）交通问题

对于城市交通问题，学者何玉宏做了如下较为详细的探讨。人们通常所说的城市交通，是建立在良性运行的基础上的城市交通。所谓“良性运行”是著名社会学家郑杭生在研究社会学对象问题时提出的一个概念。郑杭生认为，社会系统的运行和发展可以分为良性运行、中性运行和恶性运行三种类型。城市作为社会系统的重要组成部分，其内部规范和社会结构有其自身的独立性。同样地，城市交通作为城市社会大系统中的一个重要子系统，又是独立性很强的系统工程。城市交通的运行有其内在的规律性，自然也存在良性运行、中性运行与恶性运行三种类型。城市交通的目的不是车辆的移动，而是实现人和物的移动。评价城市交通的质量并不是去统计城市拥有多少交通设施、有多少交通工具，而应该去观察人们的日常活动是否处于正常的生活状态，或者去看人们的生活是否存在来自城市交通的压力。不论他是拥有私人小汽车，或仅拥有自行车，还是并不拥有任何私人交通工具，都能方便地出行。

具体地说，一个良性运行的城市交通的标准应该是安全、高效、舒适、选择性好、费用低。显然，这个标准是城市交通系统运行的理想标准。但在城市现实生活中，这并不容易达到；相反的，城市交通系统的运行倒常常表现出中性运行甚至恶性运行的状态，亦即表现出城市交通问题。可以说，一个人在城市生活有许多方面经常受到交通系统的影响。不论城市居民是否了解交通系统与城市之间复杂的相互影响的关系，他们对此都会产生强烈的反应。城市居民对城市交通系统的最不满意之处可以归纳为六类（见图1）。

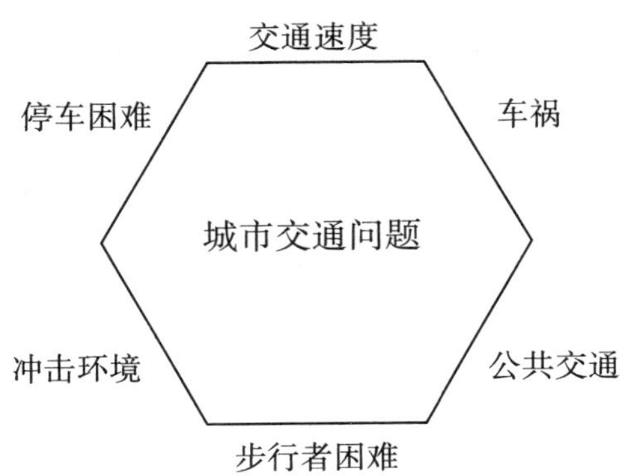

图1　城市交通问题示意图

事实上，这六类问题几乎包罗了与交通有关的全部问题。处理其中一类问题，势必影响其他几类问题，它们之间是相互影响的。因此，应该把它们看作一个复杂问题的六个方面，简称为城市交通问题。多数城市的交通问题研究着重于交通速度问题。有专家认为，速度问题是交通问题的一个方面，但不是交通问题的最重要的方面。如图按顺时针方向转，城市交通问题的第二个方面是车祸：人的生命与交通速度孰重孰轻，似乎并不需要讨论。其次是公共交通问题。这又可分为两个方面，一是高峰时间的问题，主要指在公共汽车和火车或地铁上非常拥挤；二是非高峰时间的问题，主要指车次少，不定时，有时甚至没有车或票价太高。还有步行者的问题。这个问题与骑自行车者的问题相关，因为步行者与骑自行车者都受机动车的干扰。然后是环境问题。它涉及面较广，包括交通的噪声、烟雾灰尘、震动等对城市环境的污染以及有些交通设施（如高架路、立交等）破坏城市景观或穿越城市把某一地区一分为二等。最后是停车困难问题，包括停车的收费过高、小汽车太多等。

（八）犯罪问题

自1978年改革开放以来，我国经济发展十分迅速，人民的生活水平迅速提高，社会结构也发生了巨大变化。然而，随之而来的犯罪状况也发生了重大变化，犯罪学经典理论认为，贫穷不一定导致犯罪，富裕也不一定导致犯罪，但社会的巨大变化很可能导致犯罪率的提高。从已有的数据及资料来看，我国社会犯罪问题呈现以下特征：

1. 刑事案件频频发生。从全国检察机关年批准逮捕人数来看，从1988年至2019年，全国年批准逮捕人数大约增长了2.3倍，提起公诉人数增长了近3倍。在2005年至2015年期间，全国刑事犯罪一直处于多发状态。其中，爆炸、绑架、杀人、伤害、强奸、抢劫、抢夺等恶性暴力犯罪不断发生，“两抢一盗”等侵财性犯罪多发高发，黑恶势力犯罪和涉枪涉爆等严重暴力犯罪居高不下，禁毒形势总体严峻，吸毒、贩毒案件屡禁不止；涉黄涉赌犯罪等仍较严重。

1981年至2018年，侵财性犯罪占刑事犯罪总数的比例每年在70%至90%之间波动。盗窃是最主要的侵财性犯罪类型，约占侵财性犯罪总数的85%;诈骗犯罪案件自2005年以来增长较快,涉黄涉赌犯罪屡禁不绝。近年来,随着中国政府打击黄、赌丑恶现象的力度不断加大,涉黄、涉赌犯罪活动更加隐蔽,并趋于高端化、网络化、隐蔽化。同时,开始向广大农村地区发展蔓延,跨国跨区域重大涉黄涉赌案件不断增多。

2.其他刑事犯罪多发。一是未成年人犯罪增多。调查显示,未成年人犯罪趋向低龄化,14—16周岁群体犯罪数量呈逐年上升趋势;各地方外来未成年人犯罪所占比重较高,在一些地方约占受审查起诉未成年人总数的1/4,甚至更高;罪名主要集中在盗窃罪、抢劫罪、故意伤害罪、寻衅滋事罪等,占全部受理案件人数的81%。未成年人犯罪的一个特点是犯罪手段暴力化倾向严重;共同犯罪居多,兼具耦合性。犯罪地点主要分布于街头、娱乐场所(如网吧、酒吧、KTV等)和学校附近。二是经济犯罪呈大幅上升趋势。自2000年以来,我国经济犯罪呈高发态势。从公安机关掌握的情况看,立案数量年均增长10%以上。特别是涉及民生类制假售假犯罪形势严峻,职业化、产业化、跨区域特征明显。从查处的案件情况看,从食品、药品、保健品、化妆品到烟酒等日用百货,假冒伪劣商品泛滥,群众反映强烈,社会危害较大。三是职务犯罪打击力度加大。近年来,国家高度重视反腐败工作,在反腐问题上一直保持高压态势。

3.治安案件数量居高不下。随着改革开放的深入推进,社会结构和社会组织形态发生了重大变化,整个社会的开放性、流动性大大增强,人流、物流、资金流、信息流加快流动,地区差异、城乡差距不断加大,居民收入差距不断扩大,使得各种社会问题和矛盾逐渐凸显。这主要表现在:由于工业化、城镇化进程加快而引起的失地农民问题,国有企业改制而产生的下岗职工问题,早期离退休老职工的福利待遇问题,军队退伍人员的安置问题相继爆发;与此同时,环境领域、民生领域、能源资源等领域矛盾日益凸显,由此造成治安案件持续增多。

总体来看,刑事犯罪仍是影响我国社会治安稳定的重要因素,在短期内刑事犯罪持续高发的态势不会发生根本性扭转。从犯罪类型看,侵财性犯罪是我国最主要的犯罪类型,抢劫、抢夺、盗窃“两抢一盗”犯罪活动猖獗,诈骗犯罪尤其是电信诈骗案件数量增长迅猛。

三、从社会问题产生的历史条件和地区差异划分

（一）普遍性社会问题

社会问题在各时代反映的内容各不相同，当下最普遍的社会问题是：人口问题、生态环境问题、劳动就业问题、青少年犯罪问题和老龄问题。

人口问题是全球性最主要的社会问题之一，是当代许多社会问题的核心。

生态环境问题突出表现为生态破坏、环境污染严重。它是社会运行和发展的重大障碍。预测未来社会问题的主要矛盾将集中到生态环境上。如不及早解决，它将给社会带来巨大的破坏，甚至是全球性的、毁灭性的破坏。

劳动就业问题源于劳动力与生产资料比例关系失调。这种失调在不同社会、不同地区表现形式不同。但它作为社会问题主要指人口过剩及经济发展缓慢或停滞，造成劳动人口失业或待业现象。中国的劳动就业问题，首先表现为就业不充分，还存在冗员严重、劳动生产率低下、就业及待业人员素质低下等问题。劳动就业问题，一方面妨碍了人民生活水平的提高，从而诱发社会动荡及社会犯罪；另一方面，不利于社会经济的协调发展，进而威胁整个社会结构的稳定性。

青少年犯罪指少年或未成年人的违法犯罪，是世界各国面临的日趋严重的社会问题。近30年来，世界各国青少年犯罪急剧增加，突出特点是：犯罪次数增多、犯罪年龄提前、蔓延广泛、手段残忍、团伙作案突出、反复性增强、改造难度加大。

老龄问题又称人口老龄化问题，一般指人口中60岁及60岁以上的人口比例增大，从而影响社会生产和生活的问题。人口老龄化是近年来世界各国普遍关注的一项重大社会问题。目前在发达国家较为突出，不发达国家则被高出生率造成的人口年轻化掩盖了这一现象。从人口年龄构成上看，中国将在21世纪中期进入老年型社会。但由于人口基数大，无论现在还是将来，中国老年人口总数都将居世界首位。人口老龄

化给社会、政治、经济带来一系列影响和问题，它要求对社会生产、消费、分配、投资、社会保障及福利、城乡规划等都要作出相应的调整。

（二）特殊型社会问题

1. 文化堕距。文化堕距是美国著名社会学家奥格本提出来的，具体指的是在现代化过程中，一个国家或者地区的文化不能够跟上经济发展的速度，从而造成的社会各个方面之间的不协调。发展中国家也经常会出现这样的问题，比如中国，作为世界上最大的发展中国家，一直以经济建设为中心，经济发展十分迅速，成果也是有目共睹的，但是我们的文化建设却几乎停滞不前，导致了经济与文化"两条腿长短粗细不同"，势必会影响整个国家的前进。

近年来，我国的经济在第三次现代化浪潮的影响下，以十分高的增长率在发展。但是，与此同时，我国的文化发展却相对滞后，这主要表现在文化资源、公共文化服务、文化产业三个维度上的缓慢发展。这种现象不仅仅是中国，几乎所有的现代化过程中的发展中国家都会面临，但是随着社会的发展，文化的重要作用会逐渐显现出来，并受到社会的重视。

2. 社会整合问题。法国著名社会学家涂尔干曾写过一本社会学著作《自杀论》，其主要内容说的就是关于社会整合的问题，主要表达的意思就是自杀的高低和社会整合存在一定的相关性，具体来说就是社会整合程度越高，自杀率越高，反之则自杀率就会变低。关于社会整合的描述和论述，也同样可以用到现代化过程中发展中国家的发展路径研究之中。现代化过程中，发展中国家的发展大都是由政府主导和推动的，国家对于资源掌控、对于社会规则的管理是严格的，其社会整合力度是比较高的，因此，在一些发展中国家就出现了自杀率上升等社会现象。

另外，由于发展中国家在现代化过程中，过分注重经济的发展而忽视了文化和社会规则的建立，所以就会出现各种社会制度的缺失，导致出现社会制度的真空状况，即旧制度被破坏，但是新的制度还没有建立。这种现象的出现是对各种社会问题的某种"鼓励"，因为社会没有严格的相关制度在进行管理和规范。比如我国在改革开放之初,关于市场经济的相关制度和管理规范还没有完全建立,那个时候就存在很多投机倒把、利用制度漏洞的经济行为。

3.实体经济薄弱。现代化进程中发展中国家的经济发展速度普遍较快,但是也正是因为快,所以导致了国家经济基础实际上还是比较薄弱的。经济分为实体经济和虚拟经济,现代化十分强调实体经济,然而发展中国家却忽视实体经济的扎实根基,开展诸多实体经济项目,虽然带来的经济成果比较丰富,但是这种丰富是建立在实体经济的弱化、抽离化基础上的。

现代化进程中,实体经济在初期的作用几乎是主导性质的,它带来的经济繁荣是任何经济体都不能比拟和望其项背的,在现代化进入21世纪之后,经济开始逐渐出现新的形式和内容,并且这些经济形式和内容也的的确确带来了经济的发展和转轨,也就是说将传统的实体经济中高消耗、低效率的产业和企业进行转换,或者直接通过成本更低的、新的经济形式,将传统经济替换掉或者说是直接通过竞争让市场将其淘汰。

4.新型网络暴力。随着互联网对现实社会的介入和冲击,暴力顺势渗透倒灌网络,并呈现出爆发态势。升级版新型网络暴力日益呈现出组织化、群体化、利益化、产业化、规模化等苗头,不仅网络暴力时间大幅拉长,而且已很难做到"网络事网络毕"。网络暴力不同于现实生活中拳脚相加血肉相搏的暴力行为,而是借助网络的虚拟空间用语言文字对人进行伤害与诬蔑。这些恶语相向的言论、图片、视频的发表者,往往是一定规模数量的网民们,针对网络上发布的一些违背人类公共道德和传统价值观念以及触及人类道德底线的事件所发的言论。这些语言、文字、图片、视频都具有恶毒、尖酸刻薄、残忍凶暴等基本特点,已经超出了对这些事件正常评论的范围,不但对事件当事人进行人身攻击,恶意诋毁,更将这种伤害行为从虚拟网络转移到现实社会中,对事件当事人进行"人肉搜索",将其真实身份、姓名、照片、生活细节等个人隐私公布于众。这些评论与做法,不但严重地影响了当事人的精神状态,更破坏了当事人的工作、学习和生活秩序，造成严重的后果。

新型网络暴力的表现形式体现在以下几点：一是网民对未经证实或已经证实的网络事件，在网上发表具有伤害性、侮辱性和煽动性的失实言论，造成当事人名誉损害。二是在网上公开当事人的个人隐私，侵犯其隐私权。三是对当事人及其亲友的正常生活进行侵扰，致使其人身权利受损等等。

四、从社会问题产生的根源划分

（一）结构失调性社会问题

中国的社会转型，从制度的意义上说，是一个由计划经济体制向市场经济体制转化、制度控制由行政控制占主导地位向法律控制占主导地位转化的时期。制度控制无论是在控制方式、控制范围还是控制环节、控制力度上都发生了重大变化。在大多数情况下，由于制度变迁是在一个历史确定的制度结构中发生，并以这个现行的制度体系为条件的，所以，不可避免地造成了制度变迁的时序性差异：第一，从个体上看，某些制度设置在抽象理论层次上是有利的，但在实际操作过程中因为配套措施的缺乏使得正确的决策没有达到预期的结果，或者在达到预期目的的同时产生了一些没有意料到的负面影响；第二，从总体上看，计划机制和市场机制同时存在，行政控制和法律控制势均力敌，双重模式、双重准则的相互制约往往导致制度主体的功能紊乱。基于以上原因，社会转型时期不可避免地存在制度整合失调、控制失灵的现象，并成为诸多社会问题滋生蔓延的一个重要原因。

1. 社会问题产生的政治体制根源。我国自党的十一届三中全会以来，就着手进行政治体制改革，大力加强社会主义行政现代化和民主法制的建设，取得了卓越的成就。然而，我国的政治体制改革仍处在探索过程中，新旧体制间的真空或接合部的断层，成为某些社会问题，特别是干部腐败、经济犯罪得以滋生蔓延的一个便利条件。当前政治体制中还存在以下几个突出问题：

(1)权力的监督、约束机制严重滞后。随着计划经济向市场经济过渡，中国政治结构发生了广泛的分权现象：党政分开、政企分开、政资分离、行政分权，所有这些使得高度集中的传统政治结构正在被集权与分权相结合的新结构所代替。我们应清醒地认识到，这种渐进式改革在极大地推动了社会发展的同时，也潜伏着危机。

(2)权力下放过程中，由于相应的监督机制没有跟上，从而导致了权力运行失调的现象。首先，权力集中不够，中央政府对社会宏观管理和协调控制的能力明显减弱，削弱了中央权威；其次，某些领域高度集权和某些领域过度分权的现象交织在一起。目前，腐败现象主要来自一些手中有实权的政府部门和公共服务部门对私利的追逐。这些部门利用手中权力去达到法定组织行为以外的所谓“创收”目的，当外界又缺少对这种权力的监督时，必定造成行业不正之风、地方和部门保护主义的盛行。

(3)权力运用缺乏制度化、规范化的约束机制。行政法规体系建设滞后于社会发展的矛盾仍较突出，特别是各级权力主体，在如何运用自己权力问题上没有科学的界定和明确的约束，行政系统中的具体环节缺乏相应的责任机制。另外，现有法律法规体系不配套，当重大的经济改革措施推出时，缺乏相应的法律制度作为保障。这为某些机关部门滥用职权、权钱交易等腐败行为提供了空间。

(4)社会主义民主监督体系尚待发展。社会主义民主监督体系包括立法监督、政党监督、社会监督等几个方面。受我国政治、经济、文化发展水平的制约，各项民主制度还不完善，其功能还未得到充分发挥，在实际操作过程中，经常受到外界干扰。

2. 干部人事管理制度亟待改革。为政之本在于人。我国干部人事管理制度改革起步较晚，国家公务员制度建立时间不长，与党政职能分开，与体现平等、公平、竞争、择优、注重效率、依法管理的现代行政管理体制的要求还有很大差距，不利于形成优化、精干、廉洁的政府行政队伍。

有些部门在干部选拔、考察、任命上仍缺乏透明度，不能广泛征求基层党组织、纪检部门的意见，考察不实、不准，把关不严，使一些思想不纯、品德不良分子混进了干部队伍。更为严重的是，领导干部任人唯亲，大搞关系网的丑恶现象仍然存在。某些人利用现行干部人事制度上的弊端，跑官、要官、买官、骗官，成为目前腐败问题的一个焦点。

基层政权建设薄弱。改革开放以来，农村基层政权从原来经济、行政、社会组织三种功能的复合体，转变为协调农业生产和为农业生产服务的行政组织。这一组织结构功能的转变，由于缺少配套的组织化、规范化的法规制度作为保障，使一些农村基层政权处于瘫痪、半瘫痪状态，导致部分农村地区社会秩序的混乱。

3. 社会问题产生的经济体制根源。我国目前正处于特定的市场经济转型期，现有经济体制既非传统的计划经济体制，又非成熟的现代市场经济体制，而是介乎两者之间。经济体制转轨过程中难免有制度缺陷，这是社会问题发生的又一重要原因。传统经济体制及其影响仍然存在。在新旧体制转换的过程中，虽然政府过度干预经济的传统体制已在相当大程度上得到改变，但是，权力对经济资源的配置在某些领域中仍具有相当的影响力。国际上通常把用权力获取个人经济利益的行为称作寻租活动。由于寻租活动的存在，腐败不外乎两种形式，即以政治权力换取经济利益，或以经济力量贿赂政治权力。

现阶段寻租活动主要表现为：一是利用价格双轨制，以价格差（计划与计划内价格差，市场与官方价格差）寻租，最突出的是银行贷款利率双轨制，土地批租的价格差，这是金融证券、房地产、基建、土地批租等领域大案要案较多，腐败、经济犯罪十分猖獗的主要原因。二是利用经济特权和垄断权寻租。通过某种手段获得垄断经营权，独家占有市场，可获得丰厚的租金，这就是"电霸""水霸""路霸"等行业不正之风形成的根本原因。三是政策寻租。由于优惠政策本身具有很高的"含金量"，实际上也是一种特权，因此能带来巨额收益。

（二）功能失调性社会问题

社会转型时期，原来占主导地位的旧有价值观体系逐渐解体、重组，并将最终让位于适应社会主义市场经济的新价值观体系。然而,这一过程不可避免地存在滞后于社会发展、暂时混乱、局部失序的情况,从而加剧了社会转型中社会矛盾、社会冲突的产生和蔓延。

1. 社会转型期价值观冲突。社会整体利益是中国传统价值体系的基石,也是社会主义制度的内在规定性之一。改革开放之前,由于种种原因,在一定程度上社会个体利益和社会个体的主观能动作用被淡化和忽视。与此同时,公与私的对立统一关系的实质未能被正确地把握。

从整体上看,社会转型时期的特殊性在于:一方面,上层建筑发展不可能脱离社会主义市场经济体系刚刚建立这个具体历史阶段,适合社会主义市场经济体系的价值观体系尚在生长发育过程中;另一方面,西方腐朽思想的侵蚀、传统颓废势力的干扰、市场经济自身消极因素的影响都延缓了新价值观体系的形成。一般而言,转型期的社会价值观体系往往存在两种倾向:旧有价值观体系严重阻碍改革,新的价值观体系极不规范。这种矛盾使社会价值观体系不可能正常发挥作用,极大地影响了社会公众的生活,社会丑恶现象得不到严厉的谴责,产生了严重社会后果。

2. 价值观体系局部失序。某些消极的旧价值观念使部分社会公众无法适应市场经济生活。首先,由于长期受封闭落后自然经济的影响,等级特权、家长作风、裙带关系等封建道德观念仍然有所残存,这成为当前某些政府部门的个别领导为政不廉、以权压法、任人唯亲的思想根源;其次,因循守旧、不求进取的平均主义的思想与市场经济自主、自强、创业、竞争等新道德要求产生了尖锐矛盾。

价值观体系建设中出现错位,其消极影响不可忽视。为了使个人能力得到充分发挥,必须创造一个相对宽松的社会环境。这种环境创造了经济、文化的繁荣。同时,个人完全自由、个人利益至上的价值观念也泛滥起来。

一是价值取向极端欲化。在极端个人主义的作用下,金钱万能论、拜物教使某些人走上了重利轻义的极端。在一切社会活动中以个人利益为尺度，必然导致道德沦丧。此外，一些人在对私欲、物欲的需求得不到满足时，就会形成犯罪动机。腐败现象的一个本质特征就是公权私化，这实际上也是一种严重的价值错位和道德堕落。

二是价值取向无责任化。极端个人主义把个人的私利看得高于一切，并藐视社会整体利益。这种思想的滋生必然导致集体主义思想的退化，职业道德、社会公德失范，使部分社会成员对自己所承担的社会责任和义务采取消极、逃避的态度，有的人甚至直接参与损坏社会整体利益的活动。另外，由于社会责任感的沦丧，全国国有资产因集体渎职、官僚主义流失超过4000亿元。个别地方、个别领导不尽忠职守，不关心群众疾苦，对社会丑恶现象不闻不问，对治理社会问题消极对待，纵容包庇，甚至同流合污，已成为阻碍部分地区发展的重要原因。正是极端个人主义和由此放大产生的地方、部门保护主义严重践踏了社会整体利益高于社会个体利益的基本原则，导致了社会责任感的缺失。

三是价值取向粗俗化。在极端个人主义的作用下，一种以嘲弄文明进步，认同庸俗下流的价值观在社会上蔓延。在这种错误价值观的影响下，某些人放纵个人欲望，崇尚感官享乐，把吃喝玩乐的享受主义作为人生的最高境界，为各种不文明的东西编造“神圣”的理由。

3. 体制转轨所带来的阵痛。转型过程中国有企业出现一定的适应不良。面对固定资产老化、债务沉重、社会义务不平等、政策环境不公、国家税赋过高、外资实力雄厚等因素，国有企业在从计划经济走向市场经济时往往处于劣势。市场经济使失业现象不可避免。长期以来，在计划经济体制下，旧的“统包统配、低工资多就业”的方针和采取行政手段配置社会劳动力的方式，造成企业内部大量冗员。我国的改革目标已定位于实现经济体制的转变，并以市场机制为动力实现经济增长方式向集约化的转变，资源的优化配置和技术进步必然造成结构性失业。

第二节 社会问题的主要特征

客体具有众多特性，人们根据客体所共有的特性抽象出某一概念，这个概念便成为了特征。社会问题的特征包括普遍性和特殊性两个方面。

一、普遍性特征

（一）绝对性

尽管在各个不同的社会里都有社会问题存在，但在不同的历史时期，社会问题不尽相同，这是一种由时间序列不同而产生的差异，即社会问题在时间上的特殊性，它是特定历史条件下的产物。生产力水平不同，产生的社会问题不同，社会问题具有鲜明的历史阶段性。当社会生产力尚处于较低的发展水平时，人们主要关注的是战争、贫困、失业、流浪等严重影响人们基本生存的社会问题；当社会生产力发展到一定程度时，人们关心的是贫富两极分化、教育公平问题。

（二）客观性

转型是整个社会结构的变迁，不是某个方面的局部调整。经济领域、政治领域、文化领域都会诱使社会问题发生。在整个转型时期，只要存在社会矛盾，便会有社会问题。社会问题是客观存在的，不以个人或组织的介入而彻底消灭。因而，解决社会问题的战略是统筹兼顾、从长计议。

（三）复杂性

社会问题是一种复杂的社会现象。其一，它的起因常常是多种多样的，既有历史因素，又有现实原因；既有宏观因素，又有微观因素；既有政治经济因素，又有文化心理因素。一个社会问题的产生，往往由多种不同的因素所导致，同样是贫困问题，有的国家是由殖民主义、帝国主义的压迫和剥削导致，有的国家主要是恶劣的自然环境导致，有的国家主要是腐朽的政治制度导致，有的国家主要是落后的历史文化导致。其二，社会问题之间往往互相关联。社会问题的性质及影响，都会随着时间的推移和条件的变化而相互转化。一个社会问题的产生会促使另一个社会问题的出现。如贫困导致无法受教育，低文化又使劳动者无法找到好的职业，经常处于失业的状态，这又可能引起家庭破裂或犯罪。

二、特殊性特征

社会问题的特殊性是指因为时代的不同、生产力发展水平的不同、文化背景的不同和阶级的不同，人们在社会问题的性质认定上，会产生不同的认识、不同的态度、不同的处理方法。社会问题有其文化差异性、时代性和群体差异性。从比较社会学的角度来看，在不同的国家和地区，生产力发展水平、社会结构、文化背景的不同，导致人们产生不同的价值观念、道德标准、行为规范、宗教信仰、风俗习惯、思维方式、生活方式、行为方式，因而，不同国家和地区的社会公众对社会问题的认识和界定的标准也就呈现很大的差异性。而社会成员由于利益不同、社会地位不同，对社会问题的认识也是不同的，这些造成了社会问题认识的不一致性。这种不同表现在以下几个方面。

（一）文化差异性

在研究社会问题时，必须了解某一社会的文化背景即该国的风俗、规范、道德、宗教、生活方式等，要与别的社会比较。必须注意一个国家的历史的演变，以及其社会结构与思想文化体系。

同样一种社会现象，在某种文化背景下被认为是社会问题，而在另一种文化背景下却并不一定被认为是社会问题。例如，在某些国家由于宗教信仰和风俗习惯，允许存在一夫多妻的制度；而在大多数国家，这种现象是重婚，属于触犯法律的行为。在人口问题上，某些宗教国家并不把人口的膨胀作为社会问题，认为节育、堕胎是犯罪；而在大多数国家则提倡计划生育和控制人口。同一社会问题在不同的文化背景的社会里表现出很大的差异。在欧美国家中，独身者众多，由于社会成员重视个人的隐私权，对婚外性行为的容忍度较高，对个人私生活并不关注，认为独身是个人生活方式的一种选择，不把它视为一种社会问题。而在中国，人们对婚外性行为的容忍度较低，对大龄未婚者群体十分关注，把独身视为一种社会问题。在西方社会中，对性别的歧视和不平等问题较为重视，认为是一个始终未解决的重大社会问题；而在一些宗教国家和封建形态的国家中，性别的不平等被视为正常现象。

文化背景不同，产生的社会问题和关注的社会问题都是不同的。这种文化的差异性，要求我们在研究同一种社会问题时，要注意它的文化背景。在研究中国的社会问题时，只能将其放在中国的文化背景中来研究，而不能简单地照搬欧美国家社会学者的研究结论来解释中国的社会问题。在不同社会制度的社会中，对社会问题的判断表现出较大的差异。如卖淫嫖娼、赌博等，在中国被视为有伤风化、妨碍社会治安、破坏道德风尚的社会问题，是政府明令禁止的；在有的国家中，却以“既不对财产也不对生命构成危害”“没有受害者”为由，而采取放任不管或有限控制的宽容态度。这种对社会问题评价的国情差异，受到社会意识形态和社会制度的直接影响。

国情不同，对社会问题关注的侧重点也不同。在社会主义国家，对道德颓丧、人际关系的功利化、贫富的两极分化、腐败、犯罪等社会问题比较关注，因为社会主义国家更注重道德的作用，社会成员对非道德的社会问题具有更高的敏感度。而在资本主义国家中，人们更多地关心与个性的自由发展，与个人的利益、个人的健康相关的问题，他们更为关注的是艾滋病、精神疾患、妇女解放、种族歧视、吸毒贩毒、财富的不平等等问题。

国情差异性还表现在一个国家国情的变化上。社会制度决定了一个社会的意识形态,而作为意识形态核心的价值判断体系,会直接影响管理者集团和社会成员对社会问题的判断。同样是吸毒、卖淫问题,在旧中国,政府对这类社会问题的态度是暧昧的,制止是乏力的,致使这类问题泛滥成灾;而在新中国,政府的态度是非常明朗的,采取严厉禁止的措施。由于意识形态不同,人们对同一社会现象所感受的刺激,以及做出的反应也不尽相同,因而对同一社会问题做出的价值判断有较大差异。

(二)群体差异性

由于社会成员分别处于不同的社会阶层,有不同的职业背景、经济利益和道德观念,于是这些分别属于不同利益群体的社会成员的行为方向就发生了分化,对社会价值的判断和意见也持不同的立场。社会问题的判断标准是基于利益群体的价值标准,而价值标准在复杂的社会生活中是多元的、有差异的,有时甚至是相互冲突的。对同一社会问题,各个社会阶层有不同的看法,有的认为是社会问题,有的认为不是,有的认为问题很严重,有的认为无关紧要,变成了一种有争议的问题。例如,对于当前我国社会中产生的腐败,有人认为已经成为影响政治稳定的严重社会问题,而有的人认为这是发展市场经济的“赎买金”和“润滑剂”,是社会发展必要的成本。这种认识的多元化现象,根本的原因还在于群体利益的差异。

不同的利益群体、不同阶层、不同阶级对同一社会问题的看法和判断带有鲜明的差异性。不同群体的社会心态和认识判断是不一致的,因而对社会问题的认识、评估和解释都蕴含相当浓厚的主观成分。人们这种矛盾的认识会直接影响到能否把某一客观上不合理的社会现象当作社会问题处理,会直接影响到为改变这一社会现象所做的各种努力。当然,也有可能存在同一利益群体中因认识不同而对社会问题有不同的判断。社会集团的利益矛盾,使人们对社会问题的认识有时并不一致,即使最严重的社会问题,也常常因对某些集团或利益群体有着某些正面的功能而被容忍,或这种社会问题的形成正是某些集团推动的。

(三)时代性

人们对社会问题的认识有一个过程,对社会问题的认识总是在问题产生之后,而不可能在社会问题产生之前。人类的是非善恶观念本身是随着时代的进步而发生变化的,人们评价社会问题的标准也随着时代的变化而变化。不同时代都会产生这个社会的主流价值观念、道德观念和信仰系统,会影响人们对客观社会状况的看法。某些社会状况在一个时期是可以接受的,而在另一个时期又是不可容忍的。

(四)综合性

人们评价社会问题的标准会发生改变。如在对待人口问题上,在传统的农业社会中,多子多孙是正面的价值观念,中国传统文化也认同多子多福这一观念。在西方,《圣经》以多子多孙为训。对于维护传统观念的人来说,节育倒是一个社会问题,荷兰也曾围绕是否允许堕胎展开了全国范围的大讨论。

在今天的社会中,过多的人口造成了就业的压力、资源的紧张,人口膨胀成为人类社会最严重的问题之一,控制人口生育便成为一种新的观念,这时传统的多子多福的观念与现代的节制人口的观念出现了冲突。因此,评价社会问题的标准具有典型的时代特点,往往是非常具体的,与当时人们的利益与观念密切相关。人们对社会问题的认识通常是被动的,有局限性的。

小结

对社会问题进行科学分类,是对社会问题进行理性判断的前提。对社会问题特征的全面认识,是解决社会问题的基础。本章节主要阐述了社会问题的类型与特征。

从发生的领域来看，社会问题表现为政治性社会问题、经济性社会问题、文化性社会问题和日常生活中的社会问题。从表现形式来看，社会问题表现为人口问题、环境问题、劳工问题、贫困问题、教育问题、家庭问题、交通问题、犯罪问题等。从产生的历史条件和地区差异划分，社会问题分为普遍性社会问题、特殊型社会问题。从产生的根源来看，社会问题分为结构失调性社会问题、功能失调性社会问题。

社会问题的主要特征是普遍性和特殊性，普遍性表现为绝对性、客观性和复杂性；特殊性表现为文化差异性、群体差异性、时代性与综合性。

自测题

1. 填空题

(1)政治思维从内容与本质上来说是一种(　　)。

(2)当前我国基本公共服务总体存量偏低与服务质量不高的矛盾，是由(　　)不足造成的。

(3)依表现状态与主体人行为，社会问题可分为(　　)(　　)。。

(4)(　　)是中国传统价值体系的基石，也是社会主义制度的内在规定性之一。

(5)依表现程度，社会问题可分为(　　)(　　)。

(6)人口问题的本质是(　　)与经济、社会、资源、环境等系统是否协调发展的问题。

(7)依存在的空间范围，社会问题可分为(　　)(　　)。

(8)(　　) 是全球性最主要的社会问题之一，是当代许多社会问题的核心。

(9)依对社会影响的根本性质，社会问题可分为(　　)(　　)。

(10)(　　)源于劳动力与生产资料比例关系失调。

2.判断题

(1)依本质与社会失调的具体内容,社会问题可分为社会自然环境问题、经济失调、人口失调、教育失调、社会安全失调、社会文化失调、社会心理失调等。( )

(2)网络的普及对社会问题产生了普遍的消极影响,加深了社会问题治理的难度。( )

(3)社会问题有其文化差异性、时代性和群体差异性。( )

(4)我国中西部地区经济增长在加快,与东部的差距在缩小。( )

(5)环境和资源的使用成本过低,难以形成节约资源的激励和约束机制。( )

(6)就业乃民生之本,也是世界难题。( )

(7)社会文化中消费主义和享乐主义价值观有利于个人综合文化素养的培育。( )

(8)当人口发展受到不良影响时,就出现了人口问题。( )

(9)当前我国社会治理领域没有呈现出越位缺位现象。( )

(10)西方政治思潮、价值观念以及生产生活方式对我国社会没有影响。( )

3.思考题

(1)当前社会问题的基本类型有哪些?试举出一至二例。

______

______

______

(2)你是怎样看待教育问题的?

______

______

______

(3)你所在地区的社会问题主要有哪些?

参考文献

[1]朱力.社会问题[M].北京:社会科学文献出版社,2018.

[2]杨善华等译.现代社会学理论[M].北京:华夏出版社,2000.

[3]雷洪.我国社会学学科发展的十个趋势[J].华中科技大学学报(社会科学版),2003(01).

[4]苏国勋.社会学与社会建构论[J].国外社会科学(1).2002.

[5]刘瑞鹏,杨慧兰,何利公.城市化进程中的社会政治问题[J].前沿,2006(09).

[6]米尔斯.社会学的想象力[M].陈强,张永强,译.北京:三联书店,2001.

[7]周长洪.人口问题、人口安全与人口管理[J].人口研究,2005(03).

[8]何玉宏.城市交通问题的社会性与生态性[J].现代城市研究,2002(03).

[9]常宇刚.城镇化进程中的犯罪问题实证分析[D].西南政法大学,2015.

[10]武胜伟.转型期中国社会治安治理问题研究[D].郑州大学,2016.

[11]黄晓春,嵇欣.非协同治理与策略性应对——社会组织自主性研究的一个理论框架[J].社会学研究,2014,29(06).

[12]青连斌.社会问题的界定和成因[J].北京:中共中央党校学报,2002(3).

↘ 学习目标

掌握透视性研究、整体性研究、群体性研究、客观性研究、实践性研究和大数据研究这六种研究方法，能理解社会问题的这六种社会问题研究方法并加以应用。

↘ 实践建议

社会问题的研究方法为我们提供了研究社会问题的多种视角，学习者试着从全球性或者区域性社会问题中选择一两个进行多视角方法的分析，提高对社会问题的认识和理解。

第四章 社会问题的研究方法

◇◇◇◇◇◇◇◇

由于社会变迁以及社会现象的纷繁复杂，社会中存在的问题也多种多样。那么，我们首先要明确所要研究的社会问题。在确定了社会问题后，社会学者需要制订一个完整、详细的研究方案，明确社会问题研究的视角及方法。因为，只有遵循科学的研究方法才能正确地提出研究假设，进行逻辑论证，从而更加真实、准确、有效地保证社会问题研究的可靠性和科学性。

第一节 社会问题研究概述

在社会现实生活中，由于社会系统和人类活动的复杂性，不可避免地会产生各种各样的社会问题。这些社会问题反过来对社会生活又将产生千差万别的影响。我们针对社会问题的研究有助于预防、缓解社会问题，甚至解决社会问题所带来的消极影响。因此，我们有必要探讨、确立正确的社会问题研究方法，从而对各种社会问题进行深入有效的研究，进而找到规律性特征，为我们解决各类社会问题提供有益指导。研究社会问题要有方法论指导。研究复杂的社会问题，探寻深藏在其背后的规律需要正确的方法。方法论是对方法的理论总结，是研究社会问题的指导性原则，一般通过高度抽象概括的理论表述出来。它是一百多年来，历代社会学家从无数经验研究中提炼出的研究社会问题的心得，它凝聚着社会学先辈们的智慧，是研究社会问题的成功与失败的经验总结。

对于普遍性的社会问题，用个人主义的方法论难以有效地解释，而用集体主义的方法论将更有解释力。当一个社会出现面广量大的“公共麻烦”时，这就不能简单地从个体或群体的行为中去找原因，而应该从更加广阔的社会背景中去寻找原因，即需要从社会结构方面寻找原因，从规范本身的合理性中去寻找原因，要追问这个社会结构、社会规范与社会制度本身是否出了问题。

我们开展社会问题的研究，既要了解社会问题研究的层次，又要把握社会问题研究的特点。

一、社会问题研究的层次

社会问题研究一般分为宏观层次、中观层次和微观层次三个层次。

宏观层次将社会视为一个有机的整体，侧重从文化和历史的角度来研究社会问题的性质和发展规律。简单来说，就是从社会变迁、社会结构或是社会行为与态度的视角对社会问题进行宏观层面的研究。中观层次是从群体结构和集体行为入手，直接考虑实际的社会单位，比如社会组织、社会群体或社区。研究社会组织可以通过变量分析来描述组织内部各部分的相互关系以及组织与外边系统的关系。研究社会群体可以通过参与观察的方法，尽可能记录下各种信息，还可以采用实验方法，引入某项变量、控制其他变量来观测实验变量对群体行为或态度的影响。研究社区既可以面向社区整体，又可以面向社区中具体的社会问题。微观层次是从个人或群体入手，通过观察人们的社会交往来发现社会行动的意义、特点与其社会环境的复杂关系，研究中需要注重实际的社会过程和个人的活动。

二、社会问题研究的特点

社会问题研究的基本特点包括科学性、客观性和工具性。社会问题研究的科学性应该是理论的科学性和研究方法、技术的科学性的统一。社会问题研究的科学性表现为具体方法和技术的科学性。没有正确的认识论和科学理论，研究方法和技术再先进，也无法实现对社会问题正确的、规律性的认识。社会问题研究的客观性是指研究者在收集资料的过程中要保持客观、中立的立场，获得的经验事实是客观性的。研究者在研究社会问题的过程中要超越阶级、党派、个人的利益，排除外界的各种干扰，遵循科学研究的道德准则，客观地观察事物、现象，从而获得客观事实和对事实的客观认识。社会问题研究方法是我们了解社会问题、分析社会问题乃至解决社会问题的工具，包括对社会问题的描述、解释、预测与诊断。所谓描述是指对社会问题的基本特征的阐述，它将反映问题的基本情况及严重程度等，重在说明“是什么”的问题。解释就是要弄清楚社会问题产生和变化的原因，或者在概率上说明社会问题之间的因果关系，重点是解决“为什么”的问题，预测是指在大量观察和反复观察的基础上，发现和认识问题变化发展的规律，从而对问题的发展趋势做出准确的判断。诊断是研究者在分析问题的基础上,通过专家讨论,以及对其他有益经验的借鉴,提出解决该问题的对策与意见。

方法论主要体现在研究社会问题的视角上,即观察分析社会问题的有效角度上,主要有透视性研究、整体性研究、群体性研究、客观性研究、实践性研究及大数据研究等角度。

第二节 透视性研究

透视性研究是指我们在研究社会问题时,要透过表面的、虚假的、碎片的、复杂的现象,掌握社会问题的本质,最终获得社会问题形成、发展、消亡的规律。研究社会问题的第一步,就是要掌握真实的社会信息。真实的社会信息不是随手获得的表面的、单一的、碎片的、孤立的信息,而是能够反映社会问题本质,具有普遍性、稳定性、可量化、可实证等特征的信息。在社会生活中,各种事物、各种现象往往不是直接表现出其真实的面貌,而是或者以假象出现在观察者面前,或者以表象出现在观察者面前,或者以单一因素出现在观察者面前,或者各种因素交织在一起,这些都会影响观察者获取真实的社会信息。“只要按照事物的本来面目及其产生根源来理解事物,任何深奥的哲学问题都会被简单地归结为某种经验的事实。”社会学家要对人类行为的规律性进行抽象概括,离不开透视性的方法论的指导。

一、发现社会问题的隐性功能

“隐性功能”这个概念是由美国社会学家墨顿提出的。墨顿使用“显性功能”与“隐性功能”来说明社会行动的主观动机与客观社会后果之间的关系。墨顿指出:“显性功能是有助于系统的调整和适应的客观后果，这种适应和调整是系统中参与者所预料的、所认识的;反之，隐性功能是没有被预料、没有被认识的。”墨顿认为社会学者不仅要研究社会行动者有意安排的预期后果(显性功能)，而且要研究社会行动者无意造成的后果，即不为一般人所察觉的后果(隐性功能)。墨顿提出的“隐性功能”，为社会学者研究社会问题时将焦点从显性平面转移到隐性平面提供了启发。墨顿认为，发现隐性功能是社会学知识的重大进步。发现隐性功能比了解显性功能在知识上更为进步，因而后者比前者距离社会生活常识性知识更为遥远。墨顿的这一观点给社会学者很大的启发。由于社会问题的成因往往深藏于复杂的社会现象之中，这就需要社会学者下大功夫去研究这些人们不易觉察到的原因、影响。了解某些社会问题的隐性功能要比了解它的显性功能更加困难，要下更大的功夫。这需要社会学者具有敏锐的观察力与预见性，能发现常人发现不了的问题，找到前人没有找到的规律。

二、透视社会生活的多重本质

研究社会问题不能停留在对现象的描述上，不能停留在对生活表面现象的研究上，不能停留在确认与记录社会事实的水平上，而要揭示社会事实之间的联系与存在的规律。各种事物的相互关系及其过程，都是客观存在的，都服从于一定的规律。这些规律不以个人的意志、愿望为转移，而决定着个人的意志和愿望。社会和自然一样，也是有规律的，找到规律，就进入了科学领域。社会现象后面隐藏着多重本质，对社会问题现象的揭示描述，不能只停留在生活表面，必须在研究社会众多现象的基础上深入探索引发这些问题、现象的因素，即社会问题产生的根本原因。所以，社会学者研究社会问题，首先需要认真、详细、全面地描述社会现象，然后分析引发社会问题的诸种因素，从中找出决定性因素。这就需要对现象进行抽象概括，只有这样才能更深刻、更正确、更全面地把握社会问题的实质。透视社会生活的多重本质是为了找到社会问题之间的内在联系，掌握社会问题产生、发展的规律，进而寻求解决的对策办法，抑制社会问题的发展和恶化。因此，我们在对社会问题做出解释的基础上并不能停止脚步，还需要透过各类社会现象对社会问题造成的后果进行预测并制定相应的对策。

三、透视社会问题的内幕

人们在社会生活中总会扮演各种角色，比如一个成年已婚男子在家里可能扮演丈夫、父亲、儿子等多重角色，这些角色的扮演往往是按照社会所允许的规范进行的，这就是他们在社会生活中的幕前的表演。人们在公开场合的表演与在私下场合的表演是不同的，在正式组织中的表演与在非正式组织中的表演是不同的。人们的行为有可能表现出某种虚假性。社会生活中人们有时为了达到某些并不光明正大的目的，会制造一个又一个的假象，放出一个又一个的烟幕弹，精心地把某种动机和某些行动掩盖起来，这增加了人们认识社会问题的困难，如果人们仅仅将表面层次的活动当作真实的活动，就可能上当受骗，获得的只是扭曲的社会信息。戈尔夫曼曾指出，社会学家要观察人是如何从后台转变到前台的。我们既要看台前“戴着假面具的人”，也要在台后看到他的真面目。正因如此，我们研究社会问题有必要区分人们台前和台后的活动。台前活动主要指公开的在公共场合进行的活动，幕后活动则指非公开的在非公共场合进行的活动。幕后的活动隐藏在幕布背后，这种社会的幕布有有形的，也有无形的。每个幕布后面都有活动着的群体和个人，他们在幕布前后的活动有很大的差异，有时活动的目的是相反的。每一个内幕就是一个秘密，而这种秘密的活动或交换有时就是事物的真实面貌。不能被人们表面的活动遮住眼睛，而要研究活动所要达到的真正目的，以此把握事物的真相，揭露社会活动的潜在功能。只有掌握了人们幕后的活动，才能了解到事物的真实面貌，把握事物的本质。除此以外，社会生活中还有大量无形的内幕，如政治活动中的秘密契约、经济活动中的秘密利益交换、犯罪团伙中的秘密规范、色情场所的秘密联系方法等，社会生活中充斥着许多隐蔽的社会活动，而这种隐蔽性活动正是产生社会问题的重要原因。因此，社会学者为了找到第一手资料，深究社会问题产生的根源，有的深入街头社会了解青少年团伙，有的深入监狱了解犯罪心理，有的深入贫民窟了解社会下层真情。社会学创立的实地观察方法就是为了深入了解社会的真实情况，了解社会生活中的内幕。只有撩开内幕才不会被假象所迷惑，才能见到真实的一切。而我们如果只是从表面上观察，就不能认识到它的决定性因素，不能了解事物的真实面貌，把握事物的真相和本质。

四、看到社会的另一侧面

在社会生活中除了有众所周知的、光明的、美好的、积极的、体面的一面之外，还有另一个侧面，即不为人所知的、阴暗的、丑恶的、消极的、不体面的一面。在现实社会生活中，我们无法只要健康的一面而拒绝不健康的一面。现实生活中的光明与黑暗犹如白天与黑夜，它们共同组成了我们生存的时空。现实生活中真、善、美与假、恶、丑并不是泾渭分明的，不能够用理论区分得那么清楚，无法通过逻辑进行层层剖析。社会中的某些事物或现象，它们在社会中的功能不是功过分明的，而是错综复杂的，我们只能说在特定的环境中，某些事物或现象利大于弊或弊大于利。多数情况下，社会学者或普通社会成员往往看到的是那些公开的、正统的或人们习以为常的社会事实，而看不到社会的另一个侧面——阴暗面。社会的光明面即人们的心理、行为符合社会主导文化的一面；社会的阴暗面即不符合社会主导文化的一面，它由人们的心理、行为、群体亚文化等要素构成。

社会阴暗面的第一层次是阴暗心理。不正当、不健康的需要是一种无法光明正大、公开表达的欲望，表现为人的隐蔽的阴暗心理。这种阴暗心理是导致某些人越轨行为的一个重要的主观因素，是社会问题研究中必须注意的一个层面。第二层次是阴暗行为。阴暗心理的外显就是阴暗行为，阴暗的行为构成了人们社会活动中的破坏性的一面，以越轨行为的形态表现出来，充斥于社会生活的各个方面。现实社会中的偷窃、贪污、受贿、吸毒贩毒、卖淫嫖娼等各类犯罪活动，大多是在隐蔽场合实施的，在公共生活的规范中是受到抑制的。第三层次是阴暗群体。阴暗群体主要指不宜公开的各种伙伴关系、团伙或地下组织，如犯罪团伙、反社会组织等。不同的阴暗群体有着不同的行为方式。行为方式一般取决于他们所要进行的活动内容，他们的越轨程度越大，与社会规范越不相吻合，活动行为风险越大，越可能采取秘密的行为方式和组织形式。因为这可以使他们所承担的风险降到最低。第四层次是阴暗文化，即不良亚文化。阴暗群体一般处于社会生活的底层，他们脱离了社会生活中的主流文化，自发形成一套特有的文化符号，并赋予其特定的含义。比如，几乎所有的阴暗群体都有自己特有的内部联络暗语，以保护自己的活动，像土匪的黑话、贩毒分子的黑话、拉皮条者的黑话等。一般说来，一个阴暗群体的越轨性程度越高，其文化也就越怪异，越与光明社会背离。

对待社会阴暗面我们应该以积极态度勇于揭开这个脓疮，从而更好地治愈它。社会的另一个侧面是相当复杂的，它的内容和活动以不健康的东西为主。它是社会生活中的潜流，与社会生活中的主流文化相去甚远；而普通善良的人们对其是不太注意或不甚了解的。社会学者应该对此问题进行深入了解，不能凭自己情感的好恶回避它们，而要揭露它们，把握社会阴暗层面的规律，才能有效地解决社会问题。

透视性研究的方法论意义在于，它是透过肯定性主题进而研究某些揭露性主题和丑恶现象。透视性方法是帮助研究者掌握社会问题本质的有效方法，它可以帮助社会学者把握社会问题产生的规律，找到社会领域内所存在的导致和诱发社会问题产生和发展变化的各种现象、因素和过程之间的相互稳定的作用机制。社会学者研究的社会问题内容是消极的，但研究的态度应该是积极的，研究者要透过假象看到真相，透过现象看到本质，透过消极看到积极，透过黑暗看到光明。同时，研究是无保留的，不过报道和公布时要考虑社会影响，应有所保留。社会学家应以积极的态度和立场研究消极的社会问题，描述要客观，解释要合理，预测要正确，规范要积极。

第三节 整体性研究

整体性研究是指我们在研究社会问题时，要用整体和系统的观点进行考察，把社会问题放在社会整体中去看，要将影响社会问题的各种因素联系起来分析。整体性观点隐含这样一个哲学命题：事物都是普遍联系的，“只有从这个普遍的相互作用出发，人们才能了解现实的因果关系”。我们抽取出社会中的某个现象进行研究，是为了能够更清楚地认清这一现象与其他现象之间的相互作用和关系。研究社会问题产生或形成的原因，就是从事物联系的普遍性方面来探索社会问题产生或形成的可能性与必然性。我们可以这样理解，社会问题是一种社会现象，是社会整体中的一部分，其产生及与其他社会现象之间的联系受到社会自身固有规律的支配，不认识社会整体状态及其内在规律性，就不可能认识社会问题及其与其他现象之间的联系。分析社会问题产生的原因，就是从社会整体的角度、综合的角度、全局的角度观察社会问题与其他社会现象之间的联系，从而把握社会问题发生、发展的规律。

一、把社会看成一个整体

整体性观点是自社会学创立以来历代大师们所倡导的一种思想观点。从孔德的社会静力学、社会动力学到斯宾塞的社会有机体论，从帕森斯的社会结构功能理论到科塞的社会冲突理论，均强调社会是一个整体。社会整体是由各个部分、各种成分有机地联系在一起的结构状态，而不是各类要素的机械拼凑。这种多种因素的有机联系，是在人类社会通过社会分工发展而来的相互依赖关系的基础上形成的有机整体。我们只有把社会作为一个有机的整体来看待，并从这个角度出发，才能全面地、科学地、系统地认识社会的各种组成部分和各种特殊的社会现象之间的关系。社会问题作为一种社会现象，不是由单一的某个领域中的因素决定的，而是与其他领域的因素相联系。社会是一个“有机整体”，其中“不同要素之间存在着相互作用”。在研究某一社会现象时，考虑各种相关的因素，是社会学思维方式的主要特点之一。孔德、斯宾塞、帕森斯用协调与稳定来解释社会的有机性和整体性；与此不同，马克思、恩格斯、科塞则重视社会体系的内部矛盾，通过冲突与斗争这类社会现象来研究社会。但从方法论上都是将社会视作一个不可分割的整体。社会问题是一种社会病态，社会问题不会局限在某个狭隘的领域中，社会的某个方面出了问题，往往是由整个社会结构、社会机制方面的不协调而引起的。

二、社会是一个自然发展的历史过程

人类社会与自然界一样，有着自己的历史。每一个社会问题都有一个自然形成和发展的过程。所以，研究社会问题时，要充分考虑到时间因素的作用，统筹考虑时间序列上的两个端点。一个时间端点在过去。每一个社会问题之所以从无到有、从小到大、由点及面，是因为其产生有个积累的过程，并受历史因素影响。抽去了历史的影响因素去考虑，社会问题会变成无源之水、无本之木，研究就变得苍白无力。在解释社会问题时，考虑到时间因素才能把握问题的来龙去脉，弄清楚问题产生的因由，对社会问题的解释才有力度和深度。另一个时间端点是未来，如社会问题的前景如何，将会向什么方向发展。时间因素在对社会问题进行预测的时候特别重要，任何推断均离不开时间的影响。这一观点要求我们在考察社会问题时，一定要做纵向的判断。只有准确地预测社会问题的发展趋势，才能制订有效的解决对策。社会学研究的重点是现在的社会问题，但这并不意味社会学排斥事物的过去和未来，也不意味着社会学将割断社会问题的时间脉络。事物之间的联系除了同一时空中横向空间的联系之外，还有不同时空区间纵向时间上的联系。社会学普遍使用的因果性解释，就是将时间因素考虑进去，它的思维方向是逆向的，从一种社会现象追溯另一种社会现象，从结果追溯它产生的原因及其发展过程。而社会预测的思维方向则是顺时针的，从一种社会现象推测它的发展趋势。了解社会事物的发展过程需要花费研究者很大的精力，但这是研究社会问题的必然工作。

三、把社会现象放入社会整体中解释

每一个具体的社会问题的发生与活动的规律，都存在于一定的整体要素之间的相互联系、相互作用、相互制约的关系之中。单独、分开地去研究社会问题，割断它与其他部分之间的联系，则不能揭示这一问题的规律。把社会问题放在社会整体中才能找到它产生的真正原因，把握它发展的规律。例如，腐败这一社会现象，是社会机体上的一个毒瘤，已经发展成一个重大的社会问题，研究者对腐败问题的研究有着不同的视角。从政治学的角度来看，腐败是一个权力寻租问题。寻租活动的特点是利用合法和非法的手段，如游说、疏通、走后门等，借助各种特权获取非生产性收入。从法学角度来看，腐败之所以得以滋长，是由于法律法规的不健全和法治的不彻底，对腐败这种行为缺少有力的制约和打击，致使腐败有空隙可钻。从经济学角度看，腐败的产生是由于经济领域客观上形成了腐败市场，即有些人需要购买腐败，通过金钱来换取权力，用权力来为自己服务，而权力的执掌者则在诱惑面前举手投降。社会学的整体性方法要求我们在研究社会问题的时候，将这一问题置于整个社会的大背景之下，从全视角来考察，才能够对社会问题做出全方位的解释。其他学科往往会将社会问题从社会整体中抽取出来，从某个特定角度来观察研究，这种方法的好处就是会将社会问题的某个方面研究得十分深入细致，有其独特的功能，但缺少全面的、立体的观察，看到了一个方面而忽视了另外一些方面的因素，不能全方位地阐述。而在现实中，社会问题本来就是由多方面的因素决定的。

四、整体功能大于部分功能之和

系统论观点认为整体的功能大于部分功能之和。我们所处的社会是由各个部分组成的,社会各个部分的最优化,不一定能达到社会整体的最优化,社会整体的最优化也不能简单地表明各个部分的最优化。因此,解决社会问题时要考虑使部分的功能与目标服从社会整体的功能和目标。合理的结构关系,能使各个部分的功能达到最佳。我们考虑解决社会问题,要从社会的整体结构出发,从社会的整体发展目标出发,从社会的整体功能来考虑。在对待社会问题或解决社会问题的过程中,人们会因利益的不同而形成不同的派别、产生不同的观点、提出不同的解决问题的方法,而且很有可能这种观点、方法对解决社会问题是有一定效果的,对某些利益集团也是有利的。但我们最终判别解释社会问题的理论是否合理,解决社会问题的方法是否有效的标准,不是从少数人、少数集团、少数部门的角度出发,而是从社会整体的角度来衡量,从社会整体的目标、社会整体的利益、社会整体的功能、社会整体的效益来衡量。例如,贿赂问题,对于某些个人或小团体来讲,采用行贿的方法,比起其他方法往往更行之有效,因而将其视为突破官僚主义的"润滑剂"。但从社会整体角度来看,由贿赂引起的腐败活动,在政治领域、经济领域、文化领域都产生了极大的副作用,降低了社会运行效率,因而是一种"腐蚀剂",是一种恶性的社会问题。解决社会问题是全社会的系统工程,不能从局部的、个别的目标或利益出发,只能从社会整体的目标出发;不能以局部的或个别的角度来衡量,只能以社会整体的利益和效果来衡量。

整体性方法避免了单一视角的局限性,能够对社会问题做出全过程、全方位的解释。整体性方法论要求我们避免研究上的误区。其一,在纵向考察中,要避免将考察的视野局限于现阶段社会问题增长的具体表象,而是要将导致社会问题增长的因素与社会问题萌芽、发展的深层次原因相联系,否则无法深刻理解社会问题产生的原因。其二,在横向考察中,要避免仅研究社会发展进程中的单一现象、单一矛盾、单一规律、单一依存关系,而是要探索与这些因素密切相连的其他社会现象及其相互作用机制，这样才能全面地解释社会问题产生的原因。

社会整体性研究要求我们看问题具有全面性、系统性，不要从单一视角出发，只看到问题的某些方面而遗漏了另一些方面，仅仅看到了局部而忽视了全局，仅仅照顾了部分而忘却了整体。解决社会问题是全社会的系统工程，不能从局部的、个别的目标或利益出发，只能从社会整体的目标出发；不能以局部的或个别的角度来衡量，只能以社会整体的利益和效果来衡量。社会学中结构功能理论就是将社会视作一个有机整体，某一功能的失调意味着某一部分结构出了问题，要治愈这种结构性的失调，必须先从整体的角度进行结构性的调整，而不只是就事论事。

第四节　群体性研究

群体性研究是指我们看待社会问题时，不是把它看作个人的问题，而是看作群体的问题，在观察问题时要超越个人，要研究群体的结构、属性对个体的影响和制约。

一、明确社会是由群体所组成的

社会不是由单一个人构成的，而是由群体组成的。社会的最小单位不是个人而是群体。只有在群体中人才能体现出其类属性，人的本质属性不是体现在人的生物性特征上，而是体现在社会性特征上，这种社会性特征在具体的社会生活中就表现为人的群体性。离开了群体的人只能表现出生物性而不具有社会性。社会学中始终流传着一句名言：“社会学家对个人不感兴趣。”意指社会学家对孤立的、纯粹的个人问题不感兴趣，而对米尔斯所说的由个人苦恼变为的公共麻烦——社会问题很感兴趣。比如农村剩余劳动力转移问题，一个农民进城做工，生活中遇到了许多的困难，不会引起社会学者的关注，而当成千上万的农民涌入城市，对城市的运转和居民生活产生影响时，社会学者就会把它作为重要的社会问题来研究。社会问题反映的是群体性的麻烦，是相当一部分成员共同苦恼的问题。在社会中，人们组成的不同群体具有鲜明的利益性，即人们分属于不同利益群体，在利益群体中，人的经济地位决定了其在群体和社会中的位置，人在社会中的流动，其实是人在不同的利益群体中的流动和变化。同一利益群体内的成员具有相似的价值观念、相似的经济收入、相似的教育水平、相似的社会地位、相似的生活方式、相似的行为模式。在现代社会中，个人分属于不同的职业群体和不同的正式的或非正式的群体，一个人可以同时存在于很多性质不同的群体，同时扮演着不同的角色，这些群体的属性也影响着成员的个性和行为。一个人参与的群体越多，他在社会中的位置也就越特殊。齐美尔认为：“当一个人从一个或几个组织的成员转变为众多组织的成员之后，其个性也就改变了。”当人们脱离原有群体或游离于正式群体，将不受群体的约束，在个性自由度加大的同时，越轨性行为也有增多的趋势。研究个人的行为首先要从其所在的利益群体入手，研究群体的属性，这样就能更清楚地认识其犯罪的社会原因，从群体的环境中寻找其越轨的根源。

二、观察社会时要超越个人

研究社会问题时要超越个人狭小的范围，一是要看到个人与个人之间的联系。美国社会学家库利有一句名言：“人们彼此都是一面镜子，照映着对方。”这就是以其他人的看法为镜子认识自己，也想象自己是如何出现在他人眼中的。库利指出，人总是在想象，并在想象中与另一个头脑持同一判断。例如，人们羞于在一个坦率的人面前躲躲闪闪，在一个勇敢的人面前表现得怯懦，在一个优雅的人眼里显得粗俗。一个人对另一个人吹嘘一次行动，而对另一个人羞于启齿。作为社会个体的人正是依据别人对自己的反应来修饰自己在他人眼中的形象，调整自己的行为，适应群体的特征。二是要看到个人与群体之间的联系，因为人类行为主要取决于他们所属的群体和群体成员之间的相互关系、相互作用和相互影响。人们现在所展现的个人存在和行动，正恰好是因为他们在特定的时间和空间里生活在特定的群体之中。一个社会群体往往会形成自己特定的文化，包括价值观、规范、习俗、思维方式、行为方式、生活方式等，而处在这一群体中的人们，必然要受到这一群体文化的约束，不可能为所欲为、随心所欲地表现自我的意志，他会用群体中他人的观点、利益来约束自己，以“社会人”的面貌出现在群体生活中。群体形成的价值观、规范、道德、习俗、行为方式、生活方式对这一群体中的每一个成员都具有制约功能。要了解个体的行为，先要了解他所在群体的亚文化，了解群体的属性和行为特征，以所在群体的行为解释个人的行为。社会学家的主要兴趣在于社会成员之间的相互作用，即人们相互间的活动、反应、影响，通过观察人们的互动，理解社会中发生的一切事情。这是因为社会上的一切现象都是社会成员之间相互作用、相互影响的结果。群体性研究与整体性研究是一致的，整体性研究要求我们将事物放在社会整体中进行研究解释，群体性研究则要求我们将个人的行为放在群体的整体背景中去研究解释。

三、要对群体结构进行研究

群体性研究要求我们要看到个人与环境之间的联系，个人的思想、情感及行为是由其生存的社会背景所决定的。社会学者观察社会问题时要有穿透力，穿透个人所在的群体，穿透群体所在的社会环境。比如，我们在研究越轨性社会问题时，要经常从越轨者所在的亚文化群体中寻找原因，从个人所在的小环境和整个社会的大背景中寻找导致其越轨的因素。因此，我们在研究个体时，首先要对他所处的群体以及该群体所具有的文化进行研究，找到群体文化的普遍性特征；其次我们还要研究群体所处的社会环境，即空间形式上群体所处的社区。社区是相对稳定的群体的活动范围，在一个社区中群体具有相对稳定的关系结构，我们可以从群体的结构中观察个人或小群体所处的位置，观察群体结构性力量对个人或小群体的影响。1974年，美国西维格尼亚发生“野牛湾”事件，埃里克森被“幸存者法案公司”请去估价水灾给个人和社会造成的后果。他没有把这些人看成单独的个人，而把他们看作这个社区的成员，认为他们之间存在密切的联系，并借用群体性的方法强调水灾给社区造成的损失。他认为，这个社区是人们活动的中心，为人们提供密切的联系，社区象征着德行并成为旧传统的博物馆。当洪水退去，社区支柱也被摧毁了，盗贼丛生，饮酒成风，毒品蔓延。失去了一个亲密的共同体，人们纷纷离去。埃里克森分析，许多人失魂落魄、精神恍惚、道德败坏，甚至犯罪，为什么？用群体性观点看，良好的品行、健康的精神以及看上去是个人品质的东西，实际上产生于社区结构，产生于人与人的相互关系之中。这种群体关系，在个人行为及人与人的相互作用中反映出来。人们日常的几乎是无意识的行为方式反映了他们生活在其中的社会和群体的性质。群体中的这类文化模式直接地或间接地影响着其成员的思想和行为方式，要研究个人必须先研究其所生活的群体和群体所在的社区。

四、群体特性独立于个人特性

法国社会学家埃米尔·迪尔凯姆注重研究群体及其结构的特征。他指出：“群体特征独立于个别属性，因此必须把群体特征本身作为研究对象。”他考察了一些特定群体中某种行为出现的不同比例、特定群体的特征及其变化。例如，在特定群体中自杀率的显著增长表明该群体的内聚力已经衰弱，因而其成员无力抵御生活危机的威胁。为了解释不同宗教团体或职业团体中自杀率差异的规律，迪尔凯姆研究了这些团体的特征及其在各自成员中产生内聚力和团结的独特方法。他撇开引起自杀的个别成员的心理特征和动机，发现所有自杀率高的团体结构，一般都较缺乏内聚力和一定的规范。他得出结论：“当社会紧密地结合起来时，它将个人置于自己的控制之下。"当个人把自己协调地整合成一个群体中的人,可以在相当程度上免受失败和灾难带来的痛苦,从而也就降低了自杀这类极端行为的可能性。他在研究中也发现,影响群体整合的主要因素之一是群体中不同成员相互作用的程度。如出席宗教仪式、需要分工协作完成的任务等,这种模式化的相互作用出现的频率,是评价其有不同信仰的群体成员所共有的价值观整合程度的标准。迪尔凯姆的研究启示我们,群体虽然是人们因某种需要而组合成的,但群体一旦形成,便会产生自己的品格、自己的意志、自己的特性,形成自己的规范系统,即群体亚文化,个人的行为就会深受群体亚文化的影响。一般而言,是群体亚文化决定个体的思想和行为,而不是个体的意志左右群体的属性。不同的群体,其精神支柱和维系群体的精神纽带是不尽相同的。

群体性研究要求我们研究社会问题时要注意从群体的成因、特点、发展情况去理解个人的行为。我们在研究中必须注意不同群体的精神品格和意志,将个人置于他所属的群体之中,从群体属性来研究个人的思维和行为,这就能更清楚地了解个人的所作所为。

第五节 客观性研究

从研究者的角度而言,客观性研究是指在研究社会问题时应采取的态度与立场。它要求研究者不能从狭隘的个人经验出发,对常见社会现象熟视无睹,更不应带着自己的价值倾向研究问题、抱着地方性的观念观察问题,而应该站在超越个人经验的立场,带着新奇的眼光,不抱有先入为主的价值倾向,用广阔的世界性的视野去观察问题。

一、实事求是地研究社会问题

社会问题的产生有其客观必然性，是社会结构的产物。马克思认为，寻找社会问题产生的终极原因不应在人的头脑中找，也不是在时代的哲学中找，“而应当在有关时代的经济学中去寻找”。从经济条件出发解释社会现象及其关系，从经济生活中寻找社会问题发生的原因是一条捷径。因此，我们在对社会问题进行研究时，应该实事求是。

首先，必须承认人性是自私的。人的一切言行都是在利己的目的下而做出的。我们看到的多是某些人为了自己的种种欲望，罔顾自己的行为会给这个社会和他人带来多大的危害。可以说，人的行动是由人的利益决定的，人最根本的利益是经济利益，我们从人们追求经济利益的过程中能够发现许多人们行动的秘密，解释许多扭曲的行为的动机。其次，必须承认问题的客观存在及其严重程度，问题一旦出现，它的发展是不以人的意志为转移的。最后，必须承认问题解决的有限性，因为很多时候，当我们面对某一社会问题时，我们还没有足够的能力去迅速或完全解决，只有量力而行、循序渐进地逐步解决。

二、客观地表达各种各样的发现

个人的生活经历、知识、智慧、能力是有限的，因而从个人的角度出发去看问题，难免会有片面性。尽管个人尽可能努力地全面地看问题，但这种努力并不能完全避免局限和成见。米尔斯认为研究社会问题应有一种“社会学的想象力”，即指社会学者要具有把个人经验与广阔的社会天地相联系的自觉的意识。社会学的想象力是一种社会的、历史的思维方式。米尔斯把这种思维方式解释为：跳出自己的范围，专心致志地认识社会依存关系，认识历史的变革动力。这种思维方式的客观依据是，每个个人及其特征都存在于一定的社会和历史时期中，而不能超脱社会和历史背景而存在。这种社会学的想象力是研究社会问题的学者必须具备的素质。因为人们总是在家庭、亲属、朋友、同事这类小圈子里通过自己有限的经验去观察世界，这种视角为认识广阔的外部世界带来了障碍。“社会学的想象力”要求我们能够摆脱狭隘的个人观点，在思想上同我们在社会中所处的位置保持一定的距离，更清楚地认识个人活动同社会事件之间的联系。个人的活动是由外部强大的力量造成的，不完全是由个人的意志决定的。例如，在社会由农业社会向工业社会转变的过程中，不管城市居民是否欢迎，城市管理者是否愿意，农民必然会大批地涌入城市。当一个社会经济上开始加速发展，社会财富开始快速积累时，必然会出现贫富两极分化，这是任何力量都无法阻止的。解释某种社会问题的存在，不能以个人的或小团体的视角来解释，不能站在个人或小团体的位置来观察，而只能跳出个人的立场，深入这一问题的社会背景中去寻找决定性因素。

三、保持价值上的中立

韦伯认为，价值因素不可避免地影响研究者选择什么课题，但研究者在进行科学研究中则是可以做到避免价值因素的影响的。一种现象一旦被描述下来，研究者就有可能通过明显或不明显地使用逻辑的、不以任何价值系统为转移的证明方法建立这一现象与前后现象之间的因果关系。因此，首先要在伦理上做到价值中立，一旦社会学者根据自己的价值观念选定了研究课题，他就必须停止使用自己的或他人的价值观念，而遵从他所发现的资料的指引。他不能把自己的价值观念强加于资料，无论研究的结果对他有利还是不利。价值中立观点是指社会学者在观察问题时应持客观的、公正的态度，不要把自己的利益、价值带进观察之中，不要将自己的好恶、成见置于研究之中，要摆脱这些因素对研究活动的影响。其次，价值中立要求将价值和事实进行区分，也就是在观察研究活动中研究者要站在第三者的立场上，不要戴上有色眼镜，渗入价值偏见，更不能先入为主。

马克思主义要求我们要客观地、辩证地、发展地看问题，能做到这些就能确保价值中立。价值中立是有条件限制的，我们在观察问题和解释问题时要保持客观公正的态度，做出客观公正的结论；而在解决社会问题时则应“价值有涉”，不能中立，要按照社会大多数群体的利益和大多数社会成员的利益去解决社会问题。当前，要做到价值中立，要注意的是：一是不要从教条、教义，从某些经典的结论出发，用某些名人的论述来解释社会问题，而要用科学的社会学理论来分析今天的社会现象、社会问题，在分析中检验理论的正确性；二是不要照抄、照搬、照套某些西方的理论，把自己弄得糊里糊涂；三是不要从个人的感情出发，在还没有将问题研究彻底之前，就将感情带进研究工作，而要从国情出发，从社会问题本身的发展规律出发，将社会问题放在特定的历史条件中去解释。

四、把世界作为一个整体来看待

世界上的事物都是有联系的，世界是一个整体。特别是进入工业化社会以来，随着科学技术的迅猛发展，世界各地已经冲破通信与交通的障碍，其空间距离日益缩小。全球的经济、文化交流日益密切，世界各国之间的影响、合作、互动不断加强，全球呈现出一种各国之间相互依存、共同发展的局面。各个国家正在成为一个整体，人们越来越认识到各国之间的相互依赖性及面临的社会问题的共同性。有些社会问题是人类社会在一定发展阶段必然会遇到的，具有共性。有些国家在治理某些社会问题方面已经有了成功的经验，其他国家可以直接借鉴，不必花费许多力气重新研究对策，重走弯路。例如，人口膨胀、环境污染、能源短缺、生态危机，这些问题本身就是全球性的，仅靠一个国家是无法解决的。再比如全球网络安全问题，已经成为全球人民都在关注的一件大事，成为国家安全的一道防线。全球普遍面临网络黑客攻击的问题，黑客会采用远程操作的方法对电脑进行病毒攻击，通过病毒攻击，黑客可以轻而易举地盗用用户信息与相关资料，进而获取利益。因此解决全球网络安全问题需要从全球视角出发，各国之间相互配合，共同搭建网络安全防火墙，提高网络安全设置，严厉打击黑客的犯罪行为，才能提高计算机网络安全。总之，某些社会问题只有放在全球背景中观察才能认清，也只有全球协作才能解决。

五、避免地方性观念的影响

避免地方性观念的影响首先要求社会学者要做一个“熟悉世界中的陌生人”，某些个人生活中熟悉的东西，社会学者则要作为陌生的东西来看待，把自己从某一地区的长期生活中脱离出来，主动打破区域壁垒，摆脱长期生活的地域所形成的规范、价值观、生活方式、行为方式的束缚，把自己作为陌生人来看待，从熟悉的地域中发现新问题。正如旅游者每到一个新的地方，无论是对人对事，还是对物对环境，都会产生强烈的陌生感、新鲜感、兴奋感，也会由此产生许多新的想法和认识，这是一种“文化冲击”的全新感觉。社会学者也要保持这种感觉，对身边熟悉的地方充满好奇心，从熟悉的事物中挖掘新的内容，找出新问题，不受本地利益因素的影响。也就是说，社会学者要以发展的眼光看待问题，不因现存社会的准则与信条而丧失好奇心，造成无法深入研究社会问题，防止在习以为常的生活环境中产生思维定式。其次就是社会学者必须注意进行比较研究，进行制度、文化、社会等方面的研究，把社会问题放在大的背景中去认识和解决。比如性别比失衡问题，在我国，尤其是农村，近年来出生人口性别比在不断攀升。社会学者在研究人口性别比失衡的问题时分别从文化、经济、社会等方面进行了研究，传统重男轻女的观念、经济发展水平相对滞后、区域经济发展水平差距大、妇女社会地位比较低等因素造成性别比失衡。面对社会问题，普通的老百姓往往只能做常识性的解释，而社会学家则需要从独特的角度，用新颖的思路来解释，给人以新的启迪。

六、遵循量变到质变规律

社会现象同自然现象一样,有质的方面,也有量的方面,质的变化是由量的变化引起的。任何事物包括社会问题都同时具有质和量两个方面,是质和量的统一。事物的性质是由保持其质的量的限度即度来决定的,超过一定的度,一事物就会转变成另一事物,这是事物发展变化的普遍规律。因而,要具体地描述社会现象的发展状况与运动变化,就必须使用定量的方法。社会问题不是一下子爆发的,有一个生长和累积的过程,有一个从量变到质变的过程,而了解了事物量的变化过程便能够更好地把握事物的质的变化,掌握它的本质属性。我们对社会问题的解释必须建立在科学的描述性研究的基础之上,将定量研究和定性研究结合起来。社会问题的定量研究主要是指运用一系列基于概率论和数理统计学原理的具体测量、计算和分析手段,揭示或说明社会问题及其相关现象的数量特征、数量规律和数量关系的研究,其主要目的是把握社会问题量的规定性。社会问题的定性研究是指在占有大量的资料并进行科学的定量分析的基础上,运用一系列基于社会学理论的思维方法、分析手段,揭示社会问题的本质特征及规律。两者的关系是,定量研究是认识社会问题的开端,是考察社会问题特征及规律的前提,而定性研究则是对社会问题的特征及规律的认识的深化。这两类研究有各自的功能、特点与局限性,只有将两者有机结合起来,才能揭示社会问题的规律。

社会学者研究社会问题从提出研究课题、制定研究方案,到具体的每一步实施过程都应该尽最大努力保证其客观性,尽量避免自己的主观信念和价值观的干扰,而应深入社会实际,遵循资料的指引,客观地研究和把握社会的变化,才能真正解释社会问题,才能真正发挥服务社会的作用。

第六节 实践性研究

实践性研究是指社会研究者以实践中的现象为直接的研究对象，在实践中发现问题，并对社会问题加以分析、反思，以考察社会现象背后的规律，寻求解决社会问题的具体的方法和策略。

一、坚持实践检验标准

检验真理的标准只能是社会实践。1845年，马克思就提出了检验真理的标准问题："人的思维是否具有客观的真理性，这并不是一个理论的问题，而是一个实践的问题。人应该在实践中证明自己思维的真理性，即自己思维的现实性和力量，亦即自己思维的此岸性。关于离开实践的思维是否具有现实性的争论，是一个纯粹经院哲学的问题。"这也就非常清楚地告诉我们，对一个社会问题的研究，是否正确反映了客观实际，只能靠社会实践来检验。实践不仅是检验真理的标准，而且是唯一的标准。人的社会实践是改造客观世界的活动，是主观见之于客观的东西。实践具有把思想和客观实际联系起来的特性。因此，只有实践，才能够完成检验真理的任务。比如门捷列夫根据原子量的变化，制定了元素周期表，有人赞同，有人怀疑，争论不休。尔后，有人根据元素周期表发现了几种元素，它们的化学特性刚好符合元素周期表的预测。这样，元素周期表就被证实了是真理。除此之外，社会学者还要用发展的观点看待实践的标准。实践是不断发展的，因此作为检验真理的标准，它既是绝对的，又是相对的。就一切社会问题的发现、解决都必须由实践来检验这一点讲，它是绝对的、无条件的；就实践在社会问题发展的一定阶段上的认识有其局限性，不能完全杜绝社会问题这一点来讲，它是相对的、有条件的；但是，今天的实践回答不了的社会问题，以后的实践终究会回答它，就这点来讲，它又是绝对的。

二、深入社会进行调查研究

调查研究是研究社会问题的一种具体方法，是社会学者系统地、直接地、实地地深入调查现场，从研究的某种社会群体那里收集各种资料、信息等，并通过对资料、信息的深入解剖分析来认识社会现象或问题及其规律的方法。在社会问题的研究过程中，调查研究被普遍地应用，研究者只有身临其境，通过对问题的系统调查，了解问题的症结，通过与受这一社会问题直接影响的人沟通，才可能对这一社会问题有更直观与深刻的了解，才能更深入地理解这一社会问题。就好比医生给病人看病，社会学者对各种社会问题进行“社会诊断”。比如在青少年犯罪、离婚、吸毒、老年人社会保障、独生子女教育等问题的研究中，都需要采用社会调查研究的方法。在研究社会问题上，调查研究有其自身的内容和特点。其内容主要表现在以下几个方面：一是某一人群的社会背景，即有关人们各种社会特征的资料。这些资料既包括某些人口统计方面的内容，比如性别、年龄、职业、婚姻状况、文化程度等，也包括人们生活环境方面的内容，比如家庭构成、居住形式、社区特点等。这类内容客观性很强，在调查研究中收集这方面的资料往往比较容易，较少出现问题。二是某一人群的社会行为和活动。们“做了什么”以及他们“怎么做”等方面的资料。三是某一人群的意见和态度。即有关人们“想些什么”、“怎么想的”或“持怎样的看法或态度”等方面的资料。调查研究的特点，主要表现为研究过程持续时间长，研究者和研究对象之间一般有较充分的认识与情感交流。因为研究者需要结合当时、当地的情况并设身处地地解释和判断观察到的现象，在实地调查中广泛地运用自己的经验、想象、智慧和情感，对研究对象和现场氛围进行感悟和理解，以便更深刻、更新颖的获得资料，得出新的结论或改善先前的结论。

三、避免个人主观臆断

由于社会的变迁以及社会现象的纷繁复杂，社会问题也多种多样。社会工作者研究社会问题，必须从实际出发，实事求是，避免个人主观臆断。马克思认为，人类第一个历史活动就是物质生活的生产，物质生活的生产是人们社会活动的基础。"马克思发现了人类历史的发展规律，即历来为繁芜丛杂的意识形态所掩盖着的一个简单事实：人们首先必须吃、喝、住、穿，然后才能从事政治、科学、艺术、宗教等等。"马克思、恩格斯指出，人们自己创造着自己的历史，但他们是在制约着他们的一定环境中活动的，在制约因素中，"经济条件归根到底还是具有决定意义的"。经济关系是其他一切社会关系的基础。这是研究社会的主要原则。这个原则有两个方面的要求：一方面，探索出各种思想观念及其制约下的行动；另一方面，探索出"这些观念是由什么样的方式和方法产生的"。因此，研究社会问题要实事求是，不能主观臆断。第一，要用客观的标尺来测量，可以通过建立量表的方式，采用标准化的程序对社会问题中的个人或群体展开研究，以量化资料去说明各种社会关系的规律，从而避免主观臆断及浮于空泛的定性议论，同时也加深了社会问题分析研究的可靠性、科学性；第二，要用逻辑性的推理来论证，避免使用主观臆断的表达方式、不恰当的修辞方法和散漫的写作风格，不得使用贬损人格尊严、具有强烈感情色彩、明显有违常识常理常情的语言。社会问题的研究有历史局限性，社会工作者需要不断质疑、修正和创新。

总之，社会学者需认识到客观世界是不断发展的，实践是不断发展的。新事物新问题层出不穷，只能用实践来检验、研究新事物、新问题，全面深入地调查研究实际生活才能不断做出新的概括，在新的实践中发现新问题，并提出解决办法。

第七节 大数据研究

大数据研究是指社会研究者在进行社会问题研究时借助计算机、互联网与人工智能技术等现代科技手段，利用大数据、新方法来获取数据与分析数据，揭示社会问题的本来面目，发现社会问题的规律的一种新的范式或思维方式。在社会学研究领域，大数据的引入被认为是定量研究的范式下所做出的收集和分析资料方法的创新，其目的是要克服既有社会学研究方法的局限与不足，达到对人类行为与社会运行规律的真实认知与科学解释。

大数据研究能够全面真实展现社会面貌，深刻影响和改变人们认识外部世界、研究社会问题的方法，使我们的日常生活和各项社会事业都发生了深刻的变化。大数据研究是社会学在大数据时代发展的必然结果。

一、进行大数据的获取与分析

数据、资料的获取与分析，是社会学研究的两大关键问题，也是社会问题研究需要解决的关键问题，也正是在这两个环节上，社会学研究受到的批评和诟病甚多。大数据的获取与分析，有望为解决问题找到新的突破口，例如有社会学者提出，未来的研究可以从文本内容、选举活动、商业行为、地理位置、健康信息等数据着手，通过大规模与时序性数据的研究改变政治学乃至社会科学的基础。大数据社会问题研究所采用的数据量远大于传统的实证社会问题研究。大数据研究具有自己显著的特点：首先，研究的数据动辄数十万、上百万，大数据环境下，样本几乎等于总体，研究者甚至没有进行抽样的必要，而传统数据样本量一般较小。其次，研究的数据基本上是“自然数据”，这些数据并不通过问卷获得，而是在现实生活中自动形成的,可信度大于传统问卷调查数据。传统数据常用问卷调查方法获取,主观性高、可信度低。再次,传统数据靠“搜集”,设计问卷后进行调查,问卷的针对性强,但问卷的应用范围有限,为某项研究而搜集的数据很难很好地应用于另一项研究,而大数据研究则重在数据的“挖掘”,客观数据并不为任何一个课题而产生,而是对真实世界的自然记录,有利于研究者充分发挥社会学的想象力,可以挖掘的数据无穷无尽,可供研究的领域没有边界。

二、重视质性研究与定量研究的融合

如何更加有效地利用文本、影音等质性资料开展研究,是社会学长期以来面临的难题。有效研究方法的缺乏,造成了质性研究与定量研究之间无法弥合的鸿沟。大数据时代的到来,为社会学的发展提供了更加有效的研究方法与研究工具,使定量研究与定性研究的融合成为可能。在发表于《科学》上的一篇论文中,古德与梅西研究了人们每天或者每个季度的心情变化。要研究人们心情的变化趋势,对传统数据进行统计分析可能力有不逮。研究者们通过大数据的应用与文本资料的量化分析很好地解决了这个问题。两位研究者通过数据挖掘技术从社交网站推特中获取了来自82个国家240万人多达5.09亿条英文信息。然而,推特上的信息是文本资料而非数据,计算机可以识别却无法进行分析。研究者使用“自动文本分析系统”对推特上的信息进行内容分析。该系统是世界上最先进的文本内容分析软件之一,通过对文本的分析,它能够识别出包括焦虑、愤怒、抑郁等在内的60多种人类情绪,并进一步将其归纳为“积极情绪与消极情绪。通过这样的内容分析,研究者们能够从每一条推特文中识别出该段文字发表时作者的积极或消极情绪。分析结果发现,人们在早上起床时的心情一般都很好,但在一天中会逐渐发生变化;人们在周末更加快乐,但是这种快乐峰值到达的时间要比工作日晚两个小时;人们的情绪会随着季节的变化而发生变化等等。定性研究与定量研究融合的关键是文本资料分析工具的研制与开发。从现在的情况来看，虽然这个领域的研究工作还刚刚起步，尚有很多问题需要解决，但其发展的速度很快，在短短的几年时间内已经研制、开发出多种文本内容分析软件系统工具。随着该领域研究工作的步步深入，各种更为先进、精细的文本分析工具(包括中文分析工具)会不断问世，真正实现定性与定量研究的融合只是时间问题，由此引发的将不仅是研究方法上的创新，还有人文社会科学研究理念和思维方式上的变革。

三、积极开展互联网实验研究

社会学的研究方法体系中早就有实验方法的位置，而且也有运用实验方法开展社会学研究的先例。但社会学界对实验方法一直存有戒心，因为运用实验方法来研究社会现象的确存在诸多难以克服的弊端和障碍。运用互联网这个平台来进行社会问题的实验研究，是一种创新，而且有可能使实验研究法成为未来社会问题研究的主流方法。萨尔甘尼克等人进行的关于文化产品市场不公平性的社会实验开启了互联网社会实验研究的先河。他提出一个问题：文化产品在市场上的流行程度受什么影响？一种观点认为市场中产品的质量决定它是否受欢迎；另一种观点则认为市场是不公平的，存在着“超级巨星效应”或者“赢者通吃”现象，因为人们对文化产品的选择受到其他人选择行为的影响。为了研究这个问题，研究者在互联网上邀请了14341名参与实验者，为他们提供48首从未面世的歌曲，并邀请这些参与者根据自己的喜好为这些歌曲打分或下载。参与者分为两组(实验组和控制组)，实验组能够浏览别人对歌曲的评价，控制组则不能了解其他人对歌曲的评价。实验歌曲按随机排列的顺序同时提供给实验组和控制组。实验结果发现，在控制组中受欢迎的歌曲在实验组中更加受欢迎，表明人们对歌曲的评价受到了他人评价的影响，即存在所谓“赢者通吃”的现象。在更进一步的实验中，实验组成员看到的歌曲不再随机排列，而是根据下载量排列，控制组依然不能看到他人的评价，他们看到的歌曲依然随机排列。实验结果显示，实验组和控制组对受欢迎歌曲评价的差别进一步扩大。这个实验研究得出结论：首先，对文化产品而言，质量是关键的，因为无论是控制组（每个人单独对文化产品进行评价）还是实验组（每个人在参考他人评价的情况下选择文化产品），质量好的文化产品都更加受欢迎。其次，“赢者通吃”的现象确实存在，在他人选择行为的影响下，控制组中受好评的产品在实验组中更受好评，这说明文化产品市场上确实存在不平等性。互联网实验是一种全新的实验方法，是真正理想的在自然条件下进行的社会实验研究。这种实验研究的优势在于，它不仅可以消除传统社会实验研究存在的某些弊端，如“霍桑效应”等，还不受时间和空间的限制，这为社会学提供了通过互联网实验研究人类行为与社会现象的无限可能性，设计巧妙的互联网社会实验将会极大地扩展和丰富社会学家的社会学想象力。

四、运用ABM模拟方法

ABM研究方法即“基于行动者的模拟方法”。这一方法由阿克塞尔罗德所进行的计算机模拟囚徒困境全球竞赛首开先河。他在世界范围内邀请多学科专家编写以囚徒困境为博弈规则的计算机竞赛程序，让这些计算机程序进行博弈，以博弈的收益高低（得分多少）计算成败。最后，在所有程序中，最短小精悍（一共只有4行程序）的、被称为“一报还一报”的程序获得冠军。关于ABM方法在社会学研究中的具体运用，曼佐和波尔多萨里关于社会地位形成机制的研究为我们提供了很好的案例。在这项研究中，研究者通过计算机构建了包含30名行动者的虚拟空间，每名行动者在互动中对彼此的素质进行评价，并根据这个评价来赋予对方一定的“礼敬”。在多次互动中收获到的“礼敬”的总量决定了每个人的社会地位。ABM模型多次迭代模拟人际交往结果显示：一个人社会地位的获得取决于其他人对他的“礼敬”态度，人们对他越“礼敬”、越尊重，他的社会地位越高。社会中存在两种互相冲突的机制来决定一个人得到的“礼敬”，分别是制造不平等的“社会影响”机制和限制不平等的“相互礼敬”机制。“社会影响”机制遵从现实法则，一个人的财富越多、权力越大，其他人对他的评价就越高，因而对他越礼敬、尊重，他的社会地位也就越高。在这种机制中,对他人的“评价”等于对他人的“礼敬”,因而这种机制追求“公平”而不是“平等”。“相互礼敬”机制则只关注人与人之间的互相尊重,一个人如果对他人足够尊重,他人也会反过来给予他较高的“礼敬”,从而获得较高的社会地位,反之亦然。因此,这种机制中对他人的“评价”与对他人的“礼敬”并不一定相等,人与人的互相尊重能够促进人与人社会地位的平等。ABM计算机模拟方法在研究复杂社会现象的演化过程与变化机制方面,具有其他研究方法所无法比拟的独特优势。随着ABM方法的不断完善与成熟,它在社会学研究中的运用会越来越普遍。但它的运用也对研究者的数学能力提出了比较高的要求。

五、研制与开发新型社会计算工具

社会问题的大数据研究需要综合运用互联网技术、计算机以及人工智能技术,根据数据获取与分析的要求,开发出能够有效实现研究目标的具体操作工具。新型社会计算工具多种多样,可以根据具体研究的需要进行研制与开发。例如,麦考利与莱斯科韦茨开发出一种网络算法,用以检测社交网络用户各类联系人的信息,包括姓名、年龄、职业、学历等。把这些信息与网络用户本人的信息进行对比,通过各种测量相似性的算法,估算联系人与用户的关系,将这些不同的联系人归入不同的组群(如好友、同事、同学等),实现用户个人网络的自动分组。该算法在实验验证阶段已经获得了成功。这个新型社会计算工具的开发更像是为谷歌、脸书等网站进行的改良顾客体验的研究,它如此技术化,以至于许多社会学者几乎无法看懂。但这种研究对社会网络研究与社会网络理论的发展意义重大。运用这种工具,研究者们能够从社交网络媒体中挖掘出大量的社会网络数据,并有可能利用这些数据进行更大规模、更精准的社会网实证分析。新型社会计算工具的研制与开发的方式与途径多种多样。为了进行某一社会问题的研究,社会学研究者与精通计算机技术的专家合作,可以量体裁衣地开发出研究所需要的某些小型工具。

但对于那些大型且功能复杂工具的研制,则需要依赖多学科研究人员的共同努力,借助专业公司的力量,甚至依靠国家才能完成。

大数据的出现,有助于社会问题研究者摆脱传统思维模式和固有偏见的局限,认识和思考更客观、全面、准确、深刻,能够进行更完整、更清晰的分析,做出更科学、更精准的判断。从一定意义上说,大数据是一种"以数据为大"的方法论,是认识世界、理解世界、改造世界的新能力。大数据为社会科学研究带来发掘利用海量信息的理念、方法和服务,在社会问题研究中运用好大数据,可以避免研究者主观臆断,提高研究者的研究能力,提高研究质量,开启研究的新局面。当然,我们在认识大数据优势的同时,也要充分认识大数据的局限性。这种局限性更多的是来自大数据产生的基础。首先,大数据并不是全数据。因为社会还未完全数字化,大数据从根本上说不可能是全数据。其次,大数据的使用有一定局限性,在有些领域强,在有些领域弱。再次,大数据不完全具有代表性。由于我们的社会还不能完全数字化(特别是关于人们的思想、感情等领域的信息,很难准确数字化),导致大数据无法完整反映人的社会政治行为。比如,互联网上的各种意见,集合起来堪称海量。但是,这些声音并不代表全体国民的意见。

小结

任何一个社会问题的产生和解决,都是一个复杂的过程。研究社会问题需要方法论指导,在社会研究中应遵循何种方法论是一个切实的问题。因为研究社会问题有各种可供选择的方法论、研究途径和判断标准这需要对具体现象做具体分析。本章提出了六种社会问题研究视角,即透视性研究、整体性研究、群体性研究、客观性研究、实践性研究及大数据研究。透视性研究要求透过现象看本质,才能对社会问题进行正确的分析。整体性研究需要学习者树立全局思维,用联系的发展的眼光对社会问题进行整体的和系统的分析。群体性研究需要学习者在观察社会问题时超越个人,从群体的结构和属性展开研究。客观性研究需要学习者摆脱个人狭隘经验,以"陌生人"的身份、以新奇的眼光去观察社会问题。实践性研究即学习者在实践中发现问题、分析问题、反思问题,寻找社会问题背后的规律。大数据研究是一种新的社会学研究方法,需要学习者积极借助计算机、互联网与人工智能技术等现代科技手段来获取数据与分析数据,揭示社会问题的本来面目,寻求解决社会问题的具体的方法和策略。这六种研究方法并不是孤立的、单一的,社会学者需要加以综合运用,才能更好地揭示社会问题的本质和规律。

自测题

1. 填空题

(1)研究社会问题要有(　　)指导。

(2)社会问题研究的层次一般划分为(　　)层次、中观层次和(　　)层次。

(3)社会问题的研究方法的基本特点包括(　　)、(　　)和(　　)。

(4)方法论主要体现在研究社会问题的视角上,即观察分析社会问题的有效角度上,主要有(　　)研究、(　　)研究、群体性研究、(　　)研究、(　　)研究及大数据研究。

(5)研究社会问题有必要区分人们(　　)和幕后的活动。

(6)采用透视性研究方法分析社会问题,要做到(　　)要客观,(　　)要合理,(　　)要正确,(　　)要积极。

(7)社会整体是一个自然(　　)过程。

(8)研究社会问题时需要统筹考虑时间序列上的两个端点,即时间端点的(　　)和(　　)。

(9)解决社会问题时要考虑到使部分的功能与目标服从社会整体的最佳(　　)和(　　)。

(10)整体性方法能够对社会问题做出( )、( )的解释。

(11)群体性研究要求社会学者在观察问题时要超越个人,要研究群体的( )、( )对个体的影响和制约。

(12)社会不是由单一个人构成的,而是由( )组成的。

(13)研究社会问题时要超越个人狭小的范围,不仅要看到个人与( )之间的联系,而且要看到个人与( )之间的联系。

(14)观察社会问题时要有( ),穿透个人所在的群体,穿透群体所在的社会环境。

(15)( )是相对稳定的群体的活动范围,在一个社区中群体具有相对稳定的关系结构。

(16)社会问题的产生有其客观必然性,不是人们主观意识的产物,而是( )的产物。

(17)客观性研究要求保持价值( )的基本观点。

(18)价值中立要求将( )和( )进行区分,也就是在观察研究活动中研究者要站在第三者的立场上,不要戴上有色眼镜,渗入价值偏见,不能先入为主。

(19)社会学者要以( )的眼光看待问题,不因现存社会的准则与信条而丧失好奇心,造成无法深入研究社会问题,防止在习以为常的生活环境中形成思维定式。

(20)社会学者要注意进行比较研究,进行跨( )、跨( )、跨( )的研究,把社会问题放在大的背景中去认识和解决。

(21)实践性研究要遵循( )变到( )变规律。

(22)实践性研究要求坚持实践检验( )。

(23)研究社会问题必须具有把个人的( )和客观( )联系起来的特性,否则就无法对研究的社会问题进行有效检验。

(24)( )具有把思想和客观实际联系起来的特性。

(25)研究社会问题要实事求是,不能( ),要用( )的标尺来测量,要用带有( )的推理来论证。

(26)大数据研究是利用大数据、新方法来获取数据与分析数据,揭示社会问题的本来面目，发现社会问题的规律的一种新的（　　）或（　　）。

（27）（　　）、（　　）的获取与分析，是社会学研究的两大关键问题，也是社会问题研究需要解决的关键问题。

（28）大数据研究的数据基本上是“自然数据”，重在数据的（　　）。

（29）ABM研究方法即“基于（　　）的模拟方法”。

（30）大数据的出现使研究者的认识和思考更客观、（　　）、（　　）、深刻，据此能够进行更（　　）、更（　　）的分析，做出更科学、更精准的判断。

2.判断题

（1）研究复杂的社会问题，探寻深藏在其背后的规律需要正确的方法。（　　）

（2）社会问题宏观层面的研究是从社会变迁、社会结构或是社会行为与态度的视角进行的。（　　）

（3）在研究社会问题时我们只需要看到表面的现象就可以了。（　　）

（4）真实的社会信息是能够反映社会问题本质，具有普遍性、稳定性、可量化、可实证等特征的信息。（　　）

（5）隐性功能是有助于系统的调整和适应的客观后果，这种适应和调整是系统中参与者所预料的、所认识的。（　　）

（6）透视社会问题的多重本质是为了找到社会问题之间的内在联系，掌握社会问题产生、发展的规律，进而寻求找出解决社会问题的对策办法。（　　）

（7）社会问题作为一种社会现象是由单一的某个领域中的因素决定的。（　　）

（8）社会的最小单位是个人而不是群体。（　　）

（9）人类行为主要取决于他们所属的群体和群体成员之间的相互关系、相互作用和相互影响。（　　）

（10）个人的行为不受群体亚文化特性的影响。（　　）

（11）定量研究是认识社会问题的开端，是考察社会问题特征及规律

的前提。(　　)

(12)定性研究则是认识社会问题的继续,是对社会问题的特征及规律认识的深化。(　　)

(13)实践不仅是检验真理的标准,而且是唯一的标准。(　　)

(14)大数据研究是社会学在大数据时代发展的必然结果。(　　)

(15)大数据在社会问题研究中没有任何局限性。(　　)

3.思考题

(1)社会问题研究的方法即研究视角有哪些?

(2)什么是透视性研究,你是如何理解的?

(3)谈谈你是如何认识整体性研究的。

(4)群体性研究有哪几个方面,你是如何理解的?

(5)列举一个身边的社会问题,试着从客观性研究角度去分析。

(6)简述实践性研究。

(7)应该如何看待大数据研究在社会问题研究中的应用?

参考文献

[1]仇立平.社会研究方法[M].重庆:重庆大学出版社,2008.

[2]向德平.社会问题(第二版)[M].北京:中国人民大学出版社,2015.

[3]马克思恩格斯.马克思恩格斯全集(第3卷)[M].北京:人民出版社,2002.

[4]R.K.Merton, Social Theory and Social Structure, p.105, New York, Free Press, 1986.

[5]钟国兴.社会暗层简析[N].中国社会报,1993-03-06.

[6]库里.人类本性与社会秩序[M].北京:华夏出版社,1999.

[7]戴维·波普诺.社会学[M].刘云德等译,沈阳:辽宁人民出版社,1987.

[8]刘易斯·A.科瑟.社会学思想名家[M].石人译,北京:中国社会科学出版社,1990.

[9]赖特·米尔斯.社会学的想象力[M].北京:三联书店,2001.

[10]刘易斯·A.科瑟.社会学思想名家[M].石人译,北京:中国社会科学出版社,1990.

[11]朱力.社会问题[M].北京:社会科学文献出版社,2018.

[12]马克思,恩格斯.马克思恩格斯选集(第1卷)[M].北京:人民出版社,1995.

[13]《光明日报》特约评论员.实践是检验真理的唯一标准[J].政策,2018(12).

[14]罗玮,罗教讲.新计算社会学:大数据时代的社会学研究[J].社会学研究,2015.

↘ 学习目标

理解解决社会问题的指导方针，把握解决社会问题遵循的原则，掌握解决社会问题的主要路径，熟悉运用解决社会问题的基本策略。

↘ 实践建议

调研本地存在的社会问题，提出解决的建议，撰写研究报告。

第五章 社会问题的解决策略

◇◇◇◇◇◇◇◇

社会问题伴随着社会发展的每一个阶段，没有一种社会形态、一种社会制度不存在社会问题。任何社会都存在由其内部因素或外部影响引发的社会问题。社会问题的产生与发展，是不以人的意志为转移的，人们可以采取措施降低社会问题的危害程度，促进社会的前进和发展。因此，掌握社会问题的解决策略，有助于分析、诊断、化解社会问题，提高治理能力。

当前社会取得长足发展，但也伴随着各种问题，社会矛盾易发、多发。我们必须正确认识社会问题明显增多是一种客观存在，也是社会深刻变革中难以避免的现象，关键是要客观和冷静地看待，找到化解各类问题的正确途径和有效方法，提升预防、化解社会问题的能力和水平，以期实现社会经济的长期繁荣稳定。要保证解决社会问题的科学性和实效性，就必须确立解决社会问题必须遵循的指导方针与基本原则，提出主要路径和基本策略。

第一节 解决社会问题的指导方针

解决社会问题的过程是人们以主观意志改造客观世界的过程。那么，只有当人的主观活动符合客观实际时，人们提出的解决社会问题的方案、措施才是行之有效的。

一、坚持国家社会和群众力量相结合

国家是解决社会问题的根本力量。国家通过社会管理的手段，为解决重大的社会问题提供物质保证和组织保证。例如治理贫困问题，没有政府的组织领导、精准施策、政策倾斜、资金投入、物资帮助、技术提供、移民措施和社会保障制度，要使成千上万的人脱贫是不可能的，但政府又不是解决社会问题的唯一力量。发动社会力量，激发群众内生动力，调动企业、组织各个方面的积极性，才能更加有效地解决脱贫问题。为

此，我国构建形成专项扶贫、行业扶贫、社会扶贫等多方力量、多种举措有机结合和互为支撑的“三位一体”大扶贫格局，动员党政机关、东西部省份、国有企业、非公有制企业、学校及各种社会组织，有人出人，有钱出钱，有物出物，有力出力，有技术出技术，将社会资源汇集起来，形成合力，使贫困地区和贫困群体获得资金、物质、技术、人才各个方面的帮助。而广大人民群众也是解决社会问题的基本力量，社会主义社会在以公有制为主体、多种所有制经济共同发展的基础上建立起来的新型的人际关系，为人民群众相互帮助建立了平等的社会关系基础。许多社会问题，可以依靠群众互助、群众监督、群众自治、群众自我教育、群众自我管理等多种形式来预防和解决。

二、坚持物资帮助与精神鼓励相结合

社会问题之所以产生，有的是由于物资条件不能满足人们的基本生活需要，有的则是因为人们不能适应社会环境，而这两方面又是不能截然分开的。因此，在解决社会问题时，既要依靠物资帮助，也需要适当的精神支持和思想教育。例如，对落后地区的贫困者，一方面要帮助他们解决生活上的困难，另一方面要教育他们自力更生，开展生产自救，激发内生动力，不要产生依赖思想。而有些社会问题的解决，主要依靠思想教育或心理调适。例如游民问题，对流浪乞讨者要改变其不劳而获的思想与流浪的习气，辅之以物质帮助；对精神疾病患者、自杀倾向者主要进行心理疏导、心理治疗，而不是提供物资帮助。不同社会问题解决的方法是不同的，但大多数的社会问题，往往需要两者结合，既要从物资上进行帮助，又要从思想上、精神上给予支持。

三、坚持整体协调和整体治理相统一

很多社会问题是由多种因素造成的，有些社会问题的起因比较简单，但在其发展过程中，牵涉许多方面。社会问题的解决，需要从全社会的发展目标、全社会的利益、全社会的功能来考虑,即需要统一协调,调动全社会的力量,形成合力方能解决。社会问题的复杂性,决定了对社会问题要采取整体治理的办法予以解决。例如,精神病人不仅影响家人的工作生活,也影响社会秩序,对其必须坚持综合治理的方针。即在各级政府的统一领导下,医疗、公安、民政、社区等部门齐心协力,家庭积极配合,从预防、治疗、管理、安置等多方面,采取有效的措施,来解决精神病人的问题,减轻精神病人的痛苦。

第二节

解决社会问题遵循的原则

一、社会规律原则

社会规律原则是指社会问题的解决必须符合和遵循社会的发展规律。早在100多年前,马克思就发现了人类社会发展的客观规律。他指出,人类社会发展是一个从低级到高级的过程;社会从低级形态向高级形态的不断演替是不以人们的主观意志为转移的。我们要承认社会存在、发展有着自身内在的规律性,肯定和坚持人类任何认识世界和改造世界的社会实践,都必须遵循社会的客观规律性,符合社会发展的总趋势,促进社会的发展。

因此,解决社会问题的社会实践活动就要以遵循社会规律为原则。规律是事物内在的属性,是事物之间固有的联系,它不是可观察、可感知的表面现象本身,而是隐藏在表面现象背后的本质。因此,把握和遵循社会规律，不是感知、观察社会现象本身，而是发现、认识社会现象内在或背后的联系。社会问题及与之有关的社会现象的规律性，有待于在解决社会问题的实践中去不断发现和认识。

二、社会规范原则

社会规范原则是指社会问题的解决必须确定和遵循一定的社会规范。社会规范是人们全部活动的准则，没有这个准则，就无法保证人们活动乃至生存的合理性和协调性；社会规范也是任何一个有序社会存在的重要基础，没有这个基础，社会必将陷入混乱之中。因此，社会规范也是人们解决社会问题的准则，是消除不和谐现象，达到社会有秩序状态的基础。

坚持社会规范性原则必须做到以下几点。第一，分析待解决的社会问题与现存社会规范之间的关系。许多社会问题的产生与现存的社会规范有关，认识二者之间的关系，有利于认识社会问题的本质。第二，破除、废除、修正、调整与社会问题有关的现存的那些不合理的社会规范；制定、建立与社会问题有关的新的社会规范，包括明确规范的内容与选择规范的形式。第三，分析解决社会问题的规范与其他现存的规范之间的关系。任何社会中，只有各种内容、各类形式、各个方面的社会规范协调，才能组成社会规范稳定的系统或体系。

三、社会公众原则

社会公众原则是指社会问题的解决必须有利于维护公众的利益，满足个人发展的需要。“人的自由全面发展作为未来新社会的根本标志，揭示了人类社会发展的根本趋势，要求社会努力促进人的发展。”社会发展的最终目标是人的全面发展。因此，在处理和解决社会问题时，要抱着以人为根本的态度、方式、方法来处理。

社会公众的利益，表现为国家利益、民族利益、社会上大多数人的利益。一般而言，社会问题所表现的社会失调，即社会区域之间、社会群体之间的利益矛盾。社会问题无一不包含这样或那样的利益矛盾，任何社会问题的解决对策、解决过程乃至消除方式，都会涉及一定的社会利益，都会发生各区域、各群体利益的变化和调整，从某种意义上说，都是一种社会利益的重新组合和分配。因此，在制订解决社会问题的对策时，必须慎重考虑社会利益的影响，必须坚持以维护公众利益为最高和最终原则。

四、社会效益原则

社会效益原则是指社会问题的解决必须谋求最高社会效益。社会问题对社会的根本影响之一，是破坏和削减人们改造世界过程中的能量、效率和效益，那么解决社会问题的目的之一，就在于保护和加强人们改造世界的能量、效率和效益。

坚持社会效益原则，第一是注重社会效率，即谋求社会投入与产出的最大比值，以最省、最小的社会资源、社会能量、社会活动，达到最快、最彻底地解决社会问题的目的。一切解决社会问题的对策及活动，都必须谋求最高的社会效率。第二是注重整体社会效益，即谋求社会各方面的平衡和发展及公众利益的实现。这就是说，解决社会问题的对策和活动要考虑到社会各方面的效益。

五、社会进步原则

社会进步原则是指社会问题的解决必须以推动社会的发展和进步为根本目的。马克思主义认为，生产力是人类社会发展的最终决定性力量。有什么样的生产力就有什么样的生产关系，有什么样的生产力就有什么样的意识形态，所有上层建筑都必须与生产力相适应，所以任何方针政策的制定都要与当前生产力相适应。同样，在解决社会问题的时候，也必须遵守这一客观规律，解决社会问题的一切方法手段都要有利于生产力的发展，符合当前社会发展的需要。

毛泽东同志为解决我国长期处于半封建半殖民地社会这一社会问题，适应当时社会发展的需要，把马克思主义与中国的具体情况相结合，创造性地发展了马克思主义，成功地推翻了“三座大山”，建立了新中国。邓小平同志为了解决发展这一社会问题，将马克思主义与中国实际相结合，坚持改革开放，使中国经济在世界上迅速崛起。

当然，解决社会问题，就是消除社会中的不平衡、不稳定、不和谐的社会失调现象，而达到这一目的有多种途径。例如，通过降低社会效益和社会效率，放弃长远目标、牺牲社会公众利益，也可能实现社会某方面暂时的平衡、稳定、和谐。但是，迄今为止人类活动的根本目的在于推动社会的发展和进步，解决社会问题不仅是为了解决社会失调，更是为了实现社会的进步和发展，因此，有利于社会的发展和进步是解决社会问题必须遵循的原则，而不能以阻碍或延缓社会的进步来换取社会某方面的平衡、稳定、和谐。

第三节 解决社会问题的主要路径

寻求解决社会问题的路径对策，主要是分析诸种消除和解决社会问题的社会条件，说明一般原则，提出科学思路，动员社会力量，提供可供选择的方案。

一、发挥政府职能

政府职能也叫行政职能，是指行政主体作为国家管理的执行机关，在依法对国家政治、经济和社会公共事务进行管理时应承担的职责和所具有的功能。它体现着公共行政活动的基本内容和方向，是公共行政本质的反映。

1.加强法制建设

当某种社会问题经常、重复地出现时，就要用一种制度化、程序化的方法来解决。解决社会问题是要花成本和代价的，如大量的人、财、物等。为了节省时间、人力和物力，人们找到了通过法律来解决社会问题的途径。法律规范制定了处理某一类社会问题的原则，规定了什么不能做，做了以后要承担什么后果，处理时按什么程序进行。这样大大地提高了处理社会问题的效率。例如，对于社会犯罪问题，各个国家都制定了刑法，用于处理形形色色的犯罪。然而，新的犯罪形式不断出现，例如网络犯罪就是一种新的社会问题，这就需要建立新的法律法规予以应对。在解决社会问题时，政府要不断提高法制建设水平，加强法制保障，增强全民守法的自觉性，运用法治思维和法治方式化解社会矛盾。

2.做好政策调控

国家制定宏观的政策调节政府各个部门的管理行为，调动社会的力量，调动人、财、物、信息等各种资源，创造抑制社会问题产生的条件，创造不利于社会问题发展的环境，将社会问题逐步解决。例如，为了解决贫困问题，党和政府实施脱贫攻坚战，调动各种社会力量支持贫困地区，通过政策加快推进产业发展，创造了更多的劳动岗位，加快建设由财政、社会保险基金、企业共同负担失业人员的保险制度，使失业这一问题得到缓解。

3.加强综合治理

加强综合治理，坚持法治与德治结合，强化社会主义道德约束，运用公共道德规范社会行为、调节利益关系、化解社会矛盾与问题。如在环境保护、扶贫开发、社会福利、慈善救助、艾滋病救治等方面，既要重视发挥社会组织的独特作用，也要坚持对社会组织的领导，依法对社会组织进行管理和规范,实现社会问题的综合治理和解决。

二、动员社会力量参与

社会主体是指处在一定社会关系中的从事实践活动的人及其群体。社会主体既是社会治理的对象,也是社会治理的主要参与者。

1.积极调动社会大众的参与热情

社会大众既是社会治理的对象,又是社会治理的重要力量。社会治理离不开社会大众的参与,要积极培育社会大众的主体意识,营造良好的社会治理氛围。一方面,社会大众与社会治理对象同根同源,对于社会治理对象的需要、利益诉求了解甚深;另一方面,社会大众具有强大的组织活力和动员能力,能够有效吸纳社会力量参与到公共事务与社会服务之中。因此,必须积极调动公众的参与热情,使其积极介入公共事务的协调与处理之中,代表群众利益,表达群众诉求,化解社会不同利益主体间的矛盾和冲突。

2.大力发展社会工作机构

大力发展社会工作机构,构建吸纳社会力量的有益载体。社会工作机构是通过汲取社会资源来解决社会问题的一种新的力量。针对社会问题的专业性社会工作机构开始出现,如不良青少年的矫治机构、弱势群体的帮助机构、进城务工人员的支持机构等专业性的社会工作机构正在发育、壮大,成为解决社会问题的专业的力量。由于社会问题危害了人们的生存环境,随着公民的自主意识与参与意识增强,公众的志愿服务意识也在增强,社会工作机构有了源源不断的人力资源,某些准社会工作机构(社会公益性团体)干预社会问题的力量也在不断增强。比如,广东某市创新群众工作方法,成立农村维稳律师团,深入基层疏导化解矛盾,一年里曾指派律师1369人次参与各类接访活动,接访群众4673人次,受理信访维稳案件84宗,办结案件73宗,得到党委政府的高度肯定和社会各界的积极评价。

三、开展教化疏导

中华民族是一个重视伦理道德的民族，历来有“重德”的传统。早在西周时期，《周易》就指出“刚柔交错，天文也；文明以止，人文也。观乎天文，以察时变；观乎人文，以化成天下”，明确说明人文道德建设对国家的兴衰有着决定性作用。孔子说过：“德之不修，学之不讲，闻义不能徙，不善不能改，是吾忧也。”可以说，道德建设在社会的长久稳定发展中有着重要作用。

1.推进中华传统美德教育

中华传统美德是中华文化精髓，是道德建设的不竭源泉。在经济全球化和国内经济快速发展的背景下，人们的物质生活水平不断提高，同时精神生活需求也上升到新的层面。但是社会上也出现诸如见少女被猥亵而不相助，乘客用热水泼空姐、扬言炸飞机、制假售假等等失德问题。此时基本道德规范和主流价值观急需得到强化，应把社会主义核心价值体系融入国民教育、思想道德建设和群众性精神文明创建活动全过程，深入阐发中华优秀传统文化中蕴含的讲仁爱、重民本、守诚信、崇正义、尚和合、求大同等思想理念，深入挖掘自强不息、敬业乐群、扶正扬善、扶危济困、见义勇为、孝老爱亲等传统美德，才能推动形成文明风尚，构建起共同的精神家园。

2.加强社会公德教育

社会公德是人类社会最基本的道德规范，在整个道德体系中起着基础性的作用。早在1864年马克思在《国际工人协会成立宣言》中就讲过，要“努力做到使私人关系间应该遵循的那种简单的道德和正义的准则，成为各民族之间的关系中的至高无上的准则”。马克思在这里讲的“简单的道德和正义的准则”就是人们日常生活中最简单、最起码的公共生活规则，即社会公德。社会公德在各民族间交往中具有重要的地位和作用。加强社会公德建设就是要引导公众践行以文明礼貌、助人为乐、爱护公物、保护环境、遵纪守法为主要内容的社会公德；引导公众践行以爱岗敬业、诚实守信、办事公道、热情服务、奉献社会为主要内容的职业道德；引导公众践行以尊老爱幼、男女平等、夫妻和睦、勤俭持家、邻里互助为主要内容的家庭美德；引导公众践行以爱国奉献、明礼遵规、勤劳善良、宽厚正直、自强自律为主要内容的个人品德。

3.营造良好的社会氛围

道德建设无小事，道德建设事关生活的点点滴滴，遵守社会道德是每个公民的义务。“勿以善小而不为，无以恶小而为之”应是社会公民的基本觉悟。加强道德榜样的宣传，维护先进人物和英雄模范的荣誉和形象，形成德者有得、好人有好报的价值导向，提高国民的整体素质。同时要加强网络监管，培养文明自律网络行为，加大对网上突出问题的整治力度，清理网络欺诈、造谣、诽谤、谩骂、歧视、色情、低俗等内容，反对网络暴力行为，依法惩治网络违法犯罪，营造良好的网络道德环境。

四、促进社会和谐

全面提高社会文明发展水平是国家发展的需要，是人民的共同期盼。当前，我国社会结构正在发生深刻变化，社会矛盾多元多样多发，社会问题多重叠加，打造社会治理新格局，实现社会治理现代化，是建设社会文明、促进社会和谐的必然要求。

1.加强公共安全体系建设

社会公共安全连着千家万户，是社会安定、社会秩序良好的重要体现，是人民安居乐业的重要保障。国家既要健全公共安全体系，坚持高标准、严要求，健全预警应急机制，加大监管力度、执法力度，及时排查化解安全隐患，又要推动建立行业公共安全风险评估、化解和管控制度，确保行业发展与公共安全同步推进。

2.加快社会治安防控体系建设

政府要积极推进立体化、信息化的公共安全防控网络，坚决遏制严重刑事犯罪高发态势，保护人民的人身权、财产权、人格权。国家也要为人民群众安居乐业提供有力的法律保障，依法打击和惩治黄、赌、毒、黑、拐、骗等违法犯罪活动，让人民群众感受到满满的安全感。尤其要建立健全弱势群体相关法律制度，保护弱势群体合法权益，加强违法侵权打击力度，为弱势群体提供坚实的法律依靠，等等。

3.加强社区治理体系建设

社区是我国化解社会问题的具体操作层面的承担者。习近平总书记指出，“社会治理的重心必须落实到城乡、社区”。基层是一切工作的落脚点，要加强社区建设，推动社会治理重心向基层转移。社区基层政府与群众自治组织，应调动本社区的人、财、物等资源，通过就业、扶贫、助残、矫治等各种解决社会问题的具体路径，将本社区（村）中受社会问题影响的人群纳入帮助的范围。

五、加强舆论监督

“舆论监督”主要指的是媒体的批评性报道。但批评性报道和“正面报道”并不是对立的，新闻的本质是揭示问题、反映问题，展现真善美，鞭挞假丑恶。正确运用舆论监督手段，做到客观公正、事实准确，有利于促进社会问题的解决，有利于实现社会稳定发展。

1.提高问题意识

媒体要有问题意识，也要有大局意识，敏感地发现问题、犀利地追问原因是必须的，但不能“只让问题遮望眼”；要有批判精神，也要有建设心态，不能做个“键盘侠”。就拿医患冲突、城市拆违等敏感问题来说，如果一味去做渲染情绪、博取眼球的报道，除了收割流量，对问题实际解决无所助益，反而可能挑起更多矛盾。媒体扮演的应是“黏合剂”，而非“助燃剂”，不逞一时之勇，不图一时之快，而应本着解决问题的初衷，做好监督工作。

2.建立舆论监督的法律制度

新闻传播活动虽具有社会性和广泛性的特点，拥有强大的影响力，但它毕竟不具备强制执行力或其他行政权力。在相关法律缺失的情况下，舆论监督必然会面临诸多尴尬局面。因此，新闻舆论监督的法律地位，新闻工作者行使舆论监督的权利和义务，都应从法律上加以明确的界定。同时建立相应的法律制度也是对其监督权限和方式的规范。例如在实施监督的过程中，针对隐性采访这一采访报导手段，如何判定其究竟是行使了正当的采访权利还是侵害了被采访对象的隐私权，在批评性报导中如何界定所报导的内容是否侵犯了监督对象的名誉权，等等。

3.加强舆论监督队伍建设

加强舆论监督队伍建设，一要规范新闻采编人员行为；二要改进新闻采编工作作风；三要引导新闻采编人员在提高思想政治素质和新闻专业素质的同时，学习现代科技、现代管理、现代市场经济等体现时代要求的新知识；同时增强职业精神，坚守职业道德，杜绝虚假新闻、"有偿新闻"，在开展舆论监督工作中做到"唯真、唯实，不畏权、不为钱"。

第四节 解决社会问题的基本策略

人民对美好生活的需要日益广泛，不仅对物质文化生活提出了更高要求，而且在民主、法治、公平、正义、安全、环境等方面也提出了更高的要求。因此，加强社会问题的治理，针对社会出现的各类问题提出解决策略，满足人民日益增长的美好生活需要具有重要现实意义。

一、坚持以人民为中心

谁是历史的创造者？怎样看待人民群众和个人的历史作用？这是

在社会认识史上长期困扰人们的难题。在马克思主义唯物史观产生以前,“英雄史观”居于统治地位。它认为,历史是少数杰出人物创造的,一部人类社会发展史,就是一部帝王将相、英雄豪杰和统治者的历史,而人民群众则是愚昧无知、任人摆布的工具。唯物史观在人类历史上第一次科学地解答了这一历史观问题,正确说明了人民群众在历史中的地位和作用。马克思主义认为,社会发展的决定性因素,是物质资料的生产方式,生产方式是人类社会赖以生存和发展的基础。人类社会发展的历史,首先是生产发展的历史。人民群众是生产的主体,人民群众的生产活动是整个社会全部活动的基础和前提。归根到底,人民群众不仅是物质财富和精神财富的创造者,而且是变革社会制度,推动历史发展的决定性力量。

1.坚持人民的主体地位

把人民群众的利益始终放在最高位置,立党为公、执政为民,坚持“从群众中来,到群众中去”,相信群众,深入群众,保证决策的制定和执行符合最广大人民群众的根本利益,不断促进人的全面发展。

2.践行全心全意为人民服务的宗旨

把围绕实现人民群众的根本利益而作出的一系列重大决策部署落到实处,把人民对美好生活的向往作为奋斗目标,着力解决发展不平衡不充分的问题,依靠人民创造历史伟业。

3.建立利益协调和共享机制

把个人利益与集体利益、局部利益与整体利益、当前利益与长远利益正确地统一起来;建立人民群众共享改革成果的利益分配机制,适当调整收入分配政策,逐步完善分配制度,促进收入分配更合理、更有序,使全社会共同享受到经济社会发展的成果。在抗击新冠肺炎疫情斗争中,中国共产党就明确把人民生命安全和身体健康放在第一位,党中央采取的所有防控措施都首先考虑尽最大努力防止更多群众被感染,尽最大可能挽救更多患者生命。国家对上至108岁的老人,下至出生仅30小时的婴儿，都全力以赴进行救治，在全国范围调集最优秀的医生、最先进的设备、最急需的资源，救治费用全部由国家承担。这正是践行“人民至上、生命至上，保护人民生命安全和身体健康可以不惜一切代价”的以人民为中心的思想表现。

二、坚持以问题为导向

坚持以问题为导向，就是把解决社会问题的着力点放在解决最突出的矛盾和问题上。人类认识世界、改造世界的过程，就是一个发现问题、解决问题的过程。实践永无止境，矛盾运动永无止境，旧的问题解决了，又会产生新的问题。每个时代总有属于它自己的问题，只有实事求是地对待问题，才能找到引领时代进步的路标。

1.及时发现问题

马克思曾深刻指出：“问题就是时代的口号，是它表现自己精神状态的最实际的呼声。”问题其实就是矛盾，而矛盾无时无处不在。哪里存在矛盾，哪里就有问题。发现了问题就等于抓住了事物的矛盾。正如马克思所说：“一个问题，只有当它被提出来时，才意味着解决问题的条件已经具备了。”坚持问题导向，就是要抓准主要矛盾和矛盾的主要方面，然后切中矛盾的要害，找到解决矛盾的突破口。

2.准确分析问题

问题客观存在，不以人的意志为转移。但问题又不是简单直观地摆在我们面前，而是需要深入思考和潜心研究，需要准确研判形势、善于把握大势，才能找准问题发生的源头和规律。比如，中央政府审时度势，清醒认识到我国正处在转变发展方式、优化经济结构、转换增长动力的攻关期，结构性、体制性、周期性问题相互交织，“三期叠加”影响持续深化，经济下行压力加大；从更大范围看，世界经济增长持续放缓，仍处在国际金融危机后的深度调整期，世界大变局加速演变的特征更趋明显，全球动荡源和风险点显著增多。当前改革发展稳定中许多矛盾和问题都源于此。因此，坚持问题导向，就要准确分析问题，从而谋势而动，顺势而为，应势而变，切实做好工作预案。

3.着力解决问题

着力解决社会问题就是要以问题为导向，抓住问题的关键进一步研究思考，从而解决这些突出矛盾和问题。比如，针对我国社会发展中的一些重大问题，中国共产党积极出台一系列重大方针政策，推出一系列重大举措，解决了社会中许多长期想解决而没有解决的难题，办成了许多过去想办而没有办成的大事。以顽强意志正风肃纪、反腐惩恶，消除了党和国家内部存在的严重隐患，推动了党和国家事业的历史性变革。

三、坚持预防为主

本杰明·富兰克林有句名言："一盎司的预防胜于一磅的治疗。"社会领域的安全是国家安全领域中侧重民生安全的一部分，防范化解社会领域风险是政府防范化解风险部署的重要组成部分。因此，为了防范风险的产生，应该做好预防工作。

1.做好预防组织领导

政府要做好预防组织领导工作，各地区、各部门要绷紧防范安全风险这根弦，强化组织协调，切实落实安全工作责任制，深入排查安全隐患，加强防范工作，完善应急措施，确保人民群众生命财产安全。

2.做好预防宣传教育

要广泛开展防范风险工作的宣传教育活动，充分利用各种形式和手段普及安全常识，增强群众的安全意识。例如，针对学生防溺水工作可以利用电视、广播、"村村响"等设备每天播放安全公益广告，在主要公路、进村路口悬挂学生防溺水横幅，利用宣传栏、电子显示屏、家校通、微信群等宣传阵地开展学生防溺水安全教育，普及防溺水知识，增强自救、互救与自我防护能力，使防溺水常识深入人心。

3. 做好应急处置预案

要科学制定应急处置预案，做好应急队伍、应急物资等准备工作，开展救援演练，遇有突发事件，及时调度，确保应对处置得当、效果明显。

四、加强社会治理

社会治理是指政府、社会组织、企事业单位、社区以及个人等多种主体通过平等的合作、对话、协商、沟通等方式，依法对社会事务、社会组织和社会生活进行引导和规范，最终实现公共利益最大化的过程。

在我国，社会治理是指在执政党领导下，由政府组织主导，吸纳社会组织等多方面治理主体，对社会公共事务进行的治理活动，是"以实现和维护群众权利为核心，发挥多元治理主体的作用，针对国家治理中的社会问题，完善社会福利、保障改善民生，化解社会矛盾，促进社会公平，推动社会有序和谐发展的过程"。

1. 加强法治和德治建设

一方面国家应推进科学立法、民主立法、依法立法，以良法促进发展、保障善治。另一方面要加强德治建设，强化道德约束，规范社会行为，调节利益关系，协调社会关系，解决社会问题。引导公众用社会公德、职业道德、家庭美德、个人品德等道德规范修身律己，自觉履行法定义务、社会责任和家庭责任，自觉遵守和维护社会秩序。

2. 改革社会体制

国家应重点进行以下方面的改革：一是健全重大决策社会稳定风险评估机制。二是建立畅通有序的诉求表达、心理干预、矛盾调处、权益保障机制。三是建立化解矛盾纠纷综合机制，完善人民调解、行政调解、司法调解联动工作体系。四是改革信访工作制度，坚持依法按政策办事，切实做到诉求合理的解决到位，诉求无理的思想教育到位，生活困难的帮扶到位，行为违法的依法处理到位。

3.建立全民共建共治共享的社会治理模式

社会治理的主体绝不仅仅是政府，就当下中国社会治理现状而言，客观上需要政府、市场和社会等多个行动主体共同发挥作用。同时，出于对政府能力、资源和职责的考虑，社会治理也不可能完全依托政府，而要有意识地引导市场、社会和公民等多元主体实现自我管理和自我服务，让大众的问题大众解决。在责任主体上要以开放共治为原则，切实提高社会治理的社会化水平。

常见社会问题的解决对策

一、贫困问题

贫困是人类社会有史以来挥之不去、难以摆脱的苦难，是现代文明社会的伤痕。贫困问题是各国政府设法要解决的问题，也是学者费心考虑的问题。

（一）反贫困的内涵

反贫困至少包含如下三层内涵。一是从制度、规范的角度，保障贫困人口的基本生活水平，使其能够生存下去，在中国就是建立和完善一个规范运作的贫困居民最低生活保障制度，这是反贫困的底线。二是从体制和政策上，缩小贫富差距，促进收入分配的公平性，降低贫困人口在转型期遭遇的社会剥夺，谋求经济社会稳定、和谐与持续发展。三是提高贫困人口的生存与发展能力，矫正对贫困人口的社会排斥或社会歧视,保证其就业、迁徙、居住、医疗和受教育等应有的权利,维护贫困者的人格尊严,促进贫困阶层融入主流社会,避免他们的边缘化。

(二)我国反贫困的成就

1.脱贫攻坚目标任务基本完成

自20世纪80年代中期以来,我国开始有组织、有计划、大规模地开展农村扶贫开发,经过30多年不懈的努力,我国已有6亿多人告别了绝对贫困。党的十八大以来,通过推进实施脱贫攻坚战,贫困人口从2012年年底的9899万人减到2019年年底的551万人,贫困发生率由10.2%降至0.6%,连续7年每年减贫1000万人以上,区域性整体贫困基本得到解决。

2.贫困群众收入水平大幅度提高

我们坚持开发式扶贫方针,引导和支持所有有劳动能力的贫困人口依靠自己的双手创造美好明天。建档立卡贫困人口中,90%以上得到了产业扶贫和就业扶贫支持,三分之二以上主要靠外出务工和产业脱贫,工资性收入和生产经营性收入占比上升,转移性收入占比逐年下降,自主脱贫能力稳步提高。全国建档立卡贫困户人均纯收入由2015年的3416元增加到2019年的9808元,年均增幅30.2%。贫困群众"两不愁"质量水平明显提升,"三保障"突出问题总体解决。

3.贫困地区基本生产生活条件明显改善

具备条件的建制村全部通硬化路,村村都有卫生室和医生,10.8万所学校的办学条件得到改善,农网供电可靠率达到99%,深度贫困地区通宽带比例达到98%,960多万贫困人口通过易地扶贫搬迁摆脱了"一方水土养活不了一方人"的困境。贫困地区群众出行难、用电难、上学难、看病难、通信难等长期没有解决的老大难问题普遍得到解决。

4.贫困地区经济社会发展明显加快

贫困地区呈现出新的发展局面。特色产业不断壮大,产业扶贫、电商扶贫、光伏扶贫、旅游扶贫等较快发展，贫困地区经济活力和发展后劲明显增强。通过生态扶贫、易地搬迁扶贫、退耕还林还草等，贫困地区生态环境明显改善，贫困户就业增收渠道明显增多，基本公共服务日益完善。

5. 贫困治理能力明显提升

通过抓党建促脱贫攻坚，贫困地区基层组织建设得到加强，基层干部通过开展贫困识别、精准帮扶，本领明显提高，巩固了党在农村的执政基础。全国共派出25.5万个驻村工作队、累计选派290多万名县级以上党政机关和国有企事业单位干部到贫困村担任第一书记或驻村干部，特别是青年干部了解了基层，学会了做群众工作，在实践锻炼中快速成长。

（三）我国反贫困的主要经验措施

1. 坚持党的领导，坚守以人民为中心的反贫困理念

新中国成立以来，我们党坚持以人民为中心，从人民群众的根本利益出发，着力改善贫困群众的生活，保障贫困群众享有平等发展权益，共享改革发展成果。在不同的历史阶段，围绕破解贫困人口和贫困地区的发展难题，我们党采取了不同的扶贫政策和扶贫行动，把全心全意为人民服务的根本宗旨根植于扶贫开发的伟大实践中。正是在党的坚强领导下，我国扶贫开发工作始终沿着正确的方向前进，不断取得新的胜利。

2. 坚持精准脱贫方略，筑牢反贫困治理根基

脱贫攻坚贵在精准，重在精准，成败之举在于精准。精准识别是前提，精准施策是关键。针对”脱贫难度大、脱贫易返贫”这一突出问题，国家采取精准化的扶贫举措，对不同原因不同类型的贫困采取不同措施，因地制宜、因人因户施策，努力铲除贫困产生的根源。对有劳动能力的贫困人口，通过生产扶持和就业帮助实现脱贫；对居住在自然条件特别恶劣地区的贫困人口，加大易地搬迁扶贫力度；对居住在生态环境脆弱、禁止开发区和限制开发区的贫困人口，设置生态管护公益岗位实现就业；对子女需要接受教育的贫困人口，加大教育倾斜支持力度；对因病致

贫或返贫的贫困人口，及时给予医疗救助；对丧失劳动能力的贫困人口，通过社会保障实施兜底扶贫。

3.坚持开发式扶贫方针，培育反贫困内生动力

培育内生动力、实施开发式扶贫，是我国扶贫工作的突出特征。新中国成立70多年来，我们党坚持开发式扶贫方针，把发展作为解决贫困的根本途径，注重激发贫困地区和贫困人口内生发展动力。根据我国生产力水平低，贫困人口多、涉及地域广、分布较集中的基本状况，国家先后实施了大规模扶贫开发、西部大开发、中部地区崛起、集中连片特困地区开发等区域发展政策，开启了以县域为主体、村域为单元的区域扶贫开发策略。通过持续集中支持，大幅提高了贫困地区的产业发展能力、基础设施和公共服务供给水平，增强了贫困地区经济社会发展的综合实力，为贫困群众分享改革发展成果创造了条件。

4.坚持构建大扶贫格局，形成反贫困合力

脱贫致富不仅仅是贫困地区的事，也是全社会的事。我们国家建立起以国家政策支持为导向、贫困地区干部群众积极参与为支撑、社会各界帮扶为依托的扶贫机制。一方面我国不断加大财政投入力度，发挥政府投入的主体和主导作用，增加金融资本对脱贫攻坚的投放，吸引社会资金广泛参与脱贫攻坚，形成了多渠道、多样化的资金投入格局。另一方面动员和凝聚全社会力量广泛参与。坚持专项扶贫、行业扶贫、社会扶贫等多方力量、多种举措有机结合和互为支撑的”三位一体”大扶贫格局。

5.坚持携手世界各国消除贫困，增强反贫困国际合作

我国积极推动建立以合作共赢为核心的新型国际减贫交流合作关系。支持联合国、世界银行在国际减贫事业中发挥重要作用，积极推进南北合作、南南合作，落实国际间减贫合作倡议，先后为亚非拉等欠发达地区的60多个国家提供了医疗救助，为120多个发展中国家完成联合国千年发展目标提供了帮助，与更多国家交流分享减贫经验和减贫成果。

二、社会不平等问题

平等是公平的基础和基本内容,也是正义的要求和体现。平等寄寓着人们对一种美好社会状态、社会关系的期许。

(一)我国社会不平等的主要表现

1. 城乡之间不平衡发展内含的不平等

在我国逐渐形成的城乡二元结构体制下,国家运用各种行政手段支持城市大工业的发展,不断地把农业剩余资本转化为工业积累,而农村公共事业的投入极其有限,农民几乎没有任何保障。改革开放以后,这种城乡二元结构体制的弊端日渐受到政府和社会各界的高度重视,但改变的效果有限,城乡发展的差距越来越大。城乡居民收入不平等最为引人注目。根据世界银行的统计,世界上绝大多数发展中国家的城市居民收入是农村居民收入的1.5倍,而我国改革开放以来的城乡居民收入差距远远超过这一比值,2012、2013年甚至达到3倍以上,此后虽略有回落,但仍一直处于2.7倍左右的高位上。

2. 区域之间不平衡发展内含的不平等

我国区域之间的不平衡发展,重点表现为东南沿海地区与内陆特别是西部地区之间的不平衡发展。2018年,人均GDP排在前十一位的北京、上海、天津、江苏、浙江、福建、广东、山东、内蒙古、湖北、重庆均超过1万美元,它们中绝大多数都位于东南沿海地区;而排在后六位的山西、黑龙江、西藏、广西、贵州、云南、甘肃均低于7000美元,它们中绝大多数都位于西部、北部地区,排在末位的甘肃只有4735美元。同时,我国同一区域内部的发展不平衡也较为严重。例如,京津冀地区北京、天津与河北之间,重庆、成都与周边城乡之间,等等,都存在着非常大的发展差距。

3. 不同行业或产业不平衡发展内含的不平等

这类发展不平衡突出表现为虚拟经济与实体经济发展的不平衡。

改革开放以后、特别是近20余年来，我国的虚拟经济特别是金融行业和房地产业发展过快，对实体经济造成了严重冲击。2011—2016年，我国实体经济占GDP比例由71.5%下降到了64.7%；而同一时期，我国金融业增加值占GDP比例则逐年增加，至2016年达到8.4%。此后，我国金融业增加值占GDP比例虽有所下降，但2018年仍达7.68%。这种发展不平衡既造成了我国经济结构失衡，又带来收入、财富的不平等。国家统计局的统计资料表明，2018年，金融业的平均工资额达129837元，比居第三位的科学研究和技术服务业的平均工资额高出6000多元，是各行业平均工资的1.57倍。

（二）我国社会不平等问题的解决途径

1.实施乡村振兴战略

实施乡村振兴战略，关键是要坚持城乡融合发展的原则，充分发挥市场在资源配置中的调节作用，努力破除城乡之间的各种壁垒，使城乡要素实现自由流动和平等交换，新型工业化、信息化、城镇化及农业现代化同步发展，努力构建全面融合、共同繁荣的新型城乡关系，彻底改变城乡二元社会结构体制，使城乡之间平衡发展。

2.实施区域协调发展战略

实施区域协调发展战略要坚持和贯彻新发展理念，着眼于解决好新时代我国社会主要矛盾，按照高质量发展要求，立足于缩小不同区域在发展水平、基本公共服务质量、基础设施通达程度、人民基本生活保障水平等方面存在的差距，促进区域协调发展。

3.深化供给侧结构性改革

所谓供给侧结构性改革，是指调整经济结构，使劳动力、土地、资本、创新等供给侧要素实现最优配置，提高供给质量，扩大有效供给，增强供给结构对需求变化的适应性，增强实体经济的活力，更好地满足人民群众的需要，促进经济社会持续健康发展，消除行业或产业不平衡发展现象。供给侧结构性改革的重点在于振兴实体经济、促进我国经济去虚向实。

三、失业问题

失业问题是全世界面临的共同难题之一，它与一国经济发展状况、人民生活水平密切相关，直接影响到社会稳定。

（一）失业的定义

按照西方经济学的解释，失业是由劳动力供给与劳动力需求在总量或结构上的失衡所形成的。我国对"失业"的认定源于1994年原国家劳动部和国家统计局，认为"失业"是指在规定劳动年龄以内，具有劳动能力，在调查期内无业并以某种方式寻找工作的人员。具体包括：(1)16岁以上各类学校毕业与肄业的学生中，初次寻找工作但未找到工作的人；(2)企业宣布破产后未找到工作的人；(3)被企业终止、解除劳动合同或辞退后未找到工作的人；(4)辞去原工作后未找到工作的人；(5)符合失业定义的其他人员。

（二）失业的原因

1.我国人口基数庞大

我国失业的特征是：劳动力剩余过多，就业岗位与劳动力数量之间无法平衡。有的行业因市场的变化，需求不足而引起其生产过剩导致部分劳动者失业。虽然劳动力资源丰富，但劳动力素质不高，技术水平和专业素养也都达不到技术更新进步的要求，市场竞争力不强。

2.产业结构调整

当前，我国正处在产业结构大规模调整阶段，原有的吸纳劳动力就业的第一产业——农业，从20世纪90年代开始大量排斥劳动力，其接受劳动力的能力在不断地降低。第二产业吸纳新增劳动力的能力在下降。技术的进步使得劳动力需求大大缩减，从而加剧了职工的下岗率。第三产业吸纳劳动力的能力还不够高。当前，我国经济结构正处于转型时期，由于自身的局限性，势必会造成相当一部分人在短期内处于或长期处于失业状态。

3.就业观念落后

观念性结构失业，是指劳动者的就业观念不正确、对岗位的期望值脱离实际而造成的失业。据调查，许多失业人员就是因为抱着老思想，不愿就业于新型企业，而导致长期无法就业。有关调查还表明，大学毕业生普遍希望自己能够任职于国家企事业单位或者比较知名的企业，对于薪资待遇各方面也有着较高的要求。

（三）解决失业的对策

1.根本出路在于经济增长

如果单从就业的角度看，经济增长越快，吸收的就业人员就会越多，但经济发展受多方面因素的制约，从世界各国的情况来看，经济发展到一定程度后，就很难保持较高水平的增长。保持适度的经济增长能有效地解决大部分新增劳动力的就业问题。其中，调整产业结构，发展劳动密集型第三产业，如商业零售、物业管理、交通运输、信息咨询、社区服务、家政服务等投资少、见效快、就业潜力大的第三产业，可吸纳更多的劳动力。

2.大力发展多种所有制经济

要大力发展中小企业，扩大国家整体的经济规模，加快产业转型。增强高校毕业生的创新能力，做到人力资源尽可能地充分利用，增加稳定就业。要大力发展民营经济。国家发改委数据显示，截至2017年底，我国民营经济占GDP的比重超过了60%，撑起了我国经济的“半壁江山”，城镇就业中，民营经济的占比超过了80%，而新增就业贡献率超过了90%。为了能更好地吸收农村剩余劳动力，我们也应加快发展乡镇企业。

3.健全劳动力市场

一是要搭建企业与失业人口之间沟通的桥梁。劳动力市场应根据企业实际需求，通过各种平台反馈就业信息，实现信息化与网络化，让失业人口及时了解劳动力市场动态，根据需求调整自身的技能，形成一个合理的市场就业机制。二是加强劳动力市场中介机构的管理。要使劳动力市场中介机构朝着规范化、法制化的方向发展，改进劳动力市场管理模式，才能为失业人口提供良好的再就业环境。

4.健全社会保障制度体系

政府应通过一系列的措施，逐步完善社会保障制度。一个健全的社会保障体系，不仅可以缓解社会矛盾，而且能有效地解决失业问题带来的后续麻烦。失业保险为失业人口的生活提供保障的同时，也为其提供免费培训、职业规划等再就业的保障；医疗保险为失业人口看病解决一部分医药开销，节省生活开支；养老保险为失业人口今后的养老问题提供保障，体现政府的人文关怀，使其真正起到“社会减震器”的作用，促进经济改革和经济发展，维护社会稳定。

5.加强教育培训

政府应重点扶持技术类院校、高职类院校、各类民办职业培训机构及失业人员再就业培训服务中心，形成多层次、立体化、全方位的职业教育培训体系。同时根据产业结构调整状况和社会发展的需求，对失业人口进行具有实用性和针对性的专业技能培训，为其再就业创造良好的条件。

6.转变就业观念

一是引导失业人口树立正确的就业观、择业观，转变其固有的保守的就业观念。不能以体制内的稳定工作作为唯一的出路，也不能看不起其他类型的工作，要尝试多种就业形式，在短时间内实现再就业。二是推行灵活多样的就业形式，鼓励失业人口自主创业和自谋职业。三是对失业人口进行心理疏导，缓解其精神压力。及时帮其疏导心理压力，才能使其拥有健康的、积极向上的心态，从而维护社会的和谐稳定。

四、环境问题

人类生存和发展需要良好的生态环境。近年来，我国现代化进程加快，但同时也产生一些生态破坏和生态环境污染问题。

(一)环境问题的界定及分类

根据2015年实施的《中华人民共和国环境保护法》的规定:“环境是指影响人类生存和发展的各种天然的和经过人工改造的自然因素的总体,包括水、大气、森林、海洋、土地、矿藏、野生生物、自然遗迹、保护区、城市和乡村等。”环境问题按产生原因可划分为原生环境问题和次生环境问题两大类。

(二)我国面临的主要环境问题

1.水环境问题

水环境问题包括地表水环境问题和地下水环境问题,突出表现为:水体污染导致的水质恶化、水资源短缺且分布不均匀、过度开采导致的地面沉降等。

2.土壤环境问题

固体废弃物的乱堆乱存或者其堆存场缺乏科学合理的设计,建造时的偷工减料致使场地建造质量不符合环境保护要求,以及化肥、农药的过度使用等造成的农业面源污染,均会对土壤造成污染,从而对动植物生存及人体健康造成危害。

3.大气环境问题

我国是以煤炭为主要燃料的国家,由此导致我国的大气污染主要是煤烟型污染,即主要污染物为烟尘、二氧化硫、氮氧化物。近些年随着我国工业化水平的不断提高,工业体量不断加大,有机污染物特别是挥发性有机污染物产排量日趋增加;同时,随着机动车的普及,机动车尾气污染也日趋严重。

(三)环境问题治理的主要措施

1.预防为主,防治结合,构建完善的治理体系

对社会经济各方面进行调整、优化及重组,比如在治理机动车尾气排放时,鼓励采用新技术降低污染物排放量,使用新能源车辆,逐步淘汰

燃油汽车,降低对大气环境的影响。合理使用水资源,实行用水总量、差别水价制;不断研究、推出污水处理新技术、新工艺,加强污水处理能力建设,提高污水的处理水平和水的重复利用率,鼓励中水回用;做好集中式饮水水源地的规划和保护工作,确保水生态环境不断改善向好。在土壤环境方面需进行统筹管理,定期摸排调查,掌握土质现状、土地性质、土地用途、治理措施等,并根据调查结果建立档案,对存在的污染情况提出合理有效的治理措施,加强日常管理,逐步解决土壤环境污染问题。

2.鼓励公众参与环境治理

公众参与是环境治理过程中一个重要的原则。公众参与环境治理是公民权利的具体体现。一是要建立健全环境信息公开制度,保障公众的知情权,引导公众规范参与环境治理。二是加大监督力度。公众监督是环境治理的有效方法。我国环保举报电话为“12369”,网络举报包括“12369 环保举报”微信公众号、“12369 网络举报平台”和环保部门官方微博等。这些方式在我国环境监督中得到了广泛应用。

3.建立健全环保公益组织和环保行业协会

环保公益组织和环保协会是环境治理的重要社会力量。相比其他形式的公众参与,环保公益组织和环保协会具有诸多优势,如拥有更加丰富的专业知识和环境信息,掌握更高的科技手段等。充分发挥环保公益组织和环保协会在生态文明建设中的作用,不仅可以提高公众参与环境保护的意识,而且可以督促政府和企业环境责任的落实,减少环境问题和环境群体性事件的发生。

五、青少年犯罪问题

青少年是国家的希望,是民族的未来,所以一个国家青少年的法律意识如何,直接影响到整个国民素质和法治文明建设。在当前形势下,随着社会的不断发展和进步,青少年犯罪一直处于上升趋势,并且犯罪手段越来越多样化。

(一)青少年犯罪现状及特点归纳

在我国,青少年一般是指14—25周岁的人群。当今社会,青少年犯罪已成为全球瞩目的社会问题。资料显示,中国法院系统审理的刑事案件中有50%以上属于青少年(14—25周岁)犯罪。青少年违法犯罪的现象日趋严重,有低龄化、团伙化、手段暴力化、方法新型化等特点。

(二)青少年犯罪的成因

1.自身因素

青少年受自身年龄、社会经验、知识水平及其他条件的限制,对当前社会很多问题的认识都比较片面,很难不受来自社会各方面的诱惑,同时因知识水平不高,导致法律意识淡薄,很容易因一时的冲动而犯罪。

2.家庭因素

家庭是一个人社会化的摇篮,家长是孩子的第一任教师,家庭对儿童品德的塑造有着重要作用。不良的家庭环境与不正确的教育方法,对孩子的身心健康有直接的影响。儿童心理学认为,幼儿时期是接受外界刺激最敏感的时期,如能够进行良好的品德教育,将为人生健康发展奠定坚实的基础,反之,对人的一生会有持久的消极影响。

3.学校因素

学校教育对青少年的成长起到不容忽视的作用,虽然现在都提倡素质教育,但是之前的应试教育模式在很多学校中仍在用,目前学校教育不完善主要表现在:一是老师更多地追求升学率,而忽视了对学生的道德教育。这就容易误导学生,使他们以为只要学习成绩好就行,其他的并不重要;二是缺少法治教育,大部分的学校都不开设法律课,不给学生普及法律知识,更不会教学生如何运用法律维护自己的合法权益。

4.社会因素

随着我国经济高速发展,人们的生活水平也不断提高,“享乐主义”“拜金主义”等不良思想也在社会上不断扩散,导致有些人总是幻想着不劳而获。同时随着网络技术的不断进步,互联网给人们带来便利的同时,也带来很多不利的影响,尤其是当前网络中包含着大量的色情、暴力等不良的信息,这些对思想还尚未发育成熟的青少年来说,具有很大的诱惑力,从而走向犯罪道路。

(三)青少年犯罪的预防

1.政府预防

这类预防主要是通过政府立法和采取一些行政措施来实现。由政府出面来改善和净化不利于青少年成长的社会环境,保护青少年健康成长。政府预防是青少年犯罪预防的指挥系统,决定着青少年犯罪预防系统的质量与运转情况。《中华人民共和国未成年人保护法》的出台,为保障青少年身心的健康发展、净化滋生青少年违法犯罪的不良环境、保护青少年的合法权利起到了积极作用。

2.社会预防

社区预防的总和就是社会预防。社区是青少年离开家庭和学校后活动较多的场所。在社区中,由于成员之间相互熟悉,可以及时发现青少年的违法犯罪苗头,提早与这些青少年接触,及时交流,帮助他们在越轨的初级阶段止步。现在,我国不少的城市社区都组织起了青少年教育与保护委员会,以及社区学校、社区帮教青少年组织,对失足青少年进行专门帮助。

3.学校预防

学校在预防青少年犯罪中发挥着至关重要的作用,因为学校对于青少年加强身心教育和学习知识具有重要的作用。学校要针对青少年的心理、思想和自我认知方面循序渐进地进行道德和法治教育,增强青少年抵制诱惑、明辨是非的能力。要加强普法教育,将法治教育贯穿整个教育活动中,增强青少年的法治观念。同时要积极开展丰富多彩的校园活动,开阔他们的视野,让青少年在活动中寻找归属感,增强责任感。

4.家庭预防

家庭是社会的细胞，家庭教育是教育的最基本形式.抑制青少年犯罪，首先应从家庭抓起。父母应对孩子进行法治教育，让他们树立基本的是非观念。家庭的和睦美满也是孩子健康成长的重要条件，父母与子女之间要建立平等的朋友关系，只有在平等的关系中，父母与子女才能真正互相理解、互相沟通。

六、婚姻家庭问题

婚姻家庭问题是指引起家庭成员矛盾冲突、伤害家庭成员心理与生理、导致婚姻关系不协调及家庭解体的现象。婚姻家庭问题大致可以分为离婚、婚外恋、精神出轨、家庭暴力、婆媳关系不和等等。

（一）婚姻家庭问题的成因

从宏观角度分析婚姻家庭原因，主要有以下几个方面：

1.观念变化

在现代社会，婚姻越来越被认为是个人的私事，人们对待婚姻的态度普遍是“合则聚，不合则离”，好合好散。人们对离婚的宽容度大大提高了，对夫妻冲突和离婚越来越持不干涉的态度。

2.社会流动性增强

社会主义市场经济带动了整个社会的流动，而这种社会流动所形成的大面积的社会交往，势必冲击婚姻家庭。现代科技的发展，便利的交通、通信、网络等，使得家庭成员的活动范围大大扩展了，人们的社会交往面大大增加，面对的诱惑更多，这些都容易导致婚姻出现问题。

3.理想婚姻与现实婚姻的差距

社会整体的物质生活水平提高了，物质要求得到满足以后，人们开始更多地追寻精神上的愉悦和满足，他们对婚姻的期望值也大大提高，这与平凡、琐碎的家庭生活形成落差。为了短期的目标——解决情感与生理的需要，也为了长期的目标——寻找一个理想的、合适的婚姻对象，许多人愿意采取同居形式，降低婚姻的巨大成本。

4.社会竞争压力

现代社会，生活节奏加快，职位竞争更激烈，工作上的紧张感更强，要想谋得一份称心如意，能发挥自己特长的工作很不容易，特别是年轻人。日趋激烈的市场竞争和生存压力，使越来越多的人期望从高额的婚姻成本、哺育后代等重压中解脱出来，出现了低成本的、便捷式的同居以及“丁克”家庭等。

（三）良好家庭婚姻关系的引导

1.树立正确的家庭婚姻观念

树立正确的家庭婚姻观念包括对恋爱、结婚、家庭、家庭矛盾、家庭中个人的权益等一系列问题有一个正确的、科学的认识。应将我国传统婚姻观念中的优秀成果同现代婚姻家庭观念中的积极、健康的部分结合起来，形成一种适合我国社会发展的新的家庭理念。

2.开展家庭美德教育

家庭是社会的基本细胞，是道德养成的起点。要弘扬传统家庭美德，倡导现代家庭文明观念，推动形成相亲相爱的社会主义家庭文明新风尚，让美德在家庭中生根、在亲情中升华。引导人们自觉传承中华孝道，感念父母养育之恩、感念长辈关爱之情，养成孝敬父母、尊敬长辈的良好品质，让家庭成员相互影响、共同提高，在为家庭谋幸福、为他人送温暖、为社会做贡献过程中提高精神境界、培育文明风尚。

3.强化法律法规保障

法律是成文的道德，道德是内心的法律。加大《中华人民共和国婚姻法》的普及力度，倡导从家庭做起，做守法公民。同时要严格执法，以法律维护家庭道德、凝聚人心，引导人们增强法治意识，坚守道德底线。

七、诚信问题

比黄金更贵重的是诚信。然而,学术不端、制假售假等现象,在一些地方屡禁不止,公众对此深恶痛绝。

(一)我国诚信建设中存在的主要问题

1.公众诚信意识还比较薄弱

诚信不仅是一种自尊、自重、自爱的内在要求,而且代表着个人或集体履行承诺和义务的水平,以及在人们心目中的可信任程度。诚信渗透于人们的思维意识和言谈举止之中,是传统文化最具生命力的部分,与人们的日常生活息息相关。然而,在市场经济影响下,许多人为了私利,尔虞我诈,坑蒙拐骗,抛弃了诚信美德,败坏了社会风气。

2.诚信建设的协同机制缺位

回顾我国社会的诚信建设历程,总结诚信建设的历史经验,整体来讲,我国诚信建设缺乏必要的协同机制;主要表现在:第一,诚信建设的有效管理机制尚未建立;第二,诚信建设缺少协同机制;第三,诚信建设的信息化识别标准不一。

3.诚信建设的制度供给不足

虽然我国立法进度不断加快,但诚信制度建设方面的法律法规供给明显跟不上社会发展和经济发展的要求。其主要表现在:第一,诚信专项治理的法律法规欠缺。现有的法律条款多属于宣示性的、禁止性的规范,对失信行为的定义过于笼统,缺乏可操作性;第二,信用信息管理制度供给不足。我国虽然在金融、税收、交通管理等领域进行了信用管理制度建设的探索,但覆盖全社会的信用管理制度尚未完全建立起来;第三,诚信行为的褒奖和惩罚制度不够健全,对失信行为还没有明确的法律界定,对不遵守诚信的企业及个人处罚措施和力度不够,难以对社会产生警示作用。

(二)我国诚信建设的主要原则

1.以人为本、教育为先原则

一方面要切实尊重和保护好人民群众的切身利益,支持他们通过诚实劳动、诚信经营、诚信从业等合法途径得到合理的物质回报,自觉地处理和协调个人利益与社会利益、家庭利益与公共利益之间的关系,坚定其诚信信念。另一方面,坚持用社会主义核心价值观引领人,用社会主义先进文化熏陶人,不断提高社会成员的道德认知和诚信修养。

2.多方参与、齐抓共建原则

我国诚信建设关系广大人民群众的切身利益,事关社会事业的兴衰成败,只有调集全社会的力量共同参与,才能形成强大的合力,不断推进诚信建设的步伐。这就要求我们必须将分散的社会力量进行统筹协调、合理规划,在党和政府的领导下,群策群力地纠治社会上存在的不诚信现象。

3.政府主导、分类指导原则

在创新社会治理的背景下,政府诚信是社会诚信的核心和先导,政府与民众的互信关系是多元化社会和谐的关键所在。同时,还要对不同行业、不同职业、不同群体进行分类指导,对那些具有广泛影响力,诚信缺失严重,损害人民群众切身利益的行业,进行专项治理。

4.德法兼治、刚柔相济原则

道德与法律作为两种不同的行为规范,虽各自独立,但对于人们良好品行的形成以及社会运行秩序的维护,则如同车之两轮、鸟之两翼,相互配合、相得益彰。因此,我国诚信建设,既要依靠道德教化、社会舆论和风俗习惯等道德自律系统的支持;又要依托于法律制度的外在强制性管控,以德法兼治、刚柔相济的建设原则,弥补德治型与法治型诚信建设的缺陷。

(三)我国诚信建设的主要路径

1.加快推进征信体系建设

一是建立各领域信用记录。以统一社会信用代码为索引,依法依规记录自然人、法人和非法人组织在各地区、各领域的信用信息。按照国家统一的信用信息目录以及采集和分类管理标准，完善行业信用记录和从业人员信用档案。二是建立覆盖全社会的信用信息网络。打造统一的全社会信用信息平台，对社会主体产生的信用信息进行记录、完善、整合，形成覆盖全部社会主体、所有信用信息类别、所有地方的信用信息网络，为企业、个人和社会征信机构等查询信用信息提供便利。

2.构建信用联合奖惩联动机制

推动建立健全社会信用名单和公共信用评价制度，按照国家行业主管部门、监管部门发布的守信红名单、失信黑名单的认定标准和退出程序，依法依规规范各领域红黑名单产生和发布行为，建立健全退出机制。鼓励建立信用信息共享交换平台，整合各方面信息，开展综合性、公益性的公共信用评价，为分级分类监管提供参考依据。

3.加强诚信宣传教育

把诚信教育作为培育和弘扬社会主义核心价值观的重要内容，积极运用学校、道德讲坛、公益性文化单位、文化服务中心等，通过论坛讲座、展览展示等形式开展诚信教育，增强人们的诚信理念、规则意识和契约精神。加强风险意识教育，引导人们提高防范能力，防止上当受骗。同时推选诚实守信道德模范，加大诚实守信典型事迹宣传力度，推动诚实守信成为全社会的共同价值追求和自觉行动。

4.开展经济社会领域严重失信问题专项治理

国家相关部门要对经济社会领域的严重失信问题，比如电信网络诈骗、互联网虚假信息、造谣传谣、金融领域失信问题、生态环境保护失信行为、假药问题、逃税骗税、交通运输失信问题、论文造假、考试作弊、非法社会组织、慈善捐助失信问题等进行专项治理，严肃查处，常抓不懈，打造不敢失信、不能失信、不愿失信的社会环境，形成全社会诚实守信、重信守诺的良好风尚。

小结

解决社会问题的过程是人们以主观意志改造客观世界的过程。针对存在的社会问题,我们提出的解决方案需要符合客观实际,否则,不但无法解决现实中的社会问题,甚至还会引发更多更深的问题。为此我们需要确立解决社会问题必须遵循的指导方针,制定解决社会问题的基本原则:社会规律原则、社会规范原则、社会公众原则、社会效益原则、社会进步原则等;提出通过发挥政府职能、加强社会协调、开展教化疏导、促进社会和谐、加强舆论监督来解决社会问题,并制定出基本策略:坚持以人民为中心、坚持以问题为导向、坚持预防为主、加强社会治理,从而保证解决社会问题的科学性和有效性。针对社会问题中主要的贫困问题、社会不平等问题、失业问题、环境问题、青少年犯罪问题、婚姻家庭问题及诚信问题,我们也研究和提供了相应的方案,以便为学习者提供借鉴和思考。

自测题

1.填空题

(1)解决社会问题应坚持(　　)和群众力量相结合。

(2)解决社会问题应坚持物资帮助与(　　)相结合。

(3)解决社会问题应坚持整体(　　)和整体(　　)相统一。

(4)解决社会问题应遵循的原则有(　　)原则、(　　)原则、(　　)原则、(　　)原则、(　　)原则。

(5)政府职能也叫行政职能,是指行政主体作为国家管理的执行机关,在依法对国家政治、经济和社会公共事务进行管理时应承担的(　　)和所具有的(　　)。

(6)加强综合治理,坚持(　　)与(　　)相互支持,相辅相成。

(7)大力发展社会组织,构建吸纳社会力量的有益载体。(　　)是通过汲取社会的资源来解决社会问题的一种新的力量。

(8)开展教化疏导,要推进中华传统(　　)教育,加强社会(　　)教育,引导人人参与,形成良好的社会氛围。

(9)我国反贫困的主要经验之一就是坚守以(　　)为中心的反贫困理念。

(10)我们坚持(　　)方针,引导和支持所有有劳动能力的贫困人口依靠自己的双手创造美好明天。

(11)坚持(　　)方略,筑牢反贫困治理根基。

(12)坚持(　　)、(　　)、(　　)等多方力量、多种举措有机结合和互为支撑的"三位一体"大扶贫格局。

(13)实施(　　)战略,消除城乡之间不平衡发展。

(14)实施(　　)战略,消除不同区域之间不平衡发展。

(15)深化(　　)改革,消除行业或产业不平衡发展。

(16)人类认识世界、改造世界的过程,就是一个(　　)问题、(　　)问题的过程。

(17)坚持以问题为导向,就是要及时(　　)问题,准确(　　)问题,着力(　　)问题。

(18)观念性(　　)失业,是指劳动者的就业观念不正确、对岗位的期望值脱离实际而造成的失业。

(19)按产生的原因,环境问题可划分为(　　)问题和(　　)问题两大类。

(20)环境问题治理,要(　　)为主,(　　)结合,构建完善的治理体系。

(21)法律是成文的(　　),道德是内心的(　　)。

(22)解决诚信问题要打造(　　)失信、(　　)失信、(　　)信的社会环境,形成全社会诚实守信、重信守诺的良好风尚。

2.判断题

(1)国家政权是解决社会问题的基本力量。(　　)

(2)解决社会问题的社会实践活动要以遵循社会规律为原则。(　　)

(3)社会进步性原则是指社会问题的解决必须以推动社会的发展和进步为根本目的。(　　)

(4)社会主体只是社会治理的对象。(　　)

(5)社会公德是人类社会最基本的道德规范,在整个道德体系中起着基础性的作用。(　　)

(6)“舆论监督”是媒体的批评性报道,它和“正面报道”是对立的。(　　)

(7)问题是主观存在,不以人的意志为转移。(　　)

(8)解决失业的根本出路在于加大教育培训。(　　)

(9)公众监督对我国环境治理作用不大。(　　)

(10)造成青少年犯罪的主要是个人和家庭因素。(　　)

(11)预防青少年犯罪需要政府、社会、家庭和学校共同发挥作用。(　　)

(12)婚姻家庭问题是指引起家庭成员矛盾冲突、伤害家庭成员心理与生理、导致婚姻关系不协调及家庭解体的现象。(　　)

(13)社会治理仅是指政府依法对社会事务、社会组织和社会生活进行引导和规范,最终实现公共利益最大化的过程。(　　)

(14)在创新社会治理的背景下,政府诚信是社会诚信的核心和先导,政府与民众的互信关系是多元化社会和谐的关键所在。(　　)

(15)培育和弘扬社会主义核心价值观要把诚信教育作为重要内容。(　　)

3.思考题

(1)解决社会问题的基本原则有哪些?

(2)解决社会问题的主要路径是什么,你是如何理解的?

(3)试着列举一个你身边的社会问题,提出解决的策略。

参考文献

[1]朱力.社会问题[M].北京:社会科学文献出版社,2018.

[2]马克思恩格斯选集[M].北京:人民出版社,1995.

[3]肖嵩.从马克思主义中探析解决社会问题的基本原则[J].理论新探,2009(1).

[4]雷洪.社会问题——社会学的一个中层理论[M].北京:社会科学文献出版社,1999.

[5]李恒全.增强社会治理主体的协调性[EB/OL].光明日报.http://theory.people.com.cn/n1/2016/0406/c49154-28253166.html

[6]马克思恩格斯选集:第2卷[M].北京:人民出版社,1995.

[7]中共中央 国务院.新时代公民道德建设实施纲要[EB/OL].新华网.http://www.xinhuanet.com/politics/2019-10/27/c_1125158665.htm

[8]中共中央宣传部.习近平新时代中国特色社会主义思想三十讲[M].北京:学习出版社,2018(5).

[9]晁星.舆论监督的根本目的是解决问题[N].北京日报,

2018-08-17.

[10]胡孝汉,王佳,杨冠.进一步加强和改进舆论监督工作[J].新闻战线,2020(1):3-6.

[11]秦宣.坚持以人民为中心[EB/OL].求是,http://www.qstheory.cn/2018-12/14/c_1123854573.htm.

[12]学习时报特约评论员.谈谈坚持问题导向目标导向结果导向[EB/OL].学习时报,http://theory.people.com.cn/n1/2019/1225/c40531-31521406.html.

[13]MBA智库百科.社会治理[EB/OL].https://wiki.mbalib.com/wiki/%E7%A4%BE%E4%BC%9A%E6%B2%BB%E7%90%86.

[14]彭建强.谱写人类反贫困史上的辉煌篇章[N].河北日报,2019-09-06.

[15]徐珍.新时代我国社会主要矛盾蕴含的平等问题探析[J].武汉大学学报(哲学社会科学版),2019(6).

[16]李琦.新时期我国城市失业人口问题研究[D].大连海事大学硕士学位论文,2019(6).

[17]刘振华.我国环境问题社会治理的路径选择[J].山东农业工程学院学报,2020(1).

[18]刘永飞.当前形势下青少年犯罪的成因及预防对策[J].法制博览,2019(8).

↘ 学习目标

了解社会工作者的角色定位，掌握社会工作者的职业素养、职业精神要求和提高职业技能的途径与方法，强化职业认同，树立职业情感。

↘ 实践建议

对照社会工作者的职业能力要求，进行自我反省，并有意识地在实践中进行训练。

第六章 社会工作者能力提升

◇◇◇◇◇◇◇◇

随着社会经济的发展，社会问题的表现形式越发趋于多样化、复杂化，涉及社会、心理等多个专业领域，社会工作已不再是传统意义上解决邻里纠纷那样简单化的居委会工作，需要一支专业化的队伍来承担这一历史托付的重任。职业社会工作专注于社会问题的解决。社会工作者是社会工作的核心，社会工作者职业能力的高低是社会工作实务成败的关键。认清社会工作者的角色定位，了解社会工作者的职业素养和职业精神要求，不断加强理论学习，强化职业技能训练，将有助于提升社会工作者的职业能力，提高解决社会问题的水平。

社会工作者是社会服务的提供者，是社会工作存在和社会问题有效解决的前提。社会工作者的职业精神、知识储备、工作经验，直接影响着其服务的效果。培养适应新时代社会工作需要的优秀社会工作者，形成结构合理、素质优良的社会工作人才队伍，是社会工作事业发展的基本要求。

第一节 社会工作者的角色定位

角色一词最初是由拉丁语rotula派生出来的，这一概念最初在学术著作中出现是在20世纪20年代社会学家格奥尔·齐美尔的《论表演哲学》一文中，当时他就提到了“角色扮演”的问题。到了20世纪30年代，“角色”一词才被专门用来谈论角色问题。美国社会学家米德和人类学家林顿则把“角色”这个概念正式引入社会心理学的研究，角色理论也就成为社会心理学理论中的一个组成部分。

一、社会角色及其定位

什么是社会角色？社会心理学家对这个问题进行了专门的研究，并提出了自己的看法。莱威将角色等同为社会地位，他在《社会结构》一书中将角色定义为“由特定社会结构来分化的社会地位”。纽科姆在其《社会心理学》中将角色解释为行为本身，他认为“角色是个人作为一定地位占有者所做的行为”。林顿在《个性的文化背景》中将角色理解为行为期待或规范，他认为角色是地位的动力方面。个体在社会中占有与他人地位相联系的一定地位。当个体根据他在社会中所处的地位而熟悉自己的权利和义务时，他就扮演着相应的角色。角色理论研究者彼德尔将角色视为行为或行为的特点，他在《角色理论：期望、同一性和行为》中强调，角色是一定背景中一个或多个人的行为特点。森冈清美把角色分为两种类型：一是群体性角色；二是社会关系性角色。以家庭为例，所谓“群体性角色”是观察家庭内的每个个体与家庭群体的整体关系时的概念，如户主、主妇与其他成员的区别。所谓“关系性角色”是从家庭关系角色来观察每个个体位置时的概念，如妻子对于丈夫、儿子对于母亲。简言之，群体性角色是指特定个体在群体中的社会地位；关系性角色是指两个个体之间的相对地位。安德烈耶娃把角色要素分为地位、行为与行为期待三个方面，即社会角色是社会中存在的对个体行为的期待系统，这个个体在与其他个体的相互作用中占有一定的地位；角色是占有一定地位的个体对自身的特殊期待系统。也就是说，角色好似个体与其他个体相互作用的一种特殊的行为方式；角色是占有一定地位的个体的外显行为。我国有学者指出，社会角色包含了角色扮演者、社会关系体系、社会地位、社会期望和行为模式五种要素，于是，他们把社会角色定义为“个人在社会关系体系中处于特定社会地位，并符合社会期望的一套个人行为模式”。正如彼德尔所说，这些角色定义都无所谓对错，它们都从一种视角强调了角色现象的一个侧面。由此我们发现，科学的角色定义应包含三种社会心理学要素：即角色是一套社会行为模式；角色是由人的社会地位和身份所决定，而非自定的；角色是符合社会期望(社会规范、责任、义务等)的。由此，我们认为，角色即为“一定社会身份所要求的一般行为方式及其内在的态度和价值观基础”。

角色定位是指在一定的系统环境下(包括时间)，在一个组合中拥有相对的不可代替性的定位。“角色”不一定是一个人，可以是一个群体。当今众多优秀的企业中，未必所有的员工都是按照角色定位规划和发展的。这些企业之所以卓越，是因为都具有一个共同的人力资本特征：其高层人员的组合必然符合角色定位的原则。社会工作者首先是一个群体，当然也可以指某一个人，其角色定位显然是指这个群体的社会属性所要求的一般行为方式及其内在的态度和价值观基础，也就是社会和社会工作者自身，按照专业的要求及其规范，对这个职业的专业认知。社会角色是与人的社会地位、身份相一致的一整套权利、义务和行为模式。它是对处于特定地位的人们的行为期待，也是社会群体或组织的基础。社会工作者的角色，也即社会工作者的社会角色，是指社会工作者在整个社会中所应当发挥的作用，以及规范他们的一整套行为模式。

二、社会工作者

社会工作起源于19世纪末20世纪初的西方国家，对于社会工作者的研究和教育培养则起源于英、美等国家。“社会工作者”一词最早出现于1900年的美国，即“social worker”，关于它的概念界定及内涵规定性在世界范围内尚无定论。英国社会工作协会认为社会工作者是“受雇于社会服务机构或相关组织，在其雇佣契约中明确规定其社会工作者身份，在社会工作实务领域内履行义务的专业工作者”。美国社会工作者协会认为社会工作者是“毕业于社会工作学院，运用他们的知识和技巧为个人、家庭、社区、组织和社会提供社会服务的人员”。无论是英国还是美国，关于社会工作者的定义都体现出以下几个特征：一是从业者以提供专业的社会服务为职业，他们以此谋生，非兼职或志愿服务，这表明社会工作者的职业地位被社会广泛认可；二是毕业于专业院校，接受过专业训练，掌握专业的助人方法；三是其职业特性为从事社会服务，该服务不以营利为目的，非商品交换性质；四是根据法律法规在有关机构进行了注册或登记。显然，社会工作不是简单的做善事，是要面对许多比较复杂、棘手的社会问题，这些问题是服务对象自己无法解决的，这就需要从事服务的人员有较高的素质，且能承担相应的社会责任，而登记、注册、隶属于某一社会服务机构则是承担责任的一种形式。

1994年，我国社会学家陈良瑾在《中国社会工作百科全书(1994)》中，将社会工作者界定为“从事社会工作的专业人员”。南京师范大学教授花菊香从解决社会问题的角度，对中国社会工作者的总体角色进行了概括，认为社会工作者是问题的发现和研究者；与案主之间信任关系的建立者；社会资源的动员者和组织者；社会工作的宣传者；社会、组织和社区的协调者以及政府的联络者；个人、家庭、小群体的增权者；与众多领域研究者的合作者；本土化社会工作理论和方法的建构者。

2004年，劳动和社会保障部公布了《社会工作者国家职业标准》，指出“社会工作者是遵循助人自助的价值理念，运用个案、小组、社区、行政等专业方法，以帮助机构和他人发挥自身潜能，协调社会关系，解决和预防社会问题，促进社会公正为职业的专业工作者。

2006年，中共十六届六中全会决定建设社会工作人才队伍，同年，人事部、民政部联合发布《社会工作者职业水平考试评价暂行规定》，2008年6月，两部门又联合颁布了《助理社会工作师、社会工作师职业水平考试实施办法》，对社会工作专业技术人员的职业行为进行了规范，由此，我国关于社会工作者的角色定位和职业要求逐渐明晰。

综合国内外学者的研究，我们可以将社会工作者定义为：在社会工作的价值观引导下，面向儿童、青少年、老年人、妇女、残障者等群体，运用社会工作专业知识和方法，从事专门性社会服务的专业技术人员，通常简称为“社工”。社会工作者通过自身潜能的发挥，协调社会关系，预防和解决社会问题、促进社会公平公正。

三、社会工作者的职业角色

社会工作是以利他主义为指导，以科学知识为基础，运用科学的方法提供助人服务的活动，其服务范围广、对象多、方法多样，因此，社会工作者需要在工作过程中扮演多种角色，而且还要随时切换自己的身份。

关于社会工作者职业角色的研究覆盖领域广、数量多，研究人员从社会工作者的一般角色、专业角色等角度进行了研究。英国学者贝克将社会工作者的任务从多个维度进行了划分，即评估、计划、集中调研、记录、再评估、观察、倾听、互动等，这些都是社会工作者在工作过程中必须要完成的任务，根据这一任务划分，他认为社会工作者要扮演十种职业角色，而这十种角色又被分为三大类，即：直接服务、间接服务和综合服务角色。

(一)直接服务角色

直接服务角色指的是社会工作者直接面对服务对象的服务活动,社会工作者的直接服务角色又分为以下几种:

1.服务提供者。社会工作的基本职能是向有需要的人提供服务。社会工作者为服务对象提供的服务是多种多样的,既包括心理咨询和意见咨询等方面的精神服务,也包括物质帮助和劳务服务。向有需要的人士提供服务是社会工作者基本的和首要的责任。

2.支持者。社会工作者面对服务对象(受助者)不但要提供直接服务或帮助,也要鼓励其在可能的情况下自强自立,克服困难,自我决策,即"助人自助",并且应该成为服务对象积极的支持者、鼓励者,并应尽量创造条件使服务对象自立或自我发展。

3.治疗者。传统的治疗对象仅仅局限于个人,现在已经发展到团体和社区。社会工作者通常直接与个人、团队或家庭一起工作,通过分析服务对象面临的困难或问题,为其提供直接的、具体的帮助,从而使那些在人际交往、个体发展或环境适应方面有障碍的服务对象适应社会,获得成长。

(二)间接服务角色

1.行政管理者。在社会工作过程中,社会工作者需要对工作进程进行有效的控制,对助人方案进行科学设计,并力图使实际过程更合理、有效。当扮演这个角色时,社会工作者可能是某个社会服务机构的管理者,也可能是某一个具体项目的负责人,尤其是在小组工作、社区工作和个案管理工作推进中,这种角色都是显而易见的。

2.资源筹措者。社会工作者的目的是解决服务对象的困难和问题,为了服务的顺利开展,社会服务者常常需要联络政府部门、福利机构的负责人及同事、志愿组织甚至面向社会,向他们争取服务资源,并将它们传递到受助者手中。

3.研究者。为增进直接服务的有效性,社会工作者必须科学地评估问题,准确地理解服务对象的行为,合理地设计服务方案。因此,社会工作者也需要从事科学研究,扮演研究者的角色。通过阅读相关文献、调查需求、评估实务的结果、讨论服务的质量等，探索社会工作的特征和普遍规律，提高专业服务的水准，推动社会工作事业科学发展。

4. 政策影响者。当社会工作者在服务过程中发现某些普遍存在的问题，如社会资源不足、困难群体被忽视等，他们会本着公平正义的信念，提供充足的资料和解决问题的方案，向有关政府部门提出建议，使其制定、修订和完善政策。在这种情况下，社会工作者就扮演着政策影响者的角色。社会工作者对适时地制定和改善社会政策负有一定的责任。

（三）综合服务角色

1. 教育者。教育者角色是指社会工作者提供机会，让受助者学习特定的社会技能，提供信息和情感支持，使其有效地扮演社会角色。

2. 调解者。调解者角色就是以最具建设性的方法和途径去化解纷争，帮助处于冲突中的各方针对冲突的问题达成共识，对处于矛盾冲突漩涡中的社会工作者来说，保持中立、不偏不倚，站在第三方的角度看待问题，是有效化解矛盾、达成共识前提，也是其应有的基本立场。

3. 倡导者。倡导者是社会工作者向服务对象提倡某种行为。当服务对象必须采取新的行动才能走出困境，但又对新的行动又不了解时，社会工作者应向其倡导某种合理行为，并指导他们以使其成功。当然，倡导并非不顾服务对象的意愿强力执行，而是帮助其自觉采取某种行动。

上述角色只是为了便于了解社会工作者的社会作用而划分的，各种角色之间不是截然对立的，相互之间的界限也并不明显。社会工作者在实际工作中也并非扮演全部的角色，有时只扮演其中部分角色。

四、社会工作者的职业特征

根据对社会工作者概念的界定，以及对其角色的分析，我们不难归纳出社会工作者具有如下的基本特征：

1. 崇尚专业伦理精神。社会工作区别于其他助人职业和专业的首要标志就在于其特殊的价值和伦理。利他主义的工作理念、人道主义的哲学理念都是社会工作者应当尊崇的专业伦理精神。从实务层面上来看，社会工作者应当注重自身的行为举止，以助人为目的，保持全心全意为受助者服务的初心；保持同理心，尊重当事人的自尊和个性；维护平等、公正和社会正义。

2. 从事社会福利服务。从事社会服务是社会工作者的职业活动，服务是这种职业活动的本质，这与以控制和管理服务对象的行为有着本质的区别。

3. 熟练掌握专业工作方法。社会工作者开展服务工作不是靠个人经验，而是更多地使用作为普遍经验的科学方法。这些方法作用在工作的各个方面，如：协调个人与环境的关系、自如地运用社会环境资源、开展团体协作等。这些方法经过无数人的实践被证明是有效的，同时也是可以通过教育和培训习得的。

4. 在一定的组织框架内开展活动。社会工作是一种现代职业，需要一定的专业规范和组织约束。一般地讲，社会工作者要在某种社会服务机构或社会行政部门工作，即使独立工作也应该接受专业组织的监督。

以上分析可以帮助我们将社会工作者同慈善人士、行政官员、志愿者等区别开来。

社会工作者是在社会服务机构中专门从事社会服务工作的专业技术人员，需要具备职业精神，包括职业道德、职业意识、服务精神等。

一、职业精神的一般特征

社会发展的进程表明，人类的职业生活是一个历史范畴。一般来说，所谓职业，就是人们由于社会分工和生产内部的劳动分工，而长期从事的具有专门业务和特定职责，并以此作为主要生活来源的社会活动。人们在职业生活中能动地表现自己，就形成了职业精神。

职业作为社会关系的一个重要方面，对社会成员的精神生活具有重要影响。其一，职业分工及由此决定的从事不同职业的人们对社会所承担的责任不同，影响着人们对生活目标的确立和对人生道路的选择，以至很大程度上影响着人们的人生观、价值观和职业观。其二，人们的职业活动方式及其对职业利益和义务的认识，对职业精神的形成有着决定性作用。一个人一旦从事特定的职业，就直接承担着一定的职业责任，并同他所从事的职业利益紧密地联系在一起。对职业利益的认识，又促进了其在具体社会义务上的文化自觉。这种文化自觉，可以逐步形成职业道德，并进而升华为职业精神。其三，职业活动的环境、内容和方式，以及职业内部各因素的相互作用，强烈影响着人们的志趣、爱好以及性格和作风。可见，所谓职业精神，就是与人们的职业活动紧密联系、具有自身职业特征的精神，它反映出一个人的职业素质。

职业精神具有以下特征。在内容方面，它总是鲜明地表达职业根本利益，以及职业责任、职业行为上的精神要求。就是说，职业精神不是一般地反映社会精神的要求，而是着重反映一定职业的特殊利益和要求。它鲜明地表现为某一职业特有的精神传统和从业者特定的心理和素质。职业精神往往世代相传。在表达形式方面，职业精神比较具体、灵活、多样。各种不同职业对于从业者的精神要求总是从本职业的活动及其交往的内容和方式出发，适应于本职业活动的客观环境和具体条件。因而，它不仅有原则性的要求，而且往往很具体，可操作性强。在调节范围上，职业精神主要调整两方面的关系：一是同一职业内部的关系；二是同一职业内部的人同其所接触的对象之间的关系。从历史的角度看，各种职业集团为了维护自己的利益，为了维护自己的职业信誉和职业尊严，不但要设法制定和巩固体现职业精神的规范，以调整本职业集团内部的相互关系,而且注意满足社会各个方面对于该职业的要求,调整该职业同社会各方面的关系。在功效上,职业精神一方面使社会精神“职业化”;另一方面又使个人精神“成熟化”。职业精神与社会精神之间的关系,是特殊与一般、个性与共性的关系。任何形式的职业精神都不同程度地体现着社会精神。同样,社会精神在很大程度上又是通过具体的职业精神表现出来的。职业精神与职业生活相结合,具有较强的稳定性和连续性,形成具有导向性的职业心理和职业习惯,在很大程度上影响着主体的精神风貌。

中国特色社会主义的职业精神不同于其他社会制度下的职业精神,它具有以下三个重要特征:第一,它是中国特色社会主义精神体系的重要组成部分。人们的社会生活分为三大领域,即家庭生活、职业生活和公共生活。中国特色社会主义的职业精神就是职业领域内社会主义价值观的特殊要求。第二,它的本质是为人民服务。中国特色社会主义社会从根本上使职业利益同社会利益、同广大人民群众的根本利益保持一致,各种职业都成为中国特色社会主义事业的有机组成部分。因此,各行各业可以形成共同的精神追求,即为人民群众服务,并使之在调整人与人之间的关系上,发挥历史上前所未有的作用。第三,它的形成和发展具有“灌输性”。中国特色社会主义社会的职业精神,它的主体内容不像旧的职业精神那样,可以自发产生,而是在马克思主义和习近平新时代中国特色社会主义思想指导下,通过有觉悟的职员的努力建立起来的。列宁在谈到培养工人的社会主义意识时指出:“工人本来也不可能有社会民主主义的意识。这种意识只能从外面灌输进去。”因此,加强对从业者的马克思主义教育和中国特色社会主义理论的教育,使之认清中国特色社会主义新时期的职业性质和特点,了解本职业在经济社会发展中的地位和作用,是十分必要的。

二、职业精神的基本要素

中国特色社会主义新时期的职业精神是由多种要素构成的。这些要素分别从特定方面反映着我国新时期职业精神的本质和基础。

（一）职业理想

苏格拉底说："世界上最快乐的事，莫过于为理想而奋斗。"俄国作家列夫·托尔斯泰说："理想是指路的明星，没有理想，就没有坚定的方向，就没有真正的生活。"如果说社会是大海，人生是小舟，那么理想信念就是引航的灯塔和推进的风帆。没有科学的理想信念的人生，就像失去了方向和动力的小船，就会在生活中随处漂泊，甚至会沉没于急流中。可见，追求远大的理想，坚定崇高的信念，对我们人生是有着重要意义的。中国特色社会主义新时期所提倡的职业理想，就是主张各行各业的从业者，放眼社会利益，努力做好本职工作，全心全意为人民服务，为实现中华民族伟大复兴不懈奋斗。这种职业理想，是我国从业人员职业精神的灵魂。一般说来，从业者对职业的要求，可以概括为三个方面：维持生活、完善自我和服务社会。这三个方面在社会主义初级阶段的职业选择中都是必须的。中国特色社会主义新时代的公民，在选择职业时应该把服务社会放在首位。

（二）职业态度

树立正确的职业态度是从业者做好本职工作的前提。职业态度具有经济学和伦理学的双重意义，它不仅揭示从业者在职业生活中的客观状况，参与社会生产的方式，同时也揭示他们的主观态度。其中，与职业有关的价值观念对职业态度有着特殊的影响。一个从业者工作积极性的高低，在很大程度上取决于他的职业价值观念。职业伦理学研究表明，先进生产者的职业态度指标最高。因此，改善职业态度对于培育中国特色社会主义新时代的职业精神有着十分重要的意义。

（三）职业责任

职业责任包括职业团体责任和从业者个体责任两个方面。例如，企业是拥有生产经营所必须的责、权、利的经济实体。在责、权、利关系中，责是主导方面。这里的关键在于,要促进从业者把客观的职业责任变成自觉履行的道德义务,这是中国特色社会主义职业精神的一个重要内容。

(四)职业技能

现代社会,各种职业对技能的要求越来越高。国家的生产建设不但需要科学技术专家,而且迫切需要千百万受过良好职业技术教育的初、中级技术人员、管理人员和其他具有一定科学文化知识和技能的从业者。没有这样一支劳动者大军,先进的科学技术和先进的设备就不可能成为现实的社会生产力。

(五)职业纪律

职业纪律是从业者在利益、信念、目标基本一致的基础上所形成的高度自觉的纪律。从根本上说,中国特色社会主义的职业纪律保障从业者的自由和人权,保障从业者发挥主动性和创造性。因此,职业纪律虽然有强制性的一面,但更有为从业者的内心信念所支持的一面,因而具有丰富的精神内涵。自觉的意志表示和服从职业的要求,这两种因素的统一构成了新时期职业纪律的基础。

(六)职业良心

职业良心是从业者对职业责任的自觉意识,在人们的职业生活中有着巨大的作用,贯穿于职业行为过程的各个阶段,成为从业者重要的精神支柱。职业良心能依据所履行的责任,对行为的动机进行自我检查,对行为活动进行自我监督。在职业行为之后,能够对行为的结果和影响做出评价。

(七)职业信誉

职业信誉是职业责任和职业良心的价值尺度,包括对职业行为的社会价值所做出的客观评价和正确的认识。从主观方面看,职业信誉是职业良心中知耻心、自尊心、自爱心的表现。职业良心中的这些方面,能使一个人自觉地按照要求去履行义务,不愿违背职业良心,做出可耻、毁誉和损害职业精神的事情来。在这个意义上，职业信誉鲜明地体现着“全心全意为人民服务”的职业理想和主人翁的职业态度。从客观方面说，职业信誉是社会对职业集团和从业者的肯定性评价，是职业行为的价值体现或评价尺度。同时，职业信誉又要求从业者提高职业技能，遵守职业纪律。中国特色社会主义的职业精神强调职业信誉，更重视把社会的客观评价转化为从业者的自我评价，促使从业者自觉发扬中国特色社会主义新时代的职业精神。

（八）职业作风

职业作风是从业者在其职业实践中所表现的一贯态度。从总体上看，职业作风是职业精神在从业者职业生活中的习惯性表现。中国特色社会主义的职业作风具有潜移默化的教育作用。它好比一个大熔炉，能把新的成员锻炼成坚强的从业者，使老的成员永远保持优良的职业品质。一个企业有了优良的职业作风，其成员就可以互相教育，互为榜样，形成良好的职业风尚。

三、社会工作者需具备的职业精神

（一）职业道德

职业道德有广义和狭义之分。广义的职业道德是指从业人员在职业活动中应该遵循的行为准则，涵盖了从业人员与服务对象、职业与职工、职业与职业之间的关系。狭义的职业道德是指在一定职业活动中应遵循的、体现一定职业特征的、调整一定职业关系的职业行为准则和规范。社会工作者的职业道德应包含以下六个方面的内容：

1.爱国守法。爱国守法是公民的基本道德规范之一。爱国指对祖国的忠诚和热爱。它既是政治原则，又是道德规范。作为道德规范，它是调节个人同国家、民族之间关系的准绳。作为一种意识形态，它是在各民族、国家悠久历史文化基础上形成和发展起来的，具有一种伟大的凝聚力和向心力，是推动各民族向前发展的巨大精神力量，也是社会工作者重要的道德规范。

2. 爱岗敬业。爱岗敬业是爱岗与敬业的总称。爱岗和敬业，互为前提，相互支持，相辅相成。“爱岗”是“敬业”的基石，“敬业”是“爱岗”的升华。爱岗敬业指的是忠于职守的敬业精神，这是职业道德的基础。爱岗就是热爱自己的工作岗位，热爱本职工作；敬业就是要用一种严肃认真的态度对待自己的工作。职业是一个人生存和发展的基础保障，也是人类社会存在和发展的需要。所以，爱岗敬业不仅是社会工作者生存和发展的需要，也是社会存在和发展的需要。

3. 热情奉献。社会工作者要把本职工作当成一项事业来热爱和完成，从点点滴滴中寻找乐趣，努力做好每一件事，认真善待每一个人。

4. 公道正派。所谓“公道”，就是公平、客观，遵循事物发展和人类社会关系中的基本法则，尊重事物的本来面目；所谓“正派”，就是作风、品行要端正。公道正派是为人处事的基本道德准则和行为规范，也是社会工作者普遍认同的处世态度和价值取向。

5. 诚实守信。诚实即忠诚老实，就是忠于事物的本来面貌，不隐瞒自己的真实思想，不掩饰自己的真实感情，不说谎，不作假，不为不可告人的目的而欺瞒别人；守信就是讲信用，讲信誉，信守承诺，忠于自己的责任与义务，答应了别人的事一定要去做。诚实守信是每一个社会工作者应有的品质。

6. 廉洁奉公。廉洁就是不贪污。奉比喻恭敬地用手捧着，有尊重、遵守之意。公是指正直无私。廉洁奉公，就是品行端正，清廉守正。只有保证廉洁行事，才能做到奉公守法。

（二）职业意识

职业意识是人们对职业劳动的认识、评价、情感和态度等心理成分的综合反映，是职业行为和职业活动的调节器，是职业道德、职业操守、职业行为等职业要素的总和。社会工作者的职业意识至少包含四个方面的内容：

1. 责任意识。责任意识是一种自觉意识，也是一种传统美德。责任是一种能力，又远胜于能力，责任是一种精神，更是一种品格；责任就是对自己可能并不喜欢的工作，毫无怨言地承担，并认认真真地做好，这就是责任。只有能够承担责任、善于承担责任、勇于承担责任的人才是可以信赖的人。责任无处不在，存在于每一个角色，社会工作者也概莫能外。

2. 尊重意识。尊重就是尊敬、重视，具体指平等相待的心态及其言行。尊重意识就是要求社会工作者在执业的过程中，在思想和行为上要有强烈的尊重服务对象的自觉。

3. 合作意识。合作是指两个或两个以上的个体为了实现共同目标（共同利益）而自愿地结合在一起，通过相互之间的配合和协调而实现共同目标，最终个人利益也获得满足的一种社会交往活动。合作意识是指个体对共同行动及其行为规则的认知与情感，是合作行为产生的基本前提和重要基础。合作意识的养成需要通过某种活动，通过人和人的交往，通过共同完成任务及成果的分享和责任的共同承担去培养。社会工作者不仅要学会合作，而且还要善于合作，通过合作提升服务质量，实现工作目标，获得成功的喜悦。

4. 学习意识。学习是通过阅读、听讲、观察、研究、实践等途径而获得知识、技能或认知的过程。社会工作者只有持续不断地学习，坚持终身学习，才能应对工作中不断出现的新情况新问题，满足职业发展和服务对象的需要。

（三）服务精神

服务精神是指为某种事业、集体、他人工作的思想意识和心理状态，也称为职业状态。具有服务精神的人有帮助或服务客户的愿望，即专注于如何发现并满足客户的需求。判别服务精神有无最基本的方法，就是看这人是否能设身处地为顾客着想。从某种意义上讲，社会工作者的工作是一种服务性的工作，特别需要服务精神，以服务对象的正当需求为出发点，全心全意为服务对象提供专业服务，最大程度地维护服务对象的合法权益。社会工作者的服务精神主要体现在对人要真诚、热情，工作主动，有理想、有抱负、有责任感，处事有良知，能够自律，公正少偏见等方面。

第三节 社会工作者的职业能力

职业能力是个体将所学的知识、技能和态度在特定的职业活动或情境中进行内化迁移与整合所形成的能完成一定职业任务的能力，它是人们从事其职业的多种能力的综合。

一、职业能力的基本内涵

任何一个职业岗位都有相应的要求，职业能力则是胜任某种职业岗位的必要条件。职业能力主要包含三方面的基本要素：一是胜任一种具体职业而必须具备的能力，表现为任职资格；二是指在步入职场后所表现出来的职业素质；三是开始职业生涯后具备的职业生涯管理能力。

职业能力分为一般能力、专业能力和综合能力三个方面。一般能力主要是指学习能力、文字和语言运用能力、数学运用能力、空间判断能力、形体知觉能力、颜色分辨能力、手的灵巧度、手眼协调能力等。

专业能力主要是指从事某一专门职业所必备具备的能力。在求职过程中，招聘方最关注的就是求职者是否具备专业能力。

综合能力是一种关键能力，主要包括三个方面的内容：一是跨职业的专业能力，这种能力可以从运用数学和测量方法的能力、计算机应用能力、运用外语解决技术问题和进行交流的能力三方面来体现。二是方法能力。包括信息收集和筛选能力，制订工作计划、独立决策和实施的能力，以及自我评价能力和接受他人评价的能力，以及吸取经验教训的能力。三是社会能力。主要是指一个人的团队协作能力、人际交往和沟通的能力。在工作中能够协同他人共同完成工作，对他人公正宽容，具有准确裁定事物的判断力和自律能力等。

二、社会工作者的角色要求

社会工作已成为一种职业、一种专业活动，其对社会工作者的角色也提出了一定的要求。而这种要求正是社会工作者软实力的体现。

（一）崇尚专业伦理精神

社会工作者对自己所从事职业的社会价值应有积极正确的认识，保持作为社会工作者的基本价值观及信念，如协助需要帮助的人士及致力于处理社会问题；学会运用本身的专业知识和技能去促进个人和社会的进步，使得每一个社会成员都能尽量发挥自己的所长；加强人际交流，务求维持、促进及提高个人、家庭、社团、机构、社会的福利，帮助社会大众减少困难与痛苦，等等。社会工作者对自己职业的社会价值认识理解得愈深刻，职业感情就会愈强烈。

（二）认同职业的非营利性

社会工作者对社会的责任是：维持社会安定，增进社会福利，促进社会发展和繁荣。社会工作的核心是助人和服务，面临着如何解决个人和群体需要的问题。由此可见，社会工作并不是简单地为从业者提供谋生手段的一种职业，它有着不可推诿的专业使命和社会责任。这就决定了社会工作者职业的非营利性质。因此，社会工作者在任何情况下都不得在工作中谋求私利。

（三）能协调个人与环境的关系

社会工作者直接把人作为服务的对象。这种以人为本的工作特征，是社会工作者的价值源泉，在帮助困难人群渡过难关的过程中使社会工作的专业价值获得提升。社会工作者从根本上关注人的生存状态，自觉充当个体与外在环境沟通的桥梁，使人与环境达到相互的协调与统一。

（四）自如地运用社会资源

社会工作者不占有社会资源，而是通过其专业工作在受助对象与社会资源占有者之间起着桥梁的作用。公众对自己所处社会环境中的可以为己所用的资源状况的了解往往很不全面,在遇到困难时更不能有效地加以利用。社会工作者通过接受、传递、处理各种信息,及时沟通各方面、各环节的情况,在社会公众与提供资源、服务的系统之间建立必要的联系,引导人们使用这些资源与服务,进而使案主在需要时能够充分利用社会上的资源。

(五)进行团体协作

当代社会工作的服务对象日趋多样,工作任务艰巨复杂,工作方式也时常变化。社会工作专业的这些新发展决定了当今的社会工作已是一个多层次、多环节的系统工作。高效顺利地完成一项工作任务,需要各个部门之间的紧密配合,也增加了各个环节的相互依赖。因此,团队精神在社会工作者的身上体现得尤为突出。社会工作机构的各个服务部门在合理分工的基础上,需要密切协作,各尽其责,各展其才,相互帮助与促进,协调一致地实现社会工作的整体目标。

(六)能自助并助人

社会工作者的专业价值还体现为"助人自助"。具体地说就是帮助那些有困难的人解决他们自己的问题。助人的过程就是社会工作者解决问题并实现专业价值的过程。社会工作者助人并非单纯地提供物质的帮助,而是致力于受助对象(又称案主)自信的恢复,帮助他们的人生重新走上正轨。所以社会工作者助人的过程更是对案主进行精神支持的过程。社会工作者并不是案主的代理人,而是与案主一同工作,是协作者与促进者。

(七)崇尚民主,尊重个性

民主和自由始终是人们的终极追求,生存权和发展权是个体的基本权利。社会工作者基于这一起点,尊重个体的生存价值,维护受助者应有的权利,推进民主化进程。社会工作者在工作过程中帮助受助对象发挥潜能,适应社会,最终达到自我超越。尊重、真诚、同情是社会工作者的基本职业操守。尊重是沟通的前提，案主有权利自己做出决定和选择，社会工作者也应当充分相信案主的创造性及其自决能力。

三、社会工作者的素质要求

社会工作者的素质是由训练和实践而获得的与社会工作专业相关的技巧或能力的总和。一名成熟的社会工作者应该是发现社会问题、综合系统资源、解决实际问题复合式全能好手。这就在教育背景、知识结构、综合能力、道德素养、身体状况与心理素质等诸多方面，对社会工作者提出了具体的要求。

（一）社会工作者的知识结构

1. 具备扎实的基础知识。无论从事何种工作，一名优秀的专业人员都应具备金字塔型的知识体系。金字塔的底部是广博而坚实的基础知识，由此再根据专业要求与需求发展和深化自己的专业知识和技能。一名专业人员如果具有深厚的基础知识，学习与研究则水到渠成。社会工作者也不例外。不仅如此，由于社会工作的性质与要求，基础知识对从事这一职业的人而言尤为重要。首先，社会工作者接触的是来自社会各个阶层的服务对象。这些案主们的背景、职业、生活方式、习惯爱好均有较大的差异。只有当社会工作者对之有大致的了解，才有可能与不同的案主均达到有效的沟通与交流。而这种人际沟通又往往是解决问题的关键所在。再者，社会工作形式多样，内容复杂。社会上的新情况、新问题层出不穷。社会工作者只有具备了更多的基础知识，才能增强自己的适应能力，处理各种复杂的情况，达到以不变应万变，才能在专业方面更加深入。

2. 具备良好的专业知识。随着专业性的增强，当代的社会工作已不同于初期基于同情、仁爱等情感道德之上的自发的救济活动。专业的社会工作在强调其职业道德和职业情感的同时，还特别重视助人活动的科学性和有效性。而达到这一目的就必须依赖于在长期实践中积累的对社会工作规律的认识。因此,一名合格的社会工作者除了具备一定的基础知识之外,还应具备良好的专业知识。

根据英国学者史蒂文森的划分,社会工作理论大致由三个主要部分组成:宏观理论、中层理论、实践理论。社会工作的宏观理论是对社会和人的本质的看法,即关于人、人与社会的关系、社会工作的本质等问题的理论。社会是社会问题产生的背景,也是社会工作者发挥自己角色职能的舞台。对社会本质的认识是有关社会理论的核心,对社会本质的认识直接影响到对社会问题的见解,影响到问题处理和解决的方式。尽管社会工作的方式各有不同,但不论是个案社会工作、团体社会工作还是社区社会工作,人作为社会的主体始终是其直接服务的对象。全面、正确地理解人的本质,既看到人的自然性,又看到人的社会性,才能科学地掌握人与人、人与群体、人与社会的关系。对社会工作者来说,掌握人的本质及价值、人的社会化实现过程、社会环境和社会制度等理论,是客观、科学地判断、分析、解决问题的基础。同时,宏观理论也不仅仅囿于社会工作领域,还涉及社会学、心理学、管理学、政治学、经济学、伦理学、人类生态学等其他学科领域。

社会工作的中层理论是对某一社会工作的任务进行理论阐述,并介绍如何从事社会工作的介入理论。其中介入是社会工作者为帮助对象摆脱困境而进入问题并力图改变这种状态的努力。社会工作的内容广泛,形式多样。社会工作者既作为直接服务角色,进行个案工作、团体工作与社区工作,又作为间接服务角色从事社会工作行政和社会工作研究。工作形式上的差异必然导致介入方法上的不同。在了解社会一般理论的基础上,社会工作者如何根据现实问题具体情况具体分析？如何理性地判断某一具体社会问题的产生原因？如何细致地分析受助对象的心理状态？如何科学地选择解决问题的途径？如何合理地设计工作方案及实施步骤以有效地解决问题？这就要求社会工作者具备相关的中层理论知识,将社会经济政治体制、社会保障制度、社会互动论、人类行为发展理论、不同阶层的社会文化、个人人格与心理等理论知识加以综合运用。

社会工作的实践理论,是关于社会工作实践过程、方法及技巧的经验。如前所述,社会工作是一项助人和解决社会问题的工作,是一项实践性很强的专业。社会工作中任务的完成效果与实际工作经验密切相关。因此,社会工作实务中的方法技巧是社会工作专业知识的核心内容。它贯穿于社会工作过程的始终。例如:如何进行人际沟通来了解服务对象,如何界定案主的问题并进行初步的评估,如何帮助、引导案主逐渐接受自己的角色,如何进行资料的搜集和评估,如何制订工作计划,如何向社会争取案主的合作权益等,都是实际操作中不可或缺的专业经验。一名优秀的社会工作者应善于从书面资料和经验丰富的专业人员处汲取大量的间接经验,并在社会工作实务中加以检验,为己所用。更应该在实际工作中做一名有心人,逐渐积累经验技巧,形成行之有效又适合自己的工作方法。

社会工作者需要具备的基础知识或专业知识,不是可以截然分开,相互独立的,它们相互融会贯通,相辅相成。社会工作者在接受社会工作训练的同时,应注重这些知识的相融,在实际工作中将其综合运用,以达到工作的最佳效果。

(二)社会工作者的能力要求

如上所述,社会工作是一项务实的专业,其价值核心是在实际生活中帮助受助对象和解决问题。社会工作者作为一种复合型人才,不仅要面对面地与需要其帮助与服务的对象接触、互动,还需要作为案主的利益代表为他们奔走呼吁,争取社会资源,同时还承担改进和创新服务,沟通各社会机构及服务系统之间的联系,满足受助对象社会需求的责任。社会工作者肩负多种任务的特性,决定了他们必须具备多方面的能力。

1.社会交往能力。社会交往简单地说就是社会中人与人的往来与接触,是人们为了实现自己的目标而进行的相互影响的社会活动。人的本质在于其社会属性。人若想使自己的社会需求得到满足,就必须进行有效的社会交往。社会工作以人和社会为主要内容。社会交往对社会工作者来说尤为重要。高效的社会交往是完成日益艰巨复杂的社会工作任务的保障。这就要求社会工作者具备较强的社会交往能力。

首先,在近百年的专业化发展过程中,社会工作对象发生了重大的变化。最初的社会工作对象是处于社会底层,基本生存出现困难的群体,现代的社会工作对象逐渐扩展到广泛的有着不同需求的社会大众。受助对象来自社会的各个阶层、各种行业。与不同职业群体、不同社会阶层、不同年龄阶段、不同文化背景、不同生活方式的案主都能够达到有效的沟通,是社会工作者必备的素质。例如,在与不同的受助对象的交往中,社会工作者如何从其讲述的内容、言谈的方式、用口头语言和肢体语言传达的信息来准确地把握案主叙述的内涵;如何与案主之间进行态度与情感的互动,建立更有利于工作开展的合作关系等等,这些都对社会工作者的社交能力提出了具体要求。

其次,社会工作者所面对的不仅是需要帮助的人和群体,同时还需要同提供帮助和服务的人与机构、团体交往。这些个人与群体是社会资源的占有者,可能是具有相当物质财富的捐赠人,或者是提供服务的各种社会机构,也可能是制定和执行社会政策的政府工作人员。因此,一名优秀的社会工作者在社会交往方面是多面手,能够合理、得体、娴熟地在社会资源的供需两端进行协调与联络,达到社会工作事业的目的。

2.组织能力。社会工作的服务对象往往不是个人,如在团体社会工作与社区社会工作中,服务对象是以群体的形式出现的,因此社会工作者需要具备很强的组织能力,才能在不同的环境中工作自如:

(1)在团体社会工作中。团体社会工作中,对象群体的个体目标不一定与团体目标相符。社会工作者要结合成员各自的利益,根据团体的具体需要考察团体的发展,拟订工作计划,组织可以被大多数成员接受的活动项目。同时,在活动开展的过程中,社会工作者应充分运用自己的组织能力领导和管理团体。社会工作者作为团体工作的中心人物。在处理各种工作时既要突出重点,又要照顾一般,使对象群体中的每一个成员都能认识到自己的潜能,并积极主动地参与和改善自己的状况,拓展自己的活动范围，实现团体社会工作的目标。

（2）在社区社会工作中。20世纪80年代英国学者托马斯提出社会工作者从事社区工作有两大目标：一是进行资源的调配，二是发动居民。其具体的工作包括调查社区的社会资源以及社区成员的需要，制订社区发展的方案，发动社区的人力、物力、财力，满足社区的需求。建立各种层次的社区工作机构，全面负责社区工作的组织、管理、协调，并且加强社区之间和社区各社会组织、团体之间的沟通。由此可见，组织协调是社区工作的主要内容。社会工作者是否具有较好较强的组织能力，对于其能否在社区顺利地开展工作有着决定性的作用。再者，就我国社区目前的发展状况来看，在注重社区硬件设施配备的同时，更重要的是大力开展社区居民互助服务，创建社区文化。我国社区发展的实际情况更需要社会工作者发挥自己的组织能力，通过在社区组织开展有效活动，增强居民的归属感和凝聚力。

（3）在社会工作行政中。社会行政是一项筹措与安置社会资源，设计、协调组织结构，以及指导机构职员的工作，包括如何设置、调整有关的服务机构，对其进行相应的管理；如何对工作人员、物资等做出合理的安排和有效的利用；如何具体落实和实现决策和计划，确保其有效地运行；如何提高社会工作机构的服务质量和工作效率。在进行这一系列的社会行政工作时，社会工作者的组织能力同样起着关键的作用。在统筹安排各项活动和协调关系避免冲突的过程中，社会工作者应有意识地全面考虑，保证组织发挥其最大化的效益，并在实践中逐渐培养、提高自己的组织能力。尽己所能，营造和谐向上的团队氛围，使其他成员认同组织目标，更加积极主动地开展工作。

3.适应能力。随着社会工作的服务范围从基本的生活领域拓展至更广阔的生活空间，工作内容的多样性已成为社会工作者不同于其他职业的特点之一。从对受助对象单纯的救助到谋求他们的发展，从个案工作到社区工作，社会工作者要在不同的时空里处理个人、群体、社区遇到的不同社会问题。社会工作者的服务对象与工作，不像一般政府工作人员那样是固定不变的，而是存在着巨大的差异。另外，就是同一服务对象，随着工作的进展，其态度、行为会发生变化。这些都要求社会工作者审时度势，随机应变，根据不同的工作情境与工作对象，选择正确合理的工作方法，制定科学的、具有可行性的活动计划与方案，作出适当的反应以达到工作的最佳效果。

4.公关能力。由于社会工作是一个年轻的专业，因此并不为社会所熟知。向社会公众、社会团体、有关政府部门及其他专业机构，介绍和提供社会工作专业的资料成为社会工作者的基本任务之一。同时，社会工作者要顺利地开展社会工作，也需要获得广大群众在物质上的支持。以上任务的实现都要求社会工作者具备良好的公关能力，引导与帮助广大群众增强对社会福利政策的认识、加深了解，进一步得到广大群众对社会工作的关心与支持。社会工作作为一种行业，只有与社会保持良好的关系，才能在广大群众中树立良好印象，为社会工作者开展工作创造良好的前提条件。

（三）社会工作者的心理素质

社会工作是一项复杂的过程，社会工作者在开展工作的同时必然会遇到这样或那样的困难，这就要求其在具备以上各种素质的同时，还要有良好的心理素质。

首先，受中国社会传统文化的影响，人们在心理上对接受外界的帮助存在一定的障碍。中国人遇到困难时首先会向亲戚朋友寻求帮助，对外人存在着戒备心理。因此，社会工作者在工作中时常会出现工作对象不配合的情况。尤其是服务对象是非正常人群时，他们在意识与价值观念上偏离社会正常的轨道，这就要求社会工作者要耐心、包容。同时社会工作者在协调社会资源，沟通社会服务网络时，不可避免地会遭到误解，只有做到坚持不懈，不放弃自己的职责，以宽广的心胸时刻准备着去包容、去理解，才能达成工作目标。

其次，感同身受是社会工作对其从业者的专业要求，社会工作者积极主动地进入案主的生活，感受其情感与经历，在不丧失自己的立场与观点的前提下，感受案主的处境，并寻求方法去帮助对方。在此过程中，有时案主叙述的经历与感受会使社会工作者自身回忆起一些令人不快或悲伤的经历，在这种情况下，如果社会工作者没有良好的心理素质，就会给自己的心理带来一定的负面影响，如何调整心态，始终保持积极向上的精神面貌，也是一名合格的社会工作者应具备的基本素质。

第四节　社会工作者的技能提升

社会工作是社会建设的重要组成部分，是一种体现社会主义核心价值理念，坚持“助人自助”宗旨，遵循专业伦理规范，在社会服务与管理等领域，综合运用专业知识、技能和方法，帮助有需要的个人、家庭、群体、组织和社区，整合社会资源，协调社会关系，预防和解决社会问题，恢复和发展社会功能，促进社会和谐的职业活动。社会工作者是遵循助人自助的价值理念，运用个案、小组、社区、行政等专业方法，以帮助机构和他人发挥自身潜能，协调社会关系，解决和预防社会问题，促进社会公正为职业的专业工作者。社会工作者的技能状况，将直接影响和决定着社会工作的质量和水平，因此，提升社会工作者的技能水平，就显得十分重要。

一、提升社会工作者技能的重要意义

由于我国社会工作起步较晚，提升社会工作者的专业技能，一直是促进社会工作健康发展的重要内容。从我国国情出发，探索提升社会工作者专业技能的途径和方法，全面提升社会工作者的专业技能和服务水平，是新时期中国特色社会主义建设的迫切需要。党的十六届六中全会

提出了“建立健全以培养、评价、使用、激励为主要内容的政策措施和制度保障,确定职业规范和从业标准,加强专业培训,提高社会工作人员职业素质和专业水平”。这是从构建社会主义和谐社会的角度,将社会工作人才队伍作为构建社会主义和谐社会的重要依靠力量,把加强社会工作人才队伍建设摆在了突出的位置。2010 年 6 月 6 日,中共中央、国务院印发了《国家中长期人才发展规划纲要(2010—2020 年)》,提出要“适应构建社会主义和谐社会的需要,以人才培养和岗位开发为基础,以中高级社会工作人才为重点,培养造就一支职业化、专业化的社会工作人才队伍”,从而为社会工作人才培养和社会工作者技能提升指明了方向。通过社会工作人才培养和社会工作者专业技能提升,全面加强社会工作人才队伍建设,也为社会工作的有效开展夯实了基础。

二、构建社会工作者技能提升的体系

社会工作者能力提升体系建设,应面向具有普通高中或中等职业学校文凭的青年,通过高等学校提供专科层次或者本科层次,甚至研究生层次的学历教育。立足岗位技能和职业发展需要,为有意愿、有能力接受学历教育的社会工作者,提供相应的学历继续教育。发挥各级各类继续教育的作用,面向社会工作者开展常规化的继续教育培训服务。鼓励社会工作从业人员参加进修、实习、短训、远程学习等,以获得相应的职业资格,不断提高其职业素质和专业水平。推进学习成果累计机制建设,激励社会工作者终身学习,形成以高等院校社会工作人才培养为核心,以各级各类社会工作技能培训为主体,以社会工作者学习成果储存、转换、认证为补充的,具有中国特色的社会工作者技能提升体系,以适应我国社会工作快速发展的需要。

三、搭建社会工作者技能提升的平台

构建社会工作者技能提升平台,就是要为社会工作者的技能提升创造良好的环境和条件。可完善社会工作者职业化制度,为社会工作者成长铺平道路;通过“政府主导,行业自主管理”、“政府购买服务”、“建立信息一体化网络”、“培育民间机构”等措施,为社会工作者职业化奠定基础。建立客观的人才评价机制,健全激励机制,使薪酬与工作业绩、从业时间挂钩,建立合理的薪酬结构制度。可通过专业内部人员的互动评价和服务对象的反馈式评价综合考量业绩,建立优胜劣汰的淘汰制度。采取切实措施,特别是通过普及社会工作专业知识,不断强化社会各界对社会工作者职业的认同,优化社会工作者的从业环境。利用行业协会对整个行业进行引导与规范,使行业协会具有对社会工作从业人员和业内机构的注册权、监管权、考核权,促进社会工作行业的规范化、正规化建设。

四、拓展社会工作者职业晋升的空间

国家及社会工作机构应采取多种形式,进一步拓展社会工作者的职业晋升空间,为社会工作者的技能提升提供强大的动力。完善社会工作者专业技术资格评定制度,对于社会工作专业技术人员取得相关资质,符合相应职称评定条件的,准许其申报高一级职称、参加岗位竞聘等。鼓励符合条件的社会工作专业人才通过民主程序进入村(社区)“两委”班子的选拔,提升社会工作者的职业发展空间。推动社会工作者职业资格制度与职称制度的有效衔接,打破社会工作者职业资格认定与专业技术职称之间的壁垒,调动社会工作者参加职业水平考试的积极性,激发其技能提升的内生动力。

五、加强实践锻炼,不断成长

实践是人们能动地改造和探索现实世界一切客观物质的社会性活动,客观性、能动性和社会历史性是实践的基本特征。南宋爱国诗人陆游的名言“天下之事,闻者不如见者知之为详,见者不如居者知之为尽”,

就从一个侧面揭示了实践的重要性。毛泽东同志曾经指出“实践出真知”，说明了真正的知识只有从实践中才能获得。党的十八大以来，习近平总书记以身作则，从东到西，从南到北，从黄土高坡到雪域高原，走遍了全国集中连片的贫困地区，在详细了解贫困户家庭衣食住行等各个方面的情况后，在调研扶贫工作的实践中提出了“精准扶贫”这一理念。党的十八大以来，中国特色社会主义已进入了新时代，社会工作者肩负着新的时代使命，只有在学习与实践中增强素质、提升能力、增长才干，才可能成长为服务社会事业的有用之才。社会特别需要在实践中培养吃苦耐劳、坚韧不拔的品质和作风，需要在实践中树立崇高的理想信念和践行服务社会的使命，也需要在实践中感受环境、磨炼意志、学会思考、学会工作、提升技能，锻炼成长，使自己真正成为社会工作的行家里手。

小结

社会工作者是社会服务的提供者，是社会工作存在和社会问题有效解决的前提。社会工作者角色，是指社会工作者在社会中所应当发挥的职能和作用，以及规范他们的一整套行为模式。在工作中，社会工作者的角色分为三类：直接服务角色、间接服务角色和综合服务角色。社会工作者需要具备职业精神，包括具备良好的职业道德，强烈的职业意识及服务精神。中国特色社会主义新时期的职业精神是由多种要素构成的，这些要素分别从不同方面反映着职业精神的本质。社会工作者的职业精神，包括职业理想、职业态度、职业责任、职业技能、职业纪律、职业良心、职业信誉、职业作风。社会工作者需要培养爱国守法、爱岗敬业、热情奉献、公道正派、诚实守信、廉洁奉公的职业道德；确立责任、尊重、合作、学习等职业意识；具备对人真诚、热情，工作有良知能自律，处理问题公正少偏见等职业精神。社会工作者还应崇尚专业伦理、认同职业的非营利性、能协调个人与环境的关系、自如地运用社会环境资源、进行团体协作、能自助并助人、崇尚民主、尊重个性等。一名成熟的社会工作者应是发现社会问题、综合系统资源、解决实际问题的全能好手，在知识结构、综合能力、道德素养、身体状况、心理素质等诸多方面适应社会工作的需要，并在实践中感受环境、磨炼意志、学会思考、提升技能，锻炼成长。

自测题

1.填空题

(1)社会工作者是(　　)的提供者，是社会工作存在和(　　)有效解决的前提。

(2)社会工作者角色，是指(　　)在整个社会中所应当发挥的职能和作用，以及(　　)他们的一整套行为模式。

(3)“社会工作者”一词最早出现于(　　)年的美国。

(4)社会工作者通过自身(　　)的发挥，协调社会关系，解决(　　)，促进社会公平公正。

(5)利他主义的工作理念、人道主义的(　　)都是社会工作者应当尊崇的(　　)伦理精神。

(6)职业作为(　　)关系的一个重要方面，对社会成员的精神生活和(　　)具有重要影响。

(7)树立正确的(　　)态度是从业者做好本职工作的(　　)。

(8)职业纪律是(　　)在利益、信念、目标基本一致的基础上所形成的(　　)的纪律。

(9)职业信誉是(　　)和职业良心的价值尺度，包括对职业行为的(　　)所做出的客观评价和正确的认识。

(10)职业意识是人们对(　　)的认识、评价、情感和态度等心理成分的综合反映，是(　　)和职业活动的调节器。

(11)具有服务精神的人有帮助或服务(　　)的愿望，即专注于如何发现并满足客户的(　　)。

(12)社会工作者的职业能力是由(　　)和实践而获得的与社会工作专业相关的(　　)或能力的总和。

(13)社会工作者的专业价值还体现为(　　)。具体来说就是帮助那些有困难的人(　　)他们自己的问题。

(14)一名成熟的社会工作者应是发现(　　)、综合系统资源、解决实际问题复合式的(　　)。

(15)社会工作的实践理论，是关于(　　)实践的过程、方法及(　　)的经验。

(16)社会行政是一项筹措与安置(　　)，设计、协调组织结构，以及指导(　　)职员的工作。

(17)社会工作的职业道德是(　　)社会工作者从事专业活动的(　　)准则。

(18)鼓励社会工作(　　)参加进修、实习、短训、远程学习等，以获得相应的(　　)，不断提高其职业素质和专业水平。

(19)实践就是人们能动地(　　)和探索现实世界一切客观物质的(　　)活动。

(20)毛泽东同志曾经指出(　　)，说明了真正的知识只有从实践中才能获得。

2.判断题

(1)培养适应新时代社会工作需要的优秀社会工作者，形成结构合理、素质优良的社会工作人才队伍，是社会工作事业发展的基本要求。(　　)

(2)社会工作者面对服务对象不能提供直接服务或帮助，只能鼓励其在可能的情况下自强自立，克服困难，自我决策。(　　)

(3)社会工作者是从事社会服务工作的专业技术人员，不需要具备

职业精神。(　　)

(4)中国特色社会主义的职业精神是职业领域内社会主义价值观的特殊要求。(　　)

(5)社会工作者的职业道德包括爱国守法、爱岗敬业、热情奉献、公道正派、诚实守信五个方面。(　　)

(6)职业能力分为个人能力、专业能力和综合能力。(　　)

(7)社会工作者直接把人作为服务的对象。这种以人为本的工作特征,是社会工作者的价值源泉。(　　)

(8)社会工作者助人主要是提供物质的帮助,而不是致力于受助对象自信的恢复,帮助他们重新步入正轨。(　　)

(9)社会交往简单地说就是社会中人与人的往来与接触,是人们为了实现自己的目标而进行的相互影响的社会活动。(　　)

(10)从我国国情出发,探索提升社会工作者专业技能的途径和方法,全面提升社会工作者的专业技能和服务水平,是新时期中国特色社会主义建设的迫切需要。(　　)

3.思考题

(1)社会工作者在社会工作中充当了什么样的角色?

(2)社会工作者应当具备什么样的职业道德?

(3)毛泽东同志提出的"实践出真知",你是怎样理解的?

参考文献

[1]列宁.列宁选集(第1卷)[M].北京:中共中央马克思恩格斯列宁斯大林著作编译局,2012.

[2]沈茜.社会工作者职业资格与职称实现对接[J].中国社会工作,2020(19).

[3]徐红梅,伍幼林.国内社会工作者的基本现状及能力建设研究[J].城市问题,2010(9).

↘ 学习目标

了解我国社会治理的本质属性，掌握国家社会治理理念的本质特征，熟悉社会治理体系、社会治理方式、社会治理能力现代化的内涵、特征和要求。

↘ 实践建议

深入当地社区，了解基层社会治理能力现代化的特点和实践路径。

第七章 社会治理现代化

◇◇◇◇◇◇◇◇

社会治理现代化，包括社会治理理念现代化、社会治理体系现代化、社会治理方式现代化、社会治理能力现代化。社会治理理念现代化的关键和核心是党的领导，社会治理体系现代化是国家治理的重要基础。社会治理的现代化转型，既是思想观念的伟大革命，更是方式方法的深刻变革。

社会治理是指政府、社会组织、企事业单位、社区以及个人等多种主体通过平等的合作、对话、协商、沟通等方式，依法对社会事务、社会组织和社会生活进行引导和规范，最终实现公共利益最大化的过程。党的十八大以来，国家从完善和发展中国特色社会主义制度出发，全面推进社会治理现代化建设，着力从源头上预防和减少影响社会和谐稳定的问题发生，使一系列社会治理难题得到有效的破解，平安中国建设取得重大进展。

第一节 社会治理现代化发展趋势

加强和创新社会治理既是国家治理的重要内容，也是新时代推进社会建设的重要任务。

一、社会治理的内涵与特征

在公共管理领域，治理的概念是20世纪90年代在全球范围内逐步兴起的。治理理论的主要创始人之一，美国社会学家詹姆斯·N.罗西瑙认为，治理是通行于规制空隙之间的那些制度安排，是当两个或更多规制出现重叠、冲突时，或者在相互竞争中，需要调解时才发挥作用的原则、规范、规则和决策程序。英国社会学家格里·斯托克指出：治理的本质在于，它所偏重的统治机制并不依靠政府的权威和制裁。治理的概念是，它所要创造的结构和秩序不能从外部强加；它之发挥作用，要依靠多种进行统治的以及互相发生影响的行为者的互动。

在治理的各种定义中，联合国全球治理委员会的表述具有代表性和权威性。该委员会于1995年对治理作出了如下界定，即治理是或公或私的个人和机构经营管理相同事务的诸多方式的总和。它是使相互冲突的利益得以调和并且采取联合行动的持续的过程。治理主体包括有权迫使人们服从的正式机构和规章制度，以及种种非正式安排。而凡此种种均由人民或者同意、或者认为符合他们的利益而授予其权力。

与统治、管制不同的是，社会治理还是一种由共同的目标支持的活动，这些管理活动的主体未必都是政府，也不一定非得依靠国家的强制力量来实现。从本质上看，治理行政与管制行政有很大的不同。一方面，管制行政的权威主要来自政府，而治理虽然需要权威，但这种权威并不为政府所垄断。治理行政是政府与社会的合作、政府与非政府组织的合作、公共机构与私人机构的合作。另一方面，二者的权力运行的向度不同。管制行政的权力运行是自上而下的，它运用地方政府的政治权威，通过发号施令、制定和实施政策，对公共事务实行单一向度的管理。与此不同，治理行政则是一个上下互动的过程，政府、非政府组织以及各种私人机构主要通过合作、协商、伙伴关系，因共同目标处理公共事务，所以其权力向度是多元的，并非纯粹自上而下的。社会力量在社会治理中的作用日益增强，也可以通过正常途径，自下而上地对政府施加影响。

社会治理作为促进公民参与、公开、权责对等的制度模式进入公众视野，也被应用到社会生活的各个层面，个人、政府、社会都致力于通过治理以实现秩序、效率、公平等多元价值，以适应信息化带来的诸多挑战。新常态下的社会治理具有以下基本持征。

第一，整体性。虽然社会治理在中国语境下具有了中国传统文化和中国特色社会主义政治文化的特色，成了全新的政治理念，但是仍必须积极借鉴国外社会治理的理论与经验，避免陷入国外曾经的“恶治”或“劣治”，最终实现“善治”。社会治理是一项整体性的伟大工程，需要国家与社会、政府与市场的整体推进。

第二,良序性。中国通过改革开放走向繁荣,但同时引发了一系列社会极端事件,威胁到社会的安稳。可以说,协调各方权益,维护公共利益,实现良序社会,是社会治理的重要目标。因此,政府对特定事件、特定人物或群体、特定场域、特定时间进行管控,是必要的。在承认社会分工、社会等级和社会差别的前提之下,政府对社会利益进行协调,遏制不安定因素,维护社会稳定,避免社会动荡,这是社会治理的最低要求。

第三,民主性。社会治理的民主性很大程度上取决于社会治理主体的多元性,这种多元的主体包括政府等公共部门、民营企业、社会中间力量、普通民众等,其以不同的价值观来指导不同的主体选择社会行动。万普勒和布瑞恩曾指出,让公民直接参与复杂的决策过程是发展中国家"第三波"民主化浪潮最重要的创新。参与治理机制是增强民众和政府官员之间关系的一种新体制,旨在鼓励民众参与,促进社会正义。"当前我国的民主治理,是指人民群众在党和政府的领导下,自发自觉地参与公共事务治理。在其中,民主不只是程序性的运作模式,而成为一种内生性治理资源,这与坚持群众路线的精神完全一致。"

第四,法治性。中国繁荣背景下的极端恶性事件依然层出不穷,它们不仅违反了道德底线,而且触犯了法律。法治不仅是社会治理应奉守的思维和方式,还是保证改革顺利开展并取得成效的前提。英国学者罗德·罗茨认为,治理就是网络化的公共行为。而当下中国最大的社会治理问题是网络问题。网络时代不仅改变着人们的生存和发展方式,而且拷打着人们的内在灵魂和核心价值,更考验着政府和执政党的依法治理能力。网络治理法治化的程度如何,直接关系着社会治理法治化的进程。

第五,公正性。社会治理毕竟是公共权力的延伸,是公共权力运行方式的最新趋势,其最重要的主体依然是政府等公共部门,客体依然是社会基本事务,目的是维护公共利益,终极目标是提升人民的满意度和幸福感。它不仅不回避特殊个体,而且安抚社会弱势群体。它要求认真对待人民的合法权利,因为这种权利既是关乎利益的政治权利,又是关乎自由的道德主张。不同于霍布斯、罗尔斯和诺齐克等哲学家，阿马蒂亚·桑德尔更加强调超越不公正直观感受的公共理性和反思，追求有效的公正制度和实际行为方式，从而触及了公正的实质。总之，社会治理的公正性体现为创建社会基本制度，维护公民合法权益，实现公共资源的公正配置。

第六，廉洁性。腐败不仅大大增加交易成本，而且严重损害政府的公信力。腐败行为并非只发生在拥有权力的上层社会精英群体中，下层社会群体中同样存在，在信息不公开透明，又缺乏民主监督的情况下，二者经常会无视法律法规和社会良俗，实现权力和资本的交易与合谋，造成社会的不公正。阿马蒂亚·森关于信息公开重要性的观点虽然片面，却不失深刻；迈克尔·桑德尔关于公正的论述，虽然被个别学者评为“聪明而不睿智”，却依然无法“掩盖他的某些思想光辉”。近年来，腐败案件接连不断。因为国家权威信息不够公开透明，公民、社会、媒体的反腐监督受到限制，社会的廉洁性、公平正义、和谐有序得不到保障。因此，廉洁性是推进国家治理体系和治理能力现代化的应有之义。

二、从管理到治理的演化变革

所谓“社会治理”，就是特定的治理主体对社会实施的管理。由“社会管理”到“社会治理”不仅仅是概念上的变化，而且蕴含着理念、方法的变化。可以说，社会治理是一种理想的社会和经济效果的治理模式，并且还有一系列的价值、政策和制度，国家可以用这些来管理它的经济、政治和社会进程。

（一）社会管理的演化发展

西方国家治理理论奉行社会中心主义和公民个人本位，因此理性经济人的社会自我治理，在理论逻辑上就构成了西方国家治理理论的核心内容。在特定意义上可以认为，西方国家的治理理论，本质上就是以理性经济人为基础的社会自我治理理论。“如果说19世纪至20世纪的改革家们倡导建立最大限度的中央控制和高效率的组织机构的话，那么21世纪的改革家们则将今天的创新视为是一个以公民为中心的社会治理的复兴实验过程。”

从词源学的角度看，社会治理由社会管理逐渐演化而来。在我国，社会管理最早见于1998年《关于国务院机构改革方案的说明》，这个方案提出政府有宏观调控、社会管理和公共服务三项基本职能。伴随着经济社会的快速发展，特别是多元社会的日益形成和社会流动性的日益增强，人们逐渐认识到社会管理应该走向社会治理。正是基于这种认识，在进入中国特色社会主义新时代后，党中央审时度势地提出了推进社会治理的要求。为此，党的十八届三中全会就从改进社会治理方式、激发社会组织活力、创新有效预防和化解社会矛盾体制等方面，部署了国家社会治理体制的创新。这是我国第一次以正式文件的形式提出社会治理概念。党的十九大进一步提出要打造共建共治共享的社会治理格局，推动社会治理重心向基层下移，实现政府治理和社会调节、居民自治的良性互动，推动社会治理深入发展。显然，我国的社会治理，就是在中国共产党的领导下，由政府组织主导，吸纳社会组织等多方面治理主体参与，对社会公共事务进行治理的活动，就是“以实现和维护群众权利为核心，发挥多元治理主体的作用，针对国家治理中的社会问题，完善社会福利，保障改善民生，化解社会矛盾，促进社会公平，推动社会有序和谐发展的过程”。

（二）社会治理与社会管理的区别

社会治理虽然由社会管理演化而来，但两者之间仍然存在区别，这种区别主要集中在三个方面。

1.覆盖的范围不同。社会管理在实践中往往被理解为无所不包，涵盖的领域过于宽泛，在实践中不容易把握、很难界定；社会治理则聚焦于激发社会组织活力、预防和化解社会矛盾、健全公共安全体系等。

2.社会治理相比于社会管理，更突出地强调鼓励和支持各方面的参与，强调更好地发挥社会力量的作用，而不是政府的管控。

3.社会治理更加强调制度建设，强调用法治思维和法治方式化解社会矛盾，社会治理体系可以说是国家治理体系的一个重要组成部分，要研究政府、市场、社会三者之间可能出现的冲突与合作方式。

（三）我国社会治理的本质属性

我国的社会治理与西方国家奉行的社会中心主义和公民个人本位存在着本质的差别，这种差别集中反映在以下几个方面。

第一，治理的领导力量是中国共产党。我国的社会治理，是中国共产党在社会主义根本制度和基本制度确立和巩固的前提下，领导人民进行的治理活动，是中国共产党执政地位和执政行为的实际体现，是在中国共产党总揽全局、协调各方的总体格局中运行治权的活动。因此，社会治理在各个方面，都必须“充分发挥党总揽全局、协调各方的领导核心作用”。

第二，治理的根本出发点是人民的根本利益。基于中国共产党的阶级属性和人民属性，按照中华人民共和国的国体规定，我国社会治理的根本出发点，是维护人民的根本利益，是在运行和发展过程意义上稳步实现人民主权和人民民主政治，由此达成人民民主与国家有效治理的辩证统一。如同习近平总书记论述推进治理现代化的改革时所指出的那样：“推进任何一项重大改革，都要站在人民立场上把握和处理好涉及改革的重大问题，都要从人民利益出发谋划改革思路、制定改革举措。”

第三，治理遵循依法治国的基本方略。依法治国，是中国共产党治理国家的基本方略，是实现党的领导、人民民主与依法治国战略的实际途径，因此也是国家治理、政府治理和社会治理的基本遵循。十八届三中全会明确提出建设法治中国的任务，要求以法治思维运行治权，指出必须坚持依法治国、依法执政、依法行政共同推进，坚持法治国家、法治政府、法治社会一体建设。显然，这其中的法治国家、法治政府、法治社会一体建设。恰恰分别对应着国家治理、政府治理和社会治理，鲜明地显示了多种治理共同遵循的基本方略。

第四，治理具有共同的目标指向。在价值层面，社会治理的目标在于巩固马克思主义在意识形态领域的指导地位，巩固全党全国各族人民团结奋斗的共同思想基础。在国家、社会和公民个人层面，培育富强、民主、文明、和谐、自由、平等、公正、法治、爱国、敬业、诚信、友善的核心价值观。

在制度层面，国家社会治理的目标指向在坚持中国特色社会主义根本制度和基本制度的前提下，破除一切不适应生产力发展要求的体制机制，创新释放生产力和社会活力的体制机制，以完善和发展中国特色社会主义制度。

三、我国社会治理存在的认识误区

21世纪以来，社会治理创新的重心已由追求政府管理的高绩效转向社会治理结构的变革，公共治理中的政府权力本位转向人民权利本位。2011年，中共中央 国务院颁发《关于加强和创新社会管理的意见》，对社会管理创新的指导思想、基本原则、重点领域和重点任务等作出战略部署，各级政府积极响应中央号召，开展地方社会管理创新实践，在构建社会管理新格局、社会组织培育规范、社会稳定风险评估、基层社区协同治理等领域进行了有益的探索，取得了显著的成效，但仍然存在一些认识上的误区和行动上的偏差，需要在推进治理能力现代化进程中予以克服。社会治理曾一度存在的误区，主要表现在以下几个方面。

（一）“维稳”诉求大于“维权”诉求，导致社会治理体制创新的价值理性迷失

社会治理体制创新的实质是以实现和维护群众权利为目标，通过赋予和实现群众表达利益的权利、维护利益的权利、实现利益的权利，推动个人发展和社会有序和谐发展。但也有一些地方政府把“维稳”作为社会治理体制创新的核心价值诉求，过度强调政府在“维稳”中的社会风险控制责任，推行“社会稳定一票否决制”，驱使各级官员把社会治理中的主要精力和资源都用于群体性冲突事件的管、控、防上，对群众的各种维

权行为高度敏感，严防死守，甚至出现以剥夺或限制公民权为代价维稳的现象，其结果反而是促使“民怨”演变为“民愤”，群众的抗争由意识转向行动，出现了越维稳越不稳的情况。

（二）党政包揽替代多元参与，导致社会治理的协同格局难以形成

随着社会治理由单一中心向多中心的转变，社会治理的主体不仅是党和政府，还要依托各类社会力量的协同和公民参与。然而，理论上的共识在现实推进中遇到了“全能政府”惯性的障碍，一些地方政府仍然习惯于对社会组织和社会成员采取自上而下的任务下达与政治动员的刚性工作方式，对社会事务大包大揽，忽略了各种社会组织和公众在社会治理中的主体地位和主力作用，甚至把社会治理片面理解为“对社会的管制”或“管理社会组织”，主张对社会组织的防控要横向到边、纵向到底，将社会组织和社会成员视为社会治理的对象而不是合作的伙伴，漠视社会公众对社会治理体制创新的公共需求，习惯“爱你没商量”式的“为民做主”。其结果不仅导致多元主体协同的社会治理新格局难以形成，同时也因缺乏社会协同和公民参与而影响社会认同，把社会治理演变成了党政内部的自娱自乐，失去了社会治理体制创新的社会基础。

（三）风险控制重于民生建设，导致社会治理体制创新的路径依赖本末倒置

如果把社会风险控制的功能视为“灭火”的话，那么从保障和改善民生入手，完善社会建设，提升社会福利水平，增强群众的安全感和幸福感就是让老百姓“不上火”。很显然，“不上火”是本，属于积极的社会治理，“灭火”是“末”，属于消极的社会治理。但一些地方政府把主要精力放在了社会冲突与纠纷化解，流动人口和特殊人群管理，非公有制经济组织、社会组织管理，公共安全与社会秩序管理，信息网络安全管理等方面，仍然没有突破社会治安综合治理的狭隘范畴。其实，诱发社会风险的深层次原因是社会建设严重滞后和公共服务供给不足引发的收入分配结构不合理、贫富分化严重、社会不公平感等社会“负能量”。因此，只

有把民生建设作为社会治理体制创新的根本要求，通过完善公共服务体系，构筑保障国民生存和发展的基线，形成全体国民共建共享的利益分享机制，才有可能从源头上化解社会矛盾，促进社会和谐。

（四）“即兴式”举措多于制度规范，导致社会治理体制的法治保障不足

曾一度时期，全国各地的社会治理创新探索“即兴式”举措多，亮点不少，但由于多数属于“碎片化”的局部试验，缺乏从战略的高度进行系统制度设计，往往就出现了“人走政亡”、后劲不足、可持续性不够的窘境。

法治是衡量社会治理体系和治理能力现代化的重要标准之一。社会关系的调整与社会利益的表达，都必须严格遵循法定依据、法定职权和法定程序。然而在"维稳就是讲政治"和"稳定压倒一切"的高压态势下，一方面，部分社会组织和社会成员的依法维权的意识不强，当出现权利受损和利益表达受挫时，不是寻求制度化的行政救济或司法救济实现维权，而是通过违法上访、聚众闹事等非理性方式扩大社会影响，倒逼政府满足其要求。其结果不仅不能解决矛盾，反而导致了矛盾激化、秩序受损，出现纠纷解决中的社会失范。另一方面，部分执法人员和干部运用法治思维和法治方式化解社会矛盾，但应对社会冲突的能力不够。在协调社会关系、分配社会资源、化解社会矛盾时存在有法不依、有法难依、执法不严、违法不究的现象，甚至出现“以言代法、以权压法、徇私枉法”等严重违法行为，导致公民的合法权利受到侵害，社会不公平感和相对被剥夺感加剧，衍生出社会泄愤和社会抗争等“负能量”，反而加剧了社会矛盾和社会风险。显然，推进社会治理能力现代化，全面提升国家各个层面的治理能力已刻不容缓。

四、国家治理现代化的核心问题

现代化是20世纪以来世界各国共同关注的重要话题，是一个国家

在历史变迁过程中所经历和展现出来的经济、政治、文化、社会、生态等各领域的重大变革。世界上并不存在一模一样的现代化模式，正反两方面的经验教训表明，只有把现代化的一般理论与本国实际紧密结合在一起，才能形成契合自身需求、体现自身特点的现代化道路。

中国作为后发国家，在追求现代化的道路上不断地进行探索。新中国成立以后，中国人民就在中国共产党的领导下着力恢复国民经济并进行社会主义改造，为现代化建设奠定了基础。中共八大时就将党在当时的重要任务确定为：使中国具有强大的现代化的工业、现代化的农业、现代化的交通运输业和现代化的国防。党的十五大明确提出，到下世纪中叶，基本实现现代化，建成富强、民主、文明的社会主义国家。党的十七大又在此基础上提出了要“建设富强民主文明和谐的社会主义现代化国家”的目标。

在社会主义现代化进程的不断探索中，中国共产党始终在丰富拓展社会主义现代化的内涵，并逐渐认识到推进国家治理体系和治理能力现代化，既是坚持和发展中国特色社会主义的必然要求，也是实现社会主义现代化的题中应有之义。党的十八届三中全会提出了国家治理能力现代化的要求，并强调全面深化改革的总目标，就是完善和发展中国特色社会主义制度、推进国家治理体系和治理能力现代化。国家治理的现代化，既包括国家制度体系的现代化，也包括制度执行能力的现代化。国家制度体系的现代化能够保障制度文明的先进性，坚定制度自信。制度执行能力的现代化能够保障制度文明的有效性，坚定道路自信。二者是同一政治过程中相辅相成的两个方面，有了良好的国家治理体系，才能提高国家的治理能力；只有提高了国家的治理能力，才能充分发挥国家治理体系的效能。

（一）诊断社会问题是推进治理现代化的前提

习近平总书记指出：“相比我国经济社会发展要求，相比人民群众期待，相比当今世界日趋激烈的国际竞争，相比实现国家长治久安，我们在国家治理体系和治理能力方面还有许多不足，有许多亟待改进的地方。”

这些不足和亟待改进的地方，究其根源，部分在于我们在国家治理制度设计和制度执行中缺乏对现实社会问题的准确研判，尤其缺乏根据公共需求构建国家治理体系的问题意识。我国目前正处于传统计划经济向现代市场经济的转型，集权管制型政体向分权开放型政体转型，传统农业社会向现代工业社会的转型这一特殊时期，在加快推进经济发展方式转轨、社会发展方式转变、政府治理模式转型的进程中，必然面临经济体制深刻变革、社会结构深刻变动、利益格局深刻调整、思想观念深刻变化、社会公平问题凸显、社会矛盾加剧、社会冲突高发等现实难题。能否正确处理经济发展与社会公平，工业化、城市化与环境保护，基本民生建设与公共安全，公共需求增长与公共服务供给不足，公共权力膨胀与公民权利萎缩等社会问题，既是构建国家治理体系的基础，也是提升国家治理能力的前提。

（二）加强社会建设是推进国家治理现代化的基础

党的十八大报告把对社会治理创新的表述修改为“在改善民生和创新管理中加强社会建设”。十八届三中全会提出“紧紧围绕更好保障和改善民生、促进社会公平正义深化社会体制改革”，高度强调社会建设在社会治理体制创新中的基础作用，从而改变了原有的以社会控制和社会稳定为主要诉求的社会管理体制。社会建设，既包括发展社会事业，即收入分配制度、就业与社会保障、公共教育、公共卫生、公共文化、公共安全等基本公共服务，也包括社会组织的培育、社会行为规范和社会责任的培育和养成。这些既是社会治理的核心内容，也是国家治理现代化的基础。

（三）促进社会协同是国家治理现代化的核心

从国家管理到国家治理，最大的区别就在于治理主体由单中心向多中心转变，治理手段由刚性管制向柔性服务转变，治理空间由平面化向网络化转变，治理目的由工具化向价值化转变。其基本特征：一是实现国家权力向社会的回归。公共权力运作流程不再总是单一的和自上而下的，而是互动式、多向度的。政府由凌驾于市民社会之上的管制者，又重新回到市民社会之中成为服务者。二是主体趋于多元化。政府必须与各种社会组织一起形成协作网络，在共同分担社会责任的基础上形成多元协同治理机制，共享公共资源，参与公共治理，并使各方共同受益。故联合国全球治理委员会认为，“治理是各种公共的或私人的个人和机构管理其共同事务的诸种方式的总和。它是使相互冲突的或不同的利益得以调和并且采取行动的持续的过程”。三是以合作与协商为治理方式。要实现社会治理，必须建立一个以相互依存为基础的、以协作为特征的、纵横协调的、多元统一的现代化社会治理结构。促进立法协商、行政协商、民主协商、参政协商、社会协商等广泛多层的制度化发展。由此可以看出，国家治理现代化的核心就是要实现政府与市场、政府与社会的协同共治，在加快经济转型中使市场在资源配置中起决定性作用和更好发挥政府作用。在社会体制创新中构建党的领导、政府负责、社会协同、公民参与、法治保障的治理格局。

第二节 社会治理理念现代化

社会治理是多元主体对纷繁复杂的社会事务展开的合作治理，社会系统、社会事务、社会生活等社会领域，就自然构成了社会治理的重要范畴。社会治理理念的现代化，其中最为关键的就是要坚持以中国共产党的领导为根本保证的理念和以人民为中心的治理理念，牢固树立以总体国家安全观为统领、以社会公平正义为价值追求等理念。

一、社会治理理念的内涵与特征

(一)理念阐释及其特征

在旧哲学流派中,康德在《纯粹理性批判》中,把观念亦称为“纯粹理性的概念”,指从知性产生而超越经验可能性之概念,这多被译为“理念”。柏拉图的“理念说”认为,事物不过是理念的“影子”或“摹本”。理念的字面意思是理性概念。《辞海》(1989)对“理念”一词的解释有两条:一是看法、思想、思维活动的结果;二是“理论,观念,通常指思想。有时亦指表象或客观事物在人脑里留下的概括的形象。理念与观念关联,上升到理性高度的观念叫“理念”。可见,理念就是理性化的想法,理性化的思维活动模式或者说理性化的看法和见解。它是客观事实的本质性反映。它具有以下特性。

1. 区域性。任何理念都有自己的局限,也就是说,每一理念都存在着自己固有的适应范围。它可以适应多个范围。

2. 概括性。理念的形成,源于我们对现象之规律已经有了一定的认知。这种认知具有概括的广度和深度。概括性越高,认知的信息内容就越丰富。

3. 客观性。如果我们要对客观现象的本质或特征有整体性的诠释,就得有其相对应的客观程度。

4. 间接性。理念是人类凭借自己的语言形式来对客观现象进行的诠释,是在感觉格式化之基础上建立的。

5. 逻辑性。诠释现象的信息内容,反映出理念是一种抽象的理论认识,表明理念中陈述的现象遵循着一定的规律、有一定的形式,并按照一定的方法在进行。

6. 深刻性。理念是经过人类的思考活动,进行信息内容的加工——去粗取精、去伪存真,由此及彼、由表及里,于是,在人类情感格式化里,生成了一种认知过程的突变,产生了观念、概念或法则——抓住了现象的本质,以及整体与内外的联系。

7.灵活性。理念的灵活性是指对语法、概念或语言格式之用法的灵活程度。

(二)社会治理理念的内涵

“统治”是我们最早用于分析统治阶层意志执行的政治术语。马基雅维里的《君主论》可谓近代西方治理研究的开山之作,探讨了作为君王术或统治术的治理术。福柯则以考察具体历史的方式发展了这种“治理术”研究,企图以“疯癫与文明”、“规训与惩罚”等“文化边界”问题的研究来批判现代西方文明。

从统治走向管理,是现代政治兴起的一个重要标志。管理淡化了统治的意识形态性质,强调了公共权力的公共性和服务性。随着经济社会的进一步发展,管理的单向性所致的局限性日益凸显,不能满足公民社会的自主意识和参与意识的更高要求。2013年,福山指出,许多国家最糟糕的经验措施就是行政部门及其官僚体制。

一般认为,治理问题最初引起重视,是出于国际组织和跨国公司改善受援国或投资国社会政治环境的努力。但是,治理问题之所以在近年来日益受到世界各国普遍的重视,更深刻的原因在于政府体制和市场体制的局限性和在若干领域中的失效。治理是一种公共管理行为,是价值因素较少而技术因素较多的政治行为。

20世纪90年代兴起的全球治理理念恰好可以弥补这一缺陷,构成一种国家和社会新型关系的政治行动模式。这种概念上的转换既有政治观念自身不断创新的原因,也是经济社会大环境推动的结果,本质上则是因为政治的本性惧怕真空。因此,从社会管理走向社会治理,是人类政治发展的普遍趋势。

“治理是指主权者借助于社会、政治和法律等基本制度,调动各种社会资源和社会力量,追求社会共同利益。治理的目的是实现或创造公共产品,其首要目标是尽可能完备地提供社会初级产品。”可见,社会治理的目标是“善治”,即追求公共利益最大化的效果。其实质是对公共权力的延伸以及对公民个人权利的保护。它更强调政府以外的非政府组织、志愿者和公民等社会力量在管理公共事务、解决社会争端方面所起的积极作用。它与政府治理、市场治理共同构成了国家治理。毋庸置疑，社会治理理论属于新常态下马克思主义中国化的重大理论成果，是中国共产党作为执政党走向成熟的重要理论标志。

从新中国成立以来，尤其是改革开放以来，社会治理在我国受到高度重视，在社会建设中进行了持续的理论概括和深入的实践探索。"社会治理"理念也经历了"国家(政府)管理——国家(社会)管理——社会治理"的不断深入改变。党的十六届三中全会提出"完善政府社会管理和公共服务职能"的要求。党的十八届五中全会更进一步指出:要"坚持依法治理，加强法治保障，运用法治思维和法治方式化解社会矛盾"。这些要求表明，社会治理不仅仅是治国理政的现实需求，也是基层社会依法治理的实际需要，更是实现"四个全面"战略布局的必要前提，是全面建成小康社会的重要保障。尤其在当前乡村振兴战略实施背景下，基层社会治理更被赋予更深层次的要求。随着社会治理的深入推进，国家社会治理的理念也在发展变化。如核心理念即治理主体的多向度，强调政府主体的非唯一性。

二、中国传统文化中的社会治理理念

中华传统文化博大精深，其中蕴含着丰富深厚的社会治理理念，主要体现在我国古代政治思想领域当中。中国古代的思想家们在社会治理理念上的主要代表有"天道治理理论""王道治理理论""霸道治理理论"。这三大"治理"理论曾被商鞅概括为"帝、王、霸"三术。

(一)"天道"治理理念

"天道"治理理念本质上即道家治理理念。它强调道法自然、无为而治。在国家和社会的关系上，"天道"理念往往侧重于强调"重生""贵己"思想，强调要重视个人利益和个人自由，主张"无政府""极小政府"状态，宣扬"小国寡民"。"天道"治理思想家们系统阐释了如何处理天下与个人之间的相互关系问题，强调既不能牺牲个人利益利于天下，即“损一毫利天下”，也不能牺牲天下利于个人，即“悉天下奉一身”。他们认为只有正确处理天下与个人之间的关系，才能最终实现“天下大治”的总目标。这个观点从古代杨朱的“重生”“贵己”“轻物”到老子的“无政府”“小国寡民”都可以看出来，其思想要领就是希望通过“无为而治”的治理模式实现“天下大治”的目标。

（二）“霸道”治理理念

“霸道”治理理念主要体现在中国古代法家思想当中。法家思想家们主要从人的自私本性和利己动机出发，强调在国家和社会的关系上，轻视“个人利益”“个人自由”，转而要求加强“集权统治”和“权威政府”的作用。“霸道”治理理论的主要代表人物是韩非子。他的思想典型体现为继承总结先秦法家的理论和实践，提出中央集权的君主专制治理理论。这一思想的核心是：人口的增加、财富的增加和社会水平的提高导致了社会竞争的加剧，进而导致社会矛盾的增多（主要体现为封建社会君民矛盾和君臣矛盾），从而使得“无为而治”治理理论失效，得民心、顺民情与仁爱等理念无法实现社会的有序，必须采用法家“法、术、势”为核心的集权治理模式，由此出现了严刑重赏和权威震慑的治理方式，形成了古代封建社会依法治理与集权管理模式相结合的动态社会治理理论。

（三）“王道”治理理念

“王道”治理理念主要体现在儒家思想当中。传统儒家思想强调“自上而下”的君为臣纲、父为子纲、夫为妻纲的管理与格物、致知、诚意、正心、修身、齐家、治国、平天下“自下而上”的管理相结合的方式，形成了迄今为止中国传统文化中最具有影响力的社会治理理念。古代“王道”治理理念强调重视国家与社会的关系，认为其主要体现在封建社会君臣关系和君民关系上，实质上是关于重民、爱民、利民的“民本思想”的总和。“王道”思想从商周时期开始萌芽，历经多个朝代直至清朝，其间经历了多种形态的发展、变化和演进。但是，无论它的表现形式是“民为邦本”、以民为本的民本形式，还是“敬德保民”、以民为重的民重形式，还是“民贵君轻”、以民为基的民基形式，还是“利民”“富民”、让利于民的富民形式等，都明确显示出了“王、国、民”三者之间的相互制衡关系，鲜明揭示了国家的繁荣昌盛必须仰赖国君与百姓之间形成良好的互动关系。古代中国思想家中，孔子、孟子是“王道”治理思想的集大成者，明确主张国君治理国家应当实行“仁政”“德政”，要求“为政以德”，认为“桀纣失天下也，失其民也，失其民者，失其心也”，要“得天下有道，得其民，斯得天下矣”。对比传统文化当中几种社会治理理念的典型观点，在国家与社会的关系方面，西方普遍认为，社会决定国家的产生、发展和灭亡。例如，在国家管理与社会自治的关系上，马克思、恩格斯很早就认为，国家只是作为一种组织形态存在，有赖于社会自身的运行意志的引导和制约。国家意志与社会意志相互联系又相互区别，正如马克思所言：“国家的本质特征，是和人民大众分离的公共权力。”因此，在国家、社会之间的相互关系上，马克思和恩格斯将国家政治与社会治理之间的互动演进分成了几种形态，也为我们探讨国家与社会的互动关系提供了重要的理论依据。当前，随着乡村振兴战略的提出，农村基层社会治理的重要性不断增强。加强党和国家社会治理体系建设，不断推进农村基层社会治理创新，就需要从其理论源流中进一步寻找思想的理论活水和养分，不仅需要从西方公共治理理论中进一步寻找养分，更需要从中国传统文化的民本治理思想中，汲取养分。总体来讲，中国封建社会传统文化中蕴含着丰富的社会治理理念，是“天命—王命—民命”关系的产物，对于我们当前创新社会治理、全面深化改革发展、加强依法治理有很重要的参考价值。

三、推进社会治理理念现代化

党的十八大以来，习近平总书记以马克思主义者巨大的理论勇气和高超的政治智慧，就社会治理现代化提出了一系列具有开创性、引领性的新理念，形成了系统完整、逻辑严密的科学理论体系和具有中国特色的社会治理理念。

（一）坚持党的领导为根本保证

中国特色社会主义最本质的特征是中国共产党领导，中国特色社会主义制度的最大优势是中国共产党领导。政法姓党是政法机关永远不变的根和魂，要坚持党对政法工作的绝对领导，确保刀把子牢牢掌握在党和人民手中。中国稳定的最大压舱石是中国共产党的领导，要善于把党的领导和我国社会主义制度优势转化为社会治理优势，不断完善中国特色社会主义社会治理体系。

（二）坚持以人民为中心的理念

人民是我们党执政的最大底气。要坚持以人民为中心的发展思想，着力解决人民群众最关切的公共安全、权益保障、公平正义问题，不断增强人民群众获得感、幸福感、安全感。要贯彻好党的群众路线，让群众的聪明才智成为社会治理创新的不竭源泉。

（三）坚持稳中求进工作总基调

稳中求进工作总基调是治国理政的重要原则，也是做好工作的方法论。稳是主基调，是大局，在稳的前提下要在关键领域有所进取，在把握好度的前提下奋发有为。发展是硬道理，稳定也是硬道理，抓发展、抓稳定两手都要硬。要强化保安全、护稳定各项措施，确保社会大局稳定。

（四）以总体国家安全观为统领

国家安全是安邦定国的重要基石，是全国各族人民的根本利益所在。要坚持国家利益至上，以人民安全为宗旨，以政治安全为根本，统筹外部安全和内部安全、国土安全和国民安全、传统安全和非传统安全、自身安全和共同安全。要依法行使人民民主专政职能，正确处理两类不同性质的矛盾，确保党的执政安全和我国社会主义制度安全。

(五)打造共建共治共享新格局

要坚持走中国特色社会主义社会治理之路,加强社会治理制度建设,完善党委领导、政府负责、社会协同、公众参与、法治保障的社会治理体制,打造共建共治共享的“三共”社会治理格局。要更加注重联动融合、开放共治,实现人人参与、人人尽力、人人共享。

(六)以社会公平正义为价值追求

公平正义是中国特色社会主义的内在要求,促进社会公平正义是政法工作的核心价值追求。社会矛盾大多是由利益问题引发的,预防化解的关键是要以促进社会公平正义、增进人民福祉为出发点和落脚点,加大协调各方面利益关系的力度,推动改革发展成果更多更公平惠及全体人民。要严格执法、公正司法,努力让人民群众在每一个案件中都感受到公平正义。

(七)以活力有序为目标导向

社会治理是一门科学。一个好的社会,既要充满活力,又要和谐有序。要坚持系统治理、依法治理、综合治理、源头治理,动员组织社会力量共同参与,努力实现社会既生机勃勃又井然有序。

(八)“三治”结合为基本方式

坚持自治、法治、德治“三治”相结合,提高社会治理社会化、法治化、智能化、专业化水平。要完善基层群众自治机制,打造人人有责、人人尽责的社会治理共同体。要坚持中国特色社会主义法治道路,更好发挥法治固根本、稳预期、利长远的保障作用,善于运用法治思维和法治方式分析解决问题。要大力弘扬社会主义核心价值观,加强思想教育和道德教化,让全社会充满正气正义。

(九)以防范化解风险

增强忧患意识、做到居安思危,是我们党治国理政必须坚持的一个重大原则。既要高度警惕“黑天鹅”事件，也要防范“灰犀牛”事件；既要提前防范风险，也要有应对和化解风险的高招；既要打好防范和抵御风险的有准备之战，也要打好化险为夷、转危为机的战略主动战。

（十）网上网下为共同战场

没有网络安全就没有国家安全。要提高网络综合治理能力，形成党委领导、政府管理、企业履责、社会监督、网民自律等多主体参与，经济、法律、技术等多种手段相结合的综合治理格局。

（十一）以体制改革和科技创新为动力

深化司法体制改革，加快建设公正高效权威的社会主义司法制度，是推进国家治理体系和治理能力现代化的重要举措。要加快推进政法领域全面深化改革，在更高起点上推动改革取得新的突破性进展。要把科技创新作为社会治理现代化的重要抓手，推进政府管理和社会治理模式创新，实现政府决策科学化、社会治理精细化、公共服务高效化。

（十二）以基层基础建设为重心

治国安邦重在基层，社会治理的重心必须落到城乡社区。要调整完善不适应的管理体制机制，推动管理重心下移，把人财物和权责利对称下沉到基层，把为群众服务的资源力量尽量交给与老百姓最贴近的基层组织去做。要坚持和发展“枫桥经验”[①]，争取做到小事不出村、大事不出镇、矛盾不上交。

①20世纪60年代初，浙江省绍兴市诸暨县枫桥镇干部群众创造了“发动和依靠群众，坚持矛盾不上交，就地解决。实现捕人少，治安好”的“枫桥经验”，为此，1963年毛泽东同志就曾亲笔批示“要各地仿效，经过试点，推广去做”。“枫桥经验”由此成为全国政法战线一个脍炙人口的典型。之后，“枫桥经验”得到不断发展，形成了具有鲜明时代特色的“党政动手，依靠群众，预防纠纷，化解矛盾，维护稳定，促进发展”的枫桥新经验，成为新时期把党的群众路线坚持好、贯彻好的典范。

第三节 社会治理体系现代化

现代社会治理体系由组织体系、制度体系、运行体系、评价体系和保障体系构成。其中，组织体系是主体，制度体系是依据，运行体系是路径，评价体系是标准，保障体系是支撑。它们既相对独立，又互为一体，从而架构起治理社会的互为前提、互相制约与互相推动的社会网络。

一、现代社会治理体系的基本内容

社会治理体系是国家治理体系的主要组成部分，是国家治理的重要基础。国家治理制度体系是主权国家的执政者及立法、行政和司法等国家权力机关，为了实现国家发展目标，通过一定的程序进行的制度安排，社会治理制度体系尤其是基本制度体系是其中重要的内容。

社会治理体系建设是一项系统工程。首先，社会治理体系是国家治理体系的重要组成部分，社会治理如果存在短板，势必严重影响国家治理体系的完备性、规范性和有效性。其次，社会治理体系内部是一个相对独立和完整的系统，必须科学设计，既不能简单拼凑，也不能抱残守缺。再次，社会治理体系与其他治理体系存在相互联系、相互作用和相互影响的关系，必须瞻前顾后，相互配套。必须坚持以人民为中心的发展思想，牢固树立和贯彻落实新发展理念，在经济社会的发展进程中不断完善中国特色社会主义社会治理体系。

习近平总书记指出：国家治理体系是在党领导下管理国家的制度体系，包括经济、政治、文化、社会、生态文明和党的建设等各领域体制机制、法律法规安排，也就是一整套紧密相连、相互协调的国家制度。这表明国家治理体系在形式上体现为一系列规范体制机制的国家制度，内容涉及经济、政治、文化、社会、生态文明和党建六个方面，重点在于政治体制、行政体制、经济体制、社会体制、文化体制的完善，实质是运用公共权力调整社会关系，协调社会利益，化解社会矛盾，维护社会秩序，实现政治、经济、社会协调发展。国家治理能力，就是运用上述国家制度管理社会各方面事务的水平和绩效，因为“治理能力反映的是国家治理行为的水平和质量，是对国家治理模式稳定性、有效性和合法性的直观度量”。

二、国家治理体系建设的实践探索

历史和实践证明，我们的国家治理体系和治理能力总体上是好的，是适应我国国情和发展要求的，具有独特优势。这源于我们党带领广大人民群众从推进政党治理、政府治理、社会治理等方面所作出的坚持不懈的实践探索。

（一）主动推进政党治理

考察众多现代国家的发展历程可以发现，政党是现代国家治理的重要组织力量，并在其间扮演着重要角色。在中国，中国共产党是最高政治领导力量。推进国家治理体系现代化，必须重视党在国家治理中的重要作用，必然要求党把加强自身治理摆在突出重要位置，否则就无法担当起推进国家治理体系现代化的职责使命。我们党始终保持高度的忧患意识，强调要持之以恒地加强政党治理，以加强党的长期执政能力建设为主线，以制度治党、思想建党和理论强党为支撑，以党的政治建设为统领，以坚定理想信念为根基，以正风肃纪严惩腐败为有力抓手，全面加强党的政治建设、思想建设、组织建设、作风建设、纪律建设，并把制度建设贯穿其中。实践证明，一系列的管党治党举措让党的推进国家治理体系现代化所需的政治领导力、思想引领力、群众组织力、社会号召力等得到了极大的提升。

(二)及时改进政府治理

政府是推动国家治理体系现代化的重要主体力量,其自身的结构和能力水平既是检验国家治理体系现代化水平的重要标识,又是影响国家治理效能发挥的重要因素。新中国成立之初,我们党借鉴苏联模式,政府对经济、社会、文化等领域实施统一管理,这种政府管理模式一定程度上适应了新中国成立初期政治社会生活的基本要求。但是,随着经济社会的不断发展,特别是改革开放之后社会结构的日趋多元,统一的计划管理模式已经难以适应现实的需要。针对这种情况,我们通过推动多轮政府机构改革以优化政府结构体系、改革创新行政审批制度以激发释放行政效能、正确处理政府与市场的关系,以充分发挥市场在资源配置中的决定性作用,更好地发挥政府作用,全面推行依法治国以营造良好的制度环境等举措,及时改进政府治理模式,较好地推动了国家治理水平的提升。

(三)着力优化社会治理

社会安定有序同时又充满活力,是国家治理体系现代化的内在诉求。在国家治理体系中,社会既是主体也是客体。作为主体,社会是共同参与国家治理的重要依托力量;作为客体,社会是国家治理的重要领域。这就意味着要根据社会结构的不断变化和国家治理的内在需求,着力优化社会治理。1992年十四大之后,在建立社会主义市场经济体制的新形势下,党明确提出各级政府要注重履行社会管理、公共服务的职能;2004年党的十六届四中全会提出“建立健全党委领导、政府负责、社会协同、公众参与的社会管理格局”;党的十八届三中全会通过的《中共中央关于全面深化改革若干重大问题的决定》第一次以正式文件的形式提出“社会治理”概念,明确提出创新社会治理体制、提高社会治理水平;党的十九大明确提出打造共建共治共享的社会治理格局;十九届五中全会进一步提出要“完善共建共治共享的社会治理制度”。这些都充分表明我们党对社会治理的认识在不断升华,实践探索在不断推进。社会治理的不断优化，首先体现在坚持系统治理、依法治理、源头治理、综合施策与营造良好的社会秩序上，同时还体现在生态环境建设上。近年来，通过构建生态文明制度体系、加快主体功能区建设、积极推进国家公园体制试点、有效推进重大生态保护和修复工程等工作，人们充分认识到，生态环境问题不仅是经济问题，而且是一个社会问题，要把它纳入国家治理总体框架之中，引导人们走出一条人与自然和谐共生的现代化道路。

三、国家治理体系建设取得的经验

在实践探索中，我们党在国家治理体系现代化上积累了宝贵的经验，形成了国家制度和国家治理体系多方面的显著优势，为进一步促进国家社会治理体系的现代化夯实了基础。

（一）始终坚持党的全面领导

正反两方面的诸多经验教训表明，治理一个大国必须要有一个坚强有力的领导核心。在中国，“党政军民学，东西南北中，党是领导一切的”。中国共产党是各项事业的坚强领导核心，是最高政治领导力量，各个领域、各个方面都必须坚持党的领导。历史和实践一再启示我们，要始终把坚持党的领导置于国家治理的首要位置，既保证国家治理具有坚强的组织保障，又能很好地贯彻落实党对推进国家治理体系现代化的各项主张。正因如此，党的十九届四中全会明确提出，必须坚持党政军民学、东西南北中，党是领导一切的，坚决维护党中央权威，健全总揽全局、协调各方的党的领导制度体系，把党的领导落实到国家治理各领域、各方面、各环节。

（二）系统谋划顶层设计

推进国家治理体系现代化是一项复杂的系统工程，需要统筹布局、全面协调推进。基于此，我们党始终坚持推进国家治理体系现代化的系统谋划、顶层设计。一是与坚持和完善中国特色社会主义制度紧密结合在一起。党的十八届三中全会将完善和发展中国特色社会主义制度、推进国家治理体系现代化确定为全面深化改革的总目标。这就意味着国家治理体系现代化是在中国特色社会主义制度总体框架下进行的。这种顶层设计能够确保它沿着中国特色社会主义道路而不是其他什么道路前进。党的十九届四中全会审议通过的《中共中央关于坚持和完善中国特色社会主义制度、推进国家治理体系和治理能力现代化若干重大问题的决定》强调,必须在坚持和完善中国特色社会主义制度、推进国家治理体系现代化上下更大功夫。党的十九届五中全会进一步提出要在“十四五”期间,实现“国家治理效能得到新提升”的目标。二是着力打造科学合理的治理体系。实践证明,无论是推进政党治理、政府治理还是社会治理,都应注重治理体系的整体性和协同性,着力把依托力量、治理方式、所需资源等要素全面结合起来。

(三)把制度优势转化为治理效能

中国特色社会主义制度是党和人民在长期实践探索中形成的科学制度体系,我国国家治理一切工作和活动都依照中国特色社会主义制度展开,我国国家治理体系是中国特色社会主义制度及其执行能力的集中体现。中国特色社会主义制度契合中国国情、具有独特优势,能最大限度地整合资源、集中力量办大事、聚焦最大公约数、形成最大同心圆,为提升国家治理效能奠定了坚实基础。因此,在推进国家治理体系现代化的进程中,我们党始终把推动制度优势转化为治理效能作为重要取向,经济建设取得重大成就,全面深化改革取得重大突破,民主法治建设迈出重大步伐,人民生活不断改善,社会秩序和谐安定,中国特色社会主义制度优势得到彰显。

(四)坚持从实际出发

纵观当今世界,在推进国家治理体系和治理能力现代化的进程中,有的国家成功,有的却失败了。其失败的原因错综复杂,其中一个重要原因便在于未能坚持实事求是，照搬照抄别国的制度，忽略了客观情况对各国建构治理体系、调整治理方式所产生的内在影响。习近平总书记指出，一个国家选择什么样的治理体系，是由这个国家的历史传承、文化传统、经济社会发展水平决定的，是由这个国家的人民决定的。只有坚持从实际出发，不断完善和发展我国国家制度和治理体系，才能够真正推进国家治理体系和治理能力现代化。

四、加快推进国家治理体系现代化

党的十九届四中全会指出，当今世界正经历百年未有之大变局，我国正处于实现中华民族伟大复兴的关键时期，必须要在坚持和完善中国特色社会主义制度、推进国家治理体系和治理能力现代化上下更大的功夫。

（一）完善社会政策体系

社会政策是公共权力机关在社会领域所颁布和施行的一系列法令、政策规章和规定，旨在保障社会成员的基本权利，协调社会群体之间的利益关系，解决社会问题，促进社会安全和高效运行。社会政策是推进社会治理现代化的基本法治保障，也是影响社会质量的制度基础。首先，要建立社会政策的公共需求调查机制。重大社会政策出台前应开展广泛的公共需求调查、社会听证、专家决策咨询，让社会政策的利益相关者有充分表达利益诉求的机会，以确保社会政策的民主性和科学性。其次，要建立社会政策的信息公开与沟通机制，防止社会政策的突然实施对利益相关方带来的负面冲击，通过政策的解读和沟通争取民众的理解和支持，提升社会政策的公信力。再次，要建立社会政策的绩效评估机制，对社会政策的实施绩效进行评估，以便及时对政策实施中的问题进行修正，以提升社会政策的针对性和有效性。

（二）构建公民权利保障体系

公民的权利保障体系主要是指实现公民权利的法定程序保障和权利受到侵害时的救济制度。公民的法定权利如果缺乏实现权利的正义程序和权利受损时的救济程序，就很难使应然权利变成实然权利。首先，要建立公民权利实现的程序保障制度，如在城市房屋拆迁、农村土地流转、企业改制、环境污染、工资标准、移民安置等涉及公民切实利益的领域，要明确公民究竟有哪些权利，实现这些权利的程序是什么。政府在执法中必须尊重这些权利，严格按程序执法，尤其要防止政府以公共利益的名义滥用自由裁量权，牺牲或侵害公民的合法权利。其次，要畅通公民的维权渠道，健全权利救济机制。通过出台行政程序法、修改行政诉讼法、严格执行国家赔偿法等，加强对行政执法的司法监督，畅通公民维权的司法救济渠道，引导和鼓励公民更多地选择法律维权。同时也要加快改革信访制度和行政复议制度，提升行政救济执法质量。再次，要提升公民的合法维权能力，变公民"无序化"的维权为"合法化"的维权。

（三）优化基本公共服务体系

基本公共服务体系是指以满足社会成员基本生存与发展需求为目标，向社会成员提供就业、社会保障、基础教育、公共卫生、公共文化、环境安全等基本公共品的一系列制度安排。基本公共服务体系旨在根据公共需求优化配置公共资源，最大限度地解决民生问题，化解社会矛盾，促进社会公平。享有基本公共服务，是公民权中社会权利的实现。其一，要提升基本公共服务体系的法治化水平，加快就业、社会保障、公共财政等方面的专项立法，规范政府公共服务供给过程，控制公共服务领域的自由裁量权，防止权力寻租。其二，创新基本公共服务供给方式，构建多元主体协同的供给机制。打破公共服务领域的政府垄断，适度引进市场化和社会化的运作方式，逐步形成政府主导，多元主体协同互动的公共服务治理格局。其三，要大力推进城乡基本公共服务制度的有机衔接，实现基本公共服务均衡化。其四，加快公共财政体制改革，构建基本公共服务均等化的财政保障机制。其五，落实"基本公共服务国家标准”，建立质量控制与绩效评估体系。

（四）加强社会组织培育和监管

社会组织在提供公共服务、反映利益诉求、扩大公众参与、增强社会活力、促进社会发展等方面发挥着积极作用，是构建社会治理新格局的重要力量。首先，要优化社会组织发展的制度环境。针对目前社会组织“双重负责制”导致入门难的问题，探索建立“备案登记、法人登记、公益法人登记”的三级登记注册制度，实施分类管理。其次，构建社会组织的联动监管机制。政府负责探索对社会组织的审批与监管互动机制，制定社会组织的评估办法和标准，委托专业机构进行独立评估。要引导社会力量参与对社会组织的监督责任，尝试引入社会组织的财务审计制度，建立社会组织的社会责任报告制度，逐步建立起一个行政监管、财务审计和社会监督相互协调的监督管理体系。再次，要创新社会组织发展的激励机制。制定激励社会资本支持社会组织发展的财税政策，建立社会组织发展基金，鼓励企业等加大对社会组织的资金支持。健全政府购买社会组织公共服务机制，使民间组织在帮助政府提供公共服务的过程中获得发展平台。建设社会组织孵化平台，增加社会组织的社会影响力。

（五）建立社会行为规范体系

社会行为规范是人类为了社会共同生活的需要而形成的一系列社会活动的准则，以调整人们各个方面的社会行为，维护一定的社会秩序。首先，要提升政府依法行政的水平，严防自由裁量权的滥用对公民权的侵害。其次，要培养公民的社会责任意识，弘扬崇尚法律、依法办事的法治精神，倡导积极向上、理性平和的社会心态，构建以社会主义核心价值观为引领、社会公平正义为核心、社会道德规范和诚信体系为基础、公民权利保障为重点的社会行为规范体系。

（六）创新社区治理体系

社区作为社会治理的单元细胞，是社会治理现代化的基层综合服务管理平台。尤其是随着新型工业化、城镇化、农业现代化、信息化的推进，构建新型社区治理模式已成为刻不容缓的现实需求。首先，要以社区公共需求为基本导向，创新社区公共服务，基本形成群众诉求表达—群众利益保障—群众权利实现—群众需要满足的良性循环，实现基层社会治理由行政工作向社会工作的转变，推进社区认同走向社会认同。其次，要构建社区协同治理机制，保障在党的领导下，实现政府治理和社会自我调节、居民自治的良性互动，通过多元主体的参与协同，共同缔造、开发社会潜力，激发居民动力，形成社区活力。再次，要创新社区网格化治理机制。推动社区网格化由风险防控的单一功能走向多功能、立体化、联动式的社区综合服务载体，实现机构整合、人员整合、信息整合、流程整合，拓展社区服务的内容，延伸社区治理的覆盖面，提升社区治理的绩效。

（七）巩固公共安全体系

公共安全体系是指维护社会公众安全生产、生活的一系列制度安排，主要包括食品安全、工程安全、交通安全和社会治安等。随着我国经济快速增长后基本温饱问题的解决和工业化、城镇化的加速，公民的公共安全需求日益增长，已成为排名靠前的公共服务需求之一。首先，要改革公共安全监管体制。提升食品药品安全监管机构的统一性和权威性，建立食品原产地可追溯制度和质量标识制度，形成全过程追踪的食品药品安全监管制度。其次，要深化安全生产管理体制改革，建立隐患排查治理体系和安全预防控制体系，遏制重特大安全事故的发生。再次，要健全灾害管理体制。加强社会治安综合治理，创新立体化社会治安防控体系，依法严密防范和惩治各类违法犯罪活动。

（八）健全社会风险预警和应对体系

社会风险预警与应对体系是指防范和应对社会风险的一系列制度安排。转型期也是社会矛盾激化、社会冲突加剧、社会风险高发期。首先，要构建多样化的社会矛盾化解调处机制，健全行政复议制度，改革信访制度，构建人民调解、行政调解、司法调解协同发力的“大调解”系统，加强源头治理。其次，要健全社会风险的预警与评估机制。在总结地方重大政策和重点项目社会稳定风险评估的基础上，科学运用风险管理的工具和方法，采用数据挖掘技术和试验仿真技术等，研发中国社会风险评估指标体系，构建符合国情的社会风险评估体系，提升社会风险的识别能力和预警能力。再次，建立网络舆情和社会心态监测系统，把握舆情和社会心态演变机理，及时化解社会焦虑，变负能量为正能量。逐步形成关口前移、源头治理、预防为主、防控结合无缝隙的社会风险预警和应对体系。

第四节　社会治理方式现代化

社会治理的现代化转型，既是思想观念的伟大革命，更是方式方法的深刻变革。要坚持系统治理、依法治理、综合治理、源头治理，把矛盾化解在基层，充分发挥政治、法治、德治、自治、智治这“五治”在社会治理中的作用，加快推进社会治理方式的现代化。

一、改进社会治理方式

改进社会治理方式，是创新社会治理体制、提高社会治理水平的必然要求。党的十八届三中全会提出，改进社会治理方式，要坚持系统治理、依法治理、综合治理、源头治理。这一新思路和新举措，对提高社会治理水平，维护最广大人民根本利益，最大限度地增加和谐因素，增强社会发展活力，具有重要的现实意义。

（一）坚持系统治理

社会治理是一项系统工程，是全社会的共同行为。其一，加强党委领导，充分发挥党委统揽全局、协调各方的领导核心作用。各级党委要在把握方向、凝聚民心、整合力量等方面发挥独特的、不可替代的作用。其二，政府负责，发挥政府在社会治理中的主导作用。政府部门要强化责任意识，进一步健全现代科学的财税制度与公平高效的公共服务体系，更加关注民生，更好地服务人民群众，促进社会公平正义与和谐进步。其三，社会协同，鼓励和支持社会各方面参与社会治理。社会组织是社会治理的重要主体和依托。要进一步激发社会组织活力，充分发挥各类社会组织在承接政府职能、沟通交流等方面的积极作用；拓宽公众参与渠道，尤其是在关涉民生的社会政策制定和重大决策出台之前，要充分倾听民声、尊重民意、吸纳民智，激发群众的首创精神和参与社会治理的热情。总之，坚持系统治理就是要在党的领导下，逐步实现政府治理和社会自我调节、居民自治的良性互动，形成社会治理人人参与的局面。

（二）坚持依法治理

改进社会治理方式，法治是保障。依法治理，一是要加快社会治理领域的立法工作，完善党组织依法执政、政府依法行政、社会组织和公众依法自治并参与社会治理的治理结构。二是要强化各级领导干部的法治观念，提高其运用法治思维和法治方式化解社会矛盾的能力和水平。三是通过加强法治宣传教育、弘扬法治精神，促进社会成员自觉养成学法、守法、用法的习惯，并通过促进司法公正、加强司法公信力来树立法律的权威，增强全社会的法治意识。

（三）坚持综合治理

在社会矛盾与问题复杂化、社会治理主体多元化的新形势下，要确保人民安居乐业、社会安定有序，坚持综合治理是行之有效的途径。一是强化道德约束。在依法治理的基础上，切实发挥道德力量的示范和引导作用，通过道德自律来约束人们的行为。二是规范社会行为。加快建立完善行为规范体系，把维护公共权益和尊重个人合法权益结合起来，优化人们生存的社会环境，促进社会和谐。三是在调节利益关系和协调社会关系方面，要善于采取多种手段，变单向、单一的行政管理和说服教育为双向、多向的交流沟通，加强心理疏导救助和对话协商，以更好地调节社会关系、化解社会矛盾、保护群众利益。

（四）坚持源头治理

从源头上预防和减少社会矛盾是社会治理的重点。首先，要坚持标本兼治、重在治本。社会治理要取得更大成效，必须实现治理关口前移，由应急管理转向常态治理、源头治理，从治标转向治本，从事后救急转向预控为主。无论是常规治理，还是应急治理，都要形成一套相对稳定成型的预应、操作机制。其次，以网格化管理、社会化服务为方向，健全基层综合服务管理平台。网格化管理就是打造一张容纳人、事、物全覆盖的社会管理网络，便于信息采集、了解民意、服务群众。要认真倾听群众的呼声，查找问题的源头，及早发现矛盾、化解矛盾，防患于未然。再次，建立健全党和政府主导的维护群众权益的机制，及时反映和协调人民群众各方面、各层次的利益诉求，有效地预防和化解各种社会矛盾，解决各种实际困难和问题。

二、要把矛盾化解在基层

基层是社会治理的重点，也是社会治理实践创新的源泉所在，人民群众的诉求与利益需要也主要在基层实现，所以要进一步健全基层服务管理平台，完善协商对话机制，切实提高服务能力，维护群众正当利益，把矛盾化解在社会的基层。要把解决群众信访问题作为最主要抓手，推行领导干部特别是市县领导干部每月下基层搞大接访，发挥调解、仲裁、行政复议、诉讼等方式在化解矛盾中的作用。要做好基层矛盾的防范与化解,需要抓好以下四个方面的工作。

(一)坚持党的领导这一根本原则

要强化政治引领,健全总揽全局、协调各方的党委领导机制,使基层党组织成为防范化解矛盾的"主心骨"。要强化思想引领,推动新时代中国特色社会主义思想进机关、进企业、进校园、进农村、进社区,使之成为人民群众的思想和行动指南,引导广大人民群众坚定不移听党话、跟党走。要强化组织引领,把党组织的服务管理触角,延伸到基层治理的每个细胞,凝聚起基层防范化解人民内部矛盾的强大合力。

(二)坚守以人民为中心的根本立场

要坚持在发展中保障和改善民生,不断增强人民群众获得感、幸福感、安全感,让人民群众成为改革发展的最大受益者。要创新组织群众、发动群众的新机制,依靠群众解决群众身边的矛盾问题,让人民群众成为维护稳定的最广泛的参与者。要以人民的满意为根本标尺,加大群众意见在社会治理绩效考评中的权重,让人民群众成为社会治理的最终评判者。

(三)坚持综合施策的根本途径

要以自治"消解矛盾",发挥自治章程、村规民约、居民公约的自律规范作用,运用民事民议、民事民办、民事民管的办法解决人民内部矛盾。要以法治"定分止争",引导群众在法律框架下分清是非,在权利义务统一中判断对错。要以德治"春风化雨",大力弘扬社会主义核心价值观,传承中华道德文化精髓。要以智治"提质增效",推动更多的社情民意在网上了解、更多的矛盾纠纷在网上解决。

(四)树立关口前移的根本理念

要把好"源头关",完善重大决策社会稳定风险评估机制,健全社会公示听证、专家咨询、合法性审查等制度。要把好"监测关",加快监测预警体系建设,提高动态监测与实时预警的能力。要把好"管控关",完善应急处置机制，健全整体防控体系，努力使矛盾风险不累积、不扩散、不升级。要把好“责任关”，建立健全权利与义务统一、风险与责任关联、激励与惩戒并重的责任体系，严格落实领导责任、属地责任、监管责任。

三、推进社会治理方式现代化

推进社会治理方式现代化，需要充分发挥党总揽全局、协调各方的作用，强化政治引领，发挥法治的保障作用，激活社会治理体系的活力，重视运用现代信息技术，使社会治理方式不断推陈出新。

（一）发挥政治引领作用

要坚持社会治理的正确政治方向，坚持和加强党的全面领导，横向构建起共治同心圆，纵向打造好善治指挥链。要夯实政治根基，坚持以人民为中心的发展思想，让推进的社会治理现代化更加利民、惠民、便民、安民。要以优良的党风促政风带民风，以扫黑除恶专项斗争为牵引，不断优化区域和基层的政治生态和社会生态。

（二）发挥法治保障作用

发挥法治保障作用，增强社会治理定力。要发挥法治固根本、稳预期、利长远的重要作用，完善法律规范，推进严格执法，坚持公正司法，推动全民守法，确保社会既安定有序又充满生机活力。

（三）发挥德治教化作用

要重视加强道德教化，挖掘德治资源，健全德治体系，强化德治约束，激发德治能量，让社会和谐与稳定建立在较高的道德水平之上。

（四）发挥自治基础作用

要坚持完善基层群众自治制度，建强自治组织，创新自治活动，激发社会治理活力，充分调动社会主体参与社会治理现代化的积极性、主动性、创造性。

(五)发挥智治支撑作用

要把智能化建设上升为重要的治理方式,推进“智防风险”“智辅决策”“智助司法”“智利服务”,推动社会治理的体系架构、运行机制、工作流程的智能化再造,加快推进社会治理方式的现代化进程。

第五节 社会治理能力现代化

社会治理体系与社会治理能力是相辅相成的,要围绕实现社会治理现代化这一根本要求,着力加强社会治理能力建设,以提高社会治理能力,促进社会治理体系成熟定型。对此,要重点提高社会治理的八种能力。

一、学习研究能力

要深入学习贯彻习近平中国特色社会主义思想,学深悟透习近平总书记关于社会治理现代化的新理念、新思想、新战略,真正用以指导社会治理现代化新实践。要重视学习现代治理新知识,善于吸收借鉴世界优秀文明成果,不断深化对社会主义社会治理规律的认识。要坚持“学研用”结合,深入研究社会治理现代化的重大理论和实践问题,提出更多创新性的理论观点和突破性的对策举措。

二、决策统筹能力

要善于战略谋划,加强顶层设计,在防范化解社会风险上谋治本之策，在维护社会安宁上谋长远之计，在激发社会活力上谋突破之举。要加强系统部署，更加重视各方面任务的整合贯通，更加强调各项政策制度的系统集成。要注意统筹推进，统筹整合各方面资源的力量，形成社会治理的整体合力。

三、创新改革能力

要正确处理好创新与安全、民主与专政、打击与保护、维权与维稳、活力与秩序等的关系，确保社会治理领域的改革行稳致远。要大力弘扬改革精神，善于用改革的思路破解难题，用创新的举措推动落实。要善于把改革举措系统集成并上升为顶层设计，推动社会治理质量变革、效率变革、动力变革。要坚持典型示范，尊重和鼓励基层的创造，及时总结推广基层社会治理的创新经验与成果。

四、打击防范能力

要运用好专业化的力量，完善统一指挥、合成作战、专业研判、分类打击的工作格局。要运用好法制化力量，坚持以法制思维和法制方式解决社会治理中的突出问题，既善于从政治高度理解运用法律，又善于从社会视角通盘考虑法情，做到政治效果、社会效果、法律效果相统一。要运用好智能化力量，提高精准预测、预警、预防的能力和水平。要运用好社会化力量，加强保安全护稳定人民防线建设。

五、基础管理能力

要建好基础制度，建立完善社会治理的基本制度、运行制度、保障制度，注重健全人口信息、社会信用等基础性治理制度，提高社会基础管理的规范化水平。要管好基础要素，围绕人、地、事、物、网、组织等社会治理基础要素，摸清底数、精准施策，提高社会基础管理的精细化水平。要抓好基础环节，堵漏洞、补短板、固底板，提高社会基础管理的效能化水平。

六、群众工作能力

坚持走群众路线，尊重人民的主体地位，创新群众工作的方式方法，更加有效地组织人民群众参与社会治理。坚持把群众利益作为第一追求，着力解决老百姓最恨、最怨、最烦的问题，以有效举措安民惠利、利民便民。坚持把群众呼声作为第一信号，创新建立联系服务群众的常态化长效机制。坚持把群众满意作为第一标准，不断把社会治理现代化的美好蓝图变为人民群众看得见、摸得着、享受得到的实惠。

七、舆论引导能力

要坚持正确的政治方向、舆论导向、价值取向，善于运用新媒体讲述中国好故事、传播中国好声音，善于运用新媒体引导舆论、动员群众，善于运用新媒体开展网上舆论斗争，不断提高网络政法舆论的传播力、引导力、公信力。要加强网络综合治理，提高用网、治网水平，使互联网这个“最大变量”变成社会治理的“最大增量”。要创新完善涉法舆论引导机制，不断改善网络政法舆论的生态，为推进社会治理现代化营造良好的舆论环境。

八、狠抓落实能力

要大力弘扬真抓实干的作风，力戒形式主义、官僚主义，对社会治理的各项工作措施实行目标化管理、项目化推进、责任化考核，以确保社会治理扎实向前迈进，不断取得实效。

小结

现代化是一个国家在历史变迁过程中所经历和展现出来的经济、政治、文化、社会、生态等各领域的重大变革。加强和创新社会治理既是国家治理的重要内容，也是新时代推进社会建设的重要任务。社会治理具有整体性、良序性、民主性、法制性、公正性、廉洁性特征。我国的社会治理是中国共产党执政地位和执政行为的实际体现，是中国共产党总揽全局、协调各方的总体格局中运行治权的活动。社会治理理念的现代化，关键的是坚持党的领导，坚持以人民为中心，牢固树立以总体国家安全观为统领，以社会公平正义为价值追求等理念。现代社会治理体系由组织体系、制度体系、运行体系、评价体系和保障体系构成。其中组织体系是主体，制度体系是依据，运行体系是路径，评价体系是标准，保障体系是支撑。坚持系统治理、依法治理、综合治理、源头治理，把矛盾化解在基层，发挥政治引领、法治保障、德治教化、自治基础、智治支撑作用，提升学习研究能力、决策统筹能力、创新改革能力、打击防范能力、基础管理能力、群众工作能力、舆论引导能力、狠抓落实能力，推进社会治理能力现代化。

自测题

1. 填空题

(1)社会治理是指政府、(　　)、企事业单位、社区以及个人等多种主体通过平等的合作、对话、协商、沟通等方式，依法对(　　)、社会组织和社会生活进行引导和规范，最终实现(　　)最大化的过程。

(2)加强和创新社会治理既是(　　)的重要内容，也是新时代推进(　　)的重要任务。

(3)新常态下的社会治理具有(　　)、良序性、民主性、法治性、(　　)、廉洁性等基本特征。

(4)西方国家治理理论奉行(　　)主义和公民个人本位。

(5)“社会治理”相比于“社会管理”,强调更好地发挥(　　)的作用,而不是政府的(　　)。

(6)我国社会治理的根本出发点是人民的(　　)。

(7)社会治理的(　　)不仅是党和政府,还要依托各类(　　)的协同和公民参与。

(8)促进(　　)是国家治理现代化的核心。

(9)社会治理理论属于新常态下(　　)中国化的重大理论成果,是中国共产党作为执政党走向成熟的重要(　　)。

(10)中国特色社会主义最本质的特征是(　　)领导,中国特色社会主义制度的(　　)是中国共产党领导。

(11)(　　)是我们党执政的最大底气。

(12)稳中求进工作总基调是(　　)的重要原则,也是做好工作的(　　)论。

(13)防范化解风险要坚持(　　)思维,既要高度警惕“黑天鹅”事件,也要防范(　　)事件。

(14)现代社会治理体系由组织体系、(　　)、运行体系、评价体系和(　　)构成。

(15)社会治理体系是(　　)体系的主要组成部分,是国家治理的重要(　　)。

(16)历史和实践一再启示我们,要始终把坚持(　　)置于国家治理的(　　)位置。

(17)我国国家治理体系是中国特色社会主义制度及其(　　)的集中体现。

(18)我国正处于实现中华民族(　　)的关键时期,必须要在坚持和完善(　　)社会主义制度、推进国家治理体系和治理能力(　　)上下更大的功夫。

(19)基本公共服务体系是指以满足社会成员(　　)与发展需求为目标,向社会成员提供就业、(　　)、基础教育、公共卫生、公共文化、环境安全等基本公共品的一系列(　　)安排。

(20)社会风险预警与(　　)是指防范和应对(　　)的一系列制度安排。

(21)社会治理的现代化转型,既是(　　)的伟大革命,更是方式方法的(　　)。

(22)基层是社会(　　)的重点,也是社会治理实践创新的(　　)所在。

(23)要坚持在发展中保障和(　　)民生,不断增强人民群众获得感、(　　)、安全感,让人民群众成为改革发展的最大(　　)。

(24)推进(　　)治理方式现代化,需要充分发挥党(　　)、协调各方的作用。

(25)社会治理能力现代化,主要是要提高学习研究能力、(　　)、创新改革能力、打击防范能力、基础管理能力、(　　)、舆论引导能力、狠抓落实能力八个方面的能力。

2.判断题

(1)我国在党的十九大才第一次以正式文件的形式提出了社会治理的概念。(　　)

(2)我国的社会治理,是中国共产党在社会主义根本制度和基本制度确立和巩固的前提下,领导人民进行的治理活动。(　　)

(3)建设法治中国,必须坚持依法治国、依法执政、依法行政共同推进,坚持法治国家、法治政府、法治社会一体建设。(　　)

(4)法治是衡量社会治理体系和治理能力现代化的唯一标准。(　　)

(5)推进国家治理体系和治理能力现代化,既是坚持和发展中国特色社会主义的必然要求,也是实现社会主义现代化的题中应有之义。(　　)

(6)社会治理理念的现代化,其中最为关键的就是要坚持以中国共产党和其他民主党派共同领导为根本保证的理念。(　　)

(7)中国古代的思想家们在社会治理理念上的主要代表流派有“天道治理理论”“王道治理理论”“霸道治理理论”三大领域。(　　)

(8)公平正义是人民群众生存的内在要求,促进社会公平正义是基层工作的核心价值追求。(　　)

(9)国家治理体系的实质是运用公共权力调整社会关系,协调社会利益,化解社会矛盾,维护社会秩序,实现政治、经济、社会协调发展。(　　)

(10)推进国家治理体系现代化是一项复杂的系统工程,需要统筹布局、单独推进。(　　)

(11)公民的权利保障体系主要是指实现公民权利的法定程序保障和权利受到侵害时的救济制度(　　)。

(12)社区作为社会治理的单元细胞,是社会治理现代化的基层管理机构。(　　)

(13)党的十八届三中全会提出,改进社会治理方式,要坚持系统治理,老虎苍蝇一起打。(　　)

(14)坚持以人民为中心的发展思想,让推进的社会治理现代化更加利民、惠民、便民、安民。(　　)

3.思考题

(1)我国国家治理现代化的核心是什么?

(2)为什么说要坚持以人民为中心的社会治理理念?

参考文献

[1]詹姆斯·N.罗西瑙.没有政府的治理[M].刘小林,等译.南昌:江西人民出版社,2001.

[2]格里·斯托克,华夏风.作为理论的治理:五个论点[J].国际社会科学杂志(中文版),2019(3).

[3] Wampler, Brian. Participation, Representation, and Social Justice: Using Participatory Governance to Transform Representative Democracy. Cambridge: Polity, 2012, 44(4).

[4]郁建兴.坚持群众路线,创新治理模式[N].光明日报,2014(2).

[5]汪海霞.基于社会治理的教育政策制定的回应机制[J].现代教育管理,2015(8).

[6]姜晓萍.国家治理现代化进程中的社会治理体制创新[J].北京:中国行政管理,2014(2).

[7]必须抓好的重大政治任务——深入学习宣传习近平总书记系列重要讲话精神[J].求是,2015(2).

[8]马怀德.坚持依法治国依法执政依法行政共同推进法治国家法治政府法治社会一体建设[N].法制日报,2019(5).

[9]Fukuyama F.What Is Governance? . Governance: An International Journal of Policy, Administration, and Institutions, Vol. 26, No.3, July 2013.

[10]俞可平.国家治理评估——中国与世界[M].北京:中央编译出版社,2009.

[11]张国清.社会治理研究[M].杭州:浙江教育出版社,2013.

[12]王为崧.社会主义是清除脱离人民倾向的根本途径[J].南京社会科学,1991(1).

[13]赵天娥.推进国家治理体系和治理能力现代化的四个维度[J].探索,2014(6).

[14]刘祺.当代中国国家治理体系分析[J].理论探索,2014(1).

附录:自测题答案

第一章

1.填空题

(1)伴生。(2)关系。(3)家庭、传统。(4)相互依存。(5)遗产、横向联系。(6)劳资、劳工。(7)构成要素。(8)价值观。(9)客观、臆想。(10)社会、重要影响。(11)社会问题、科学认识。(12)政策决定。(13)生态环境问题。(14)受害者、人格尊严。(15)政策决定。(16)记者、政治学家。(17)价值导向、社会现象。(18)社会问题。(19)社会、广泛性。(20)都市化、科技发展。(21)不公正、主观认定。(22)客观。(23)社会关系、贫穷。

2.判断题

(1)错误。是可以确认的。(2)正确。(3)错误。社会关系包括个体之间的关系、个体与集体的关系、个体与国家的关系,还包括群体与群体之间的关系、群体与国家之间的关系。(4)正确。(5)错误。社会问题包括两个方面,一是社会共同生活发生了障碍,二是社会进步发生了障碍。(6)错误。公共问题并不都是社会问题,只有那些对社会上相当一部分人的生活,产生了重要影响的问题才是社会问题。(7)错误。应是五个方面,还有一个"是社会问题的产生与人的道德抉择有关"。(8)正确。(9)错误。将某种社会现象或社会行为定义为社会问题,是因为社会上绝大多数社会成员认为这种现象或行为有悖于主导价值和主导规范,也就是违背了现存的社会规范和价值原则。(10)正碓。(11)正确。(12)错误。灾难主要是自然界的产物,而社会问题主要是人群体性活动偏差,是矛盾的产物。(13)错误。在城中村改造后,城中村村民存在城市适应问题。(14)错误。青少年在刚刚走上犯罪道路时,从事犯罪活动往往是不自觉的。(15)正确。(16)错误。研究社会问题,当然不可能摆脱社会制度而从纯粹学术的角度进行探讨。

第二章

略。

第三章

1.填空题

(1)政治文化。(2)公共服务生产能力。(3)反常性的,社会解组性的。(4)社会整体利益。(5)显性的,隐性的。(6)人口系统。(7)全球性的、区域性的。(8)人口问题。(9)消极性的,积极性的。(10)劳动就业问题。

2.判断题

(1)正确。(2)正确。(3)正确。(4)错误。我国中西部地区

经济增长在加快,但与东部的差距仍然在拉大。(5)正确。(6)正确。

(7)错误。社会文化中消费主义和享乐主义价值观不利于个人综合文化素养的培育。(8)正确。(9)错误。当前我国社会治理领域有呈现出越位缺位现象。(10)错误。西方政治思潮、价值观念以及生产生活方式对我国社会有影响。

第四章

1.填空题

(1)方法论。(2)宏观、微观。(3)科学性、客观性、工具性。(4)透视性、整体性、客观性、实践性。(5)台前。(6)描述、解释、预测、规范。(7)历史。(8)过去、未来。(9)功能、目标。(10)全过程、全方位。(11)结构、属性。(12)群体。(13)个人、群体。(14)穿透力。(15)社区。(16)社会结构。(17)中立。(18)价值、事实。(19)发展。(20)制度、文化、社会。(21)量、质。(22)真理。(23)思想、世界。(24)实践。(25)主观臆断、客观、逻辑性。(26)范式、思维方式。(27)数据、资料。(28)挖掘。(29)行动者。(30)全面、准确、完整、清晰。

2.判断题

(1)正确。(2)正确。(3)错误。在研究社会问题时,要透过表面的、虚假的、碎片的、复杂的现象,掌握社会问题深层的、真实的、系统的、本质的现象,最终获得社会问题源头、形成、发展、消亡的规律性。(4)正确。

(5)错误。显性功能是有助于系统的调整和适应的客观后果,这种适应和调整是系统中参与者所预料的、所认识的。(6)正确。"舆论监督"是媒体的批评性报道,它和"正面报道"并不是对立的。(7)错误。社会问题作为一种社会现象,不是由单一的某个领域中的因素决定的,而是与其他领域的因素有关系。(8)错误。社会的最小单位不是个人而是群体。(9)正确。(10)错误。个人的行为就会深受群体亚文化特性的影响。(11)错误。定性研究是认识社会问题的开端,是考察社会问题特征及规律的前提。(12)错误。定量研究则是认识社会问题的继续,是对社会问题的特征及规律认识的深化。(13)正确。(14)正确。(15)错误。大数据在社会问题研究中有其局限性,这种局限性更多的是来自于大数据产生的基础。

第五章

1.填空题

(1)国家社会。(2)精神鼓励。(3)协调、治理。(4)社会规律性、社会规范、社会公众、社会效益、社会进步。(5)职责、功能。(6)法治、德治。(7)社会工作机构。(8)美德、公德。(9)人民。(10)开发式扶贫。(11)精准脱贫。(12)专项扶贫、行业扶贫、社会扶贫。(13)乡村振兴。(14)区域协调发展。(15)供给侧结构性。(16)发现、解决。(17)发现、分析、解决。(18)结构。(19)原生环境、次生环境。(20)预防、防治。(21)道德、法律。(22)不敢、不能、不愿。

2.判断题

(1)错误。是根本力量。(2)正确。(3)正确。(4)错误。社会主体既是社会治理的对象,也是社会治理的主要参与者。(5)正确。(6)错误。"舆论监督"是媒体的批评性报道,它和"正面报道"并不是对立的。(7)错误。问题是主观存在,不以人的意志为转移。(8)错误。解决失业的根本出路在于经济增长。(9)错误。环境治理公众监督是我国环境治理中成本最低、最为活跃、最为有效的环保监督力量,也是环境社会治理的有效方法。(10)错误。造成青少年犯罪的主要成因既有个人和家庭因素也有学校和社会因素。(11)正确。(12)正确。灾难主要是自然界的产物,而社会问题主要是人群体性活动偏差,是矛盾的产物。(13)错误。社会治理是指政府、社会组织、企事业单位、社区以及个人等多种主体通过平等的合作、对话、协商、沟通等方式,依法对社会事务、社会组织和社会生活进行引导和规范,最终实现公共利益最大化的过程。(14)正确。(15)正确。

第六章

1.填空题

(1)社会服务、社会问题。(2)社会工作者、规范。(3)1900。(4)潜能、社会问题。(5)哲学理念、专业。(6)社会、精神传统。(7)职业、前提。(8)从业者、高度自觉。(9)职业责任、社会价值。(10)职业劳动、职业行为。(11)客户、需求。(12)训练、技巧。(13)助人自助、解决。(14)社会问题、全能好手。(15)社会工作、技巧。(16)社会资源、机构。(17)指导、行为。(18)从业人员、职业资格。(19)改造、社会性。(20)实践出真知。

2.判断题

(1)正确。(2)错误。社会工作者面对服务对象不但要提供直接服务或帮助,也要鼓励其在可能的情况下自强自立,克服困难,自我决策。(3)错误。社会工作者是在社会服务机构中从事专门性社会服务工作的专业技术人员,需要具备职业精神。(4)正确。(5)错误。社会工作者的职业道德包括爱国守法、爱岗敬业、热情奉献、公道正派、诚实守信、廉洁奉公六个方面。(6)错误。职业能力分为一般职业能力、专业能力和综合能力。(7)正确。(8)错误。社会工作者助人并非单纯提供物质的帮助,而是致力于受助对象自信的恢复,帮助他们重新走上社会正轨。(9)正确。(10)正确。

第七章

1、填空题

(1)社会组织、社会事务、公共利益。(2)国家治理、社会建设。(3)整体性、公正性。(4)社会中心。(5)社会力量、管控。(6)根本利益。(7)主体、社会力量。(8)社会协同。(9)马克思主义、理论标志。(10)中国共产党、最大优势。(11)人民。(12)治国理政、方法。(13)底线、灰犀牛。(14)制度体系、保障体系。(15)国家治理、基础。(16)党的领导、首要。(17)执行能力。(18)伟大复兴、中国特色、现代化。(19)基本生存、社会保障、制度。(20)应对体系、社会风险。(21)思想观念、深刻变革。(22)治理、源泉。(23)改善、幸福感、受益者。(24)社会、总揽全局。(25)决策统筹能力、群众工作能力。

2.判断题

(1)错误。我国在党的十八届三中全会第一次以正式文件的形式提出了社会治理概念。(2)正确。(3)正确。(4)错误。法治是衡量社会治理体系和治理能力现代化的重要标准之一。(5)正确。(6)错误。社会治理理念的现代化,其中最为关键的就是要坚持以中国共产党的领导为根本保证的理念。(7)正确。(8)错误。公平正义是中国特色社会主义的内在要求,促进社会公平正义是政法工作的核心价值追求。(9)正确。(10)错误。推进国家治理体系现代化是一项复杂的系统工程,需要统筹布局、全面协调推进。(11)正确。(12)错误。社区作为社会治理的单元细胞,是社会治理现代化的基层综合服务管理平台。(13)错误。党的十八届三中全会提出,改进社会治理方式,要坚持系统治理、依法治理、综合治理、源头治理。(14)正确。

后 记

在成书的过程中，正值重庆广播电视大学南岸分校申报建立的重庆广播电视大学公共管理学院获得批准，社会工作专业正式纳入重庆广播电视大学特色专业建设计划。本教材无疑将使进入公共管理学院的学习者，获得更多新颖的知识和技巧，将为提升他们的社会服务能力提供有益的帮助。

重庆市人大常委、重庆广播电视大学副校长胡继明教授，南岸区人民政府副区长包茹华，南岸区民政局局长钱宇航对本教材的问世，给予了多方面的关心和指导。重庆广播电视大学余善云教授对本教材的编写与出版，给予了精心指导和大力帮助。重庆百城教育信息咨询服务有限公司对本教材的开发建设，给予了大力支持，在此一并表示感谢！

编者

2020年8月